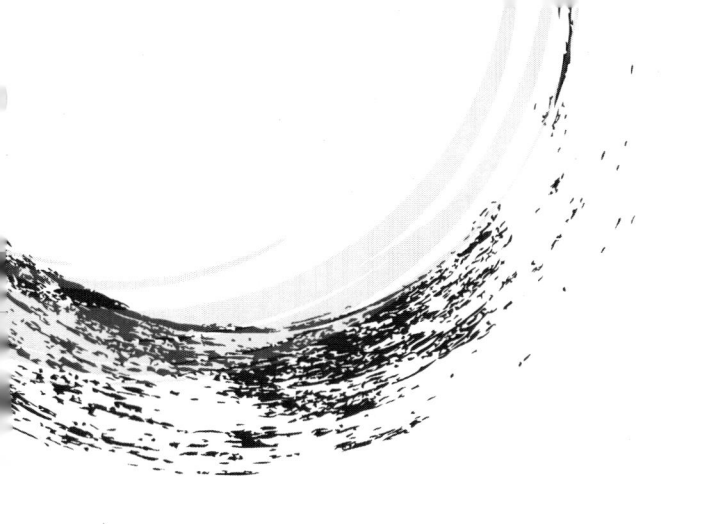

生產與分配理論
Production and distribution theories

George Joseph Stigler 著
晏智杰 譯

財經錢線

序

　　十多年前，我作為譯者，在為本書所寫的序言中，對本書作者施蒂格勒教授的學術成就及重要地位做過充分的介紹和評價。我特別指出他在經濟學史領域也多有建樹，著述甚豐，影響深遠。本書雖屬其早期著作，然已顯示出年輕學者在理論功底、鑽研精神、寫作水準等方面的傑出才華。對經濟邊際主義課題的研究者來說，本書當屬非讀不可之書。這是我當年研究經濟邊際主義，閱讀本書的深切感受，至今不能忘懷。因此，我總是向大家鄭重地推薦這部書。

　　十多年過去了，該書在市面上已經難覓蹤跡，再整理出版實屬必要。本書此次出版，得益於出版社的大力支持和編輯同仁的認真細緻工作，還有幸得到黃秋錦和張俊輝等先生的友情襄助，謹在此一併致謝！

　　此次整理，我做了必要的訂正，然而仍難免有謬誤之處。歡迎專家學者和廣大讀者對譯文進行批評和指正。

晏智杰

譯者前言

喬治·約瑟夫·施蒂格勒教授是當代久負盛名的美國經濟學家，1982年諾貝爾經濟學獎獲得者。他的著作已有多部（《價格理論》《經濟學家和說教者》《產業組織和政府管制》《施蒂格勒論文精粹》等）被譯成中文出版，這些著作涵蓋了他在市場運行和產業結構分析領域所做出的重大貢獻，這些貢獻是他獲得諾貝爾獎的主要依據。

然而，施蒂格勒還是一位享有世界聲譽的經濟學史大師，他對這個領域的興趣和投入是他從事經濟學研究的開端，該領域後來成為他畢生所熱衷研究領域的重要組成部分。他的經濟學史研究，論題廣泛，角度新穎，分析周密，見解獨到，成果豐碩，向來為學界所推崇，對當代西方經濟學及經濟學史學科的發展產生了深遠影響。應當說這些成果與他在市場運行和產業結構研究領域的成就是密切相關，相得益彰的。他關於經濟學史的多篇重要學術論文，大都收進了《經濟學史論文集》（芝加哥大學出版社，1965年版），他關於經濟學史的專著就是這裡譯出的《生產與分配理論》。該專著初版於1941年，其基礎是他在著名的弗蘭克·奈特教授指導下於1937年完成的博士論文《生產與分配理論史研究》。1994年該書再版。本中譯本據此再版本譯出，衷心歡迎讀者指正譯文。

《生產與分配理論史研究》標誌著施蒂格勒漫長學術生涯的開端，他完成這篇論文時年僅26歲，可以說還是一個「剛出道」的青年。作者後來說過，他決不會從頭至尾再通讀一遍這篇論文，因為這會使他對其所體現的導師對其他經濟學說所持過分嚴厲的批判態度以及他自己某

些觀點或表述的不成熟而感到不好意思。應該說施蒂格勒的這些話不完全是出自謙虛，但當我們今天閱讀這部整整 70 年前完成的學術著作時，仍禁不住會對青年學者全面紮實的理論功底、尋根究底的頑強勁頭、無所畏懼的批判精神、細緻入微的分析闡述，以及系統詳盡的資料收集、梳理和整理功夫等，留下極其深刻的印象。如果說從這篇論文就可斷定他日後必會登上學術研究的頂峰，不免唐突甚至武斷，那麼說從中可見他後來獲得諾貝爾獎殊榮絕非偶然卻是不無根據的：這篇論文所顯示的科學起點是很高的。

關於施蒂格勒教授的學術生平和思想，已有多篇中文文獻做過評介，無須多說。關於本書的寫作背景、指導思想、基本理論傾向、分析方法以及寫作特點等，道格拉斯·歐文在本書序言中已有明確而得當的說明，也不必贅述。由於該書結構是以分別評述邊際革命和新古典經濟學形成時期主要經濟學家的代表性著作為線索的，這些著作所包含的論題或側重點又各有不同，因而就該書所涉若干主要論題做個歸納，也許不算多餘。不敢說這會對讀者有什麼幫助，但它足以說明熊彼特等經濟學大師讚譽該書為「里程碑式經典之作」實不為過。

從 18 世紀下半期到 20 世紀初期，西方經濟思潮的主流是經濟自由主義，在它之前的主流是重商主義的國家干預主義，在它之後的主流是以凱恩斯主義開其端的現代國家干預主義。在經濟自由主義經濟學說盛行的一個半世紀中，又有古典經濟學和新古典經濟學之分，新古典經濟學始於 19 世紀 70 年代初的「經濟學邊際革命」，終於將邊際革命成果

与英国古典经济学传统融合而成的马歇尔经济学。新古典经济学一如古典经济学，继续奉行经济自由主义这一根本信条，但在分析方法和经济理论上对古典经济学均有所突破和发展，因而它属于经济自由主义的深化和发展阶段。然而，这种深化和发展的过程是漫长的，至少四分之一世纪；涉及的人物遍及欧美各国，主要是英国、法国、奥地利、瑞士、瑞典、意大利、美国等；著作内容广涉生产、分配和交换等各个领域，而且观点纷呈、论争激烈；相关文献涵盖英、法、德、瑞典、意大利等各国文字；加之以马歇尔经济学为代表的新古典经济学体系成型不久，对该新主流思潮进行整体综合研究的文献极为罕见……所有这些都增添了施蒂格勒这部专著作为一项开创性研究的难度和分量。

从施蒂格勒的论述可以看出，与古典经济学相比，新古典经济学所秉持的分析方法呈现出一系列新特点，这主要涉及以下几个方面：

首先是对边际分析方法的强调。他们认为先前经济学所注重的总量或平均量分析虽然仍然有其一定的重要性，但经济边际量或增量对说明经济行为及其后果更具有决定性意义。他们还认为这种边际增量的意义不仅存在于人们的心理活动中，而且普遍存在于各种客观经济活动中。与此相关，他们一般都将最初从个人主观心理感受得出的边际效用递减视为一个基本规律，并将其扩大应用到生产和消费等各个经济领域，以之作为分析人们经济活动的一个普遍准则。

其次是对个人追求利益最大化以及均衡观念的强调。他们认为个人追求利益最大化是天经地义的永恒的法则，非如此即无经济活动的动力

和最終目的；而實現相關各方力量的均衡則是人們在追求利益最大化過程中不得不接受的一種現實可行的最佳狀態，於是進行均衡分析或尋求相關各方力量的均等成為經濟學的一項中心課題；隨之而來的便是以相互影響和決定的函數分析替代古典經濟學所熱衷的單一因果分析。

再次就是對市場供求關係的全面深入研究。這是邊際分析和均衡分析的延續和落腳點，因為市場經濟條件下一切經濟行為都需經過市場這個仲介才能實現，而供給和需求則是市場的基本構成要素和基礎。如果說古典經濟學更注重市場供給中的勞動要素，而邊際革命初期人們更關注需求，那麼，以馬歇爾經濟學為代表的新古典經濟學則將其視野擴大到全面關注市場供給和需求及其相互關係。新古典經濟學其實就是市場供求經濟學。

最後就應說到數學方法尤其是微分學的廣泛應用了。邊際分析或增量分析、函數分析和均衡分析的應用，為在經濟學中使用數學方法作為論證和表現的工具奠定了基礎，也對使用數學方法提出了迫切要求，因而新古典經濟學的發展與數學方法的廣泛應用是同步而行的。這種應用為後來數理經濟學的大發展奠定了基礎。

對新古典經濟學方法論的這些特點，施蒂格勒從根本上是肯定的，他的批評往往限於邏輯推理是否合理、前後是否一致，等等。蘇聯和改革開放前的中國理論經濟學界，向來對邊際主義和新古典經濟學的方法論持批判態度，認為其特點是個人主義、心理分析和消費至上主義的結合。其實這是一種很片面的看法。作為分析微觀經濟現象的一種方法，

以個人作為觀察經濟現象的基點沒有什麼不妥；至於消費分析和心理分析在經濟生活中的作用，也已是一個人所共知的事實。

方法論的變革是為創建新經濟理論服務並體現在新經濟理論中。新古典經濟學的經濟理論的主體便是施蒂格勒的這部專著所展示和研究的生產論和分配論。在新古典經濟學家看來，構成生產論和分配論基礎的是財富論，財富的形式有實物形式和商品價值（貨幣即價格）形式之分，價值（或價格）形式是進行比較和基礎，因而他們幾乎毫無例外地都首先將研究的重心投向價值論，並在此基礎上進而論述生產和分配規律。施蒂格勒展示了這個認識的深化和發展過程。

新古典經濟學的價值論就是著名的邊際效用價值論，它經歷了一個從創建到成熟的過程。如果說杰文斯、門格爾和瓦爾拉斯在19世紀70年代初各自提出的學說標誌著它的誕生，那麼經過維塞爾、龐巴維克、威斯迪德和維克塞爾等人的不斷加工和修改，到19世紀80年代該理論可以說已經臻於完成，到了克拉克和馬歇爾等人手中，該理論已經成為一種比較成熟的現成的分析工具了。

依照邊際效用價值論，物品的價值是指物品對於人的慾望滿足所具有的意義，因而價值在本質上是主觀的；價值的源泉在於物品的效用，即其滿足人的慾望的能力，而物品數量的稀缺性則是對其是否具有價值以及價值大小的又一個限制，所以價值的源泉是物品的稀缺效用性；人們在滿足慾望的過程中，必然遵循物品效用遞減法則，即隨著人的慾望的不斷被滿足，他的慾望不斷減弱從而滿足慾望的物品的效用必然遞減，

此即邊際效用遞減法則；在資源有限條件下，欲實現個人各種慾望滿足的最大化，必然遵循邊際效用相等法則，即使得每種滿足最後實現的程度大體相等；在這些條件下，物品的邊際效用即最小或最後增量效用就成為衡量和決定整個物品價值量的尺度和決定因素，因為它最能敏感和及時地顯示個人對物品數量變動對其福利的影響，最適宜作為衡量價值的尺度。新古典經濟學認為，這種理論不僅適用於消費品的價值決定，也能說明生產性物品或生產資料的價值決定。

邊際效用價值論是一種主觀價值論。它將經濟價值完全地歸結為主觀範疇，顯然是片面的，不切實際的。但也不應完全否定主觀因素在商品價值決定中應有的意義，因為經濟價值是主觀和客觀兩種因素的結合，二者缺一不可。值得注意的是，這種純主觀價值論在新古典經濟學形成的後期，尤其是在馬歇爾經濟學中，已經失去了價值決定唯一因素的地位，而被轉變為價值決定的一個方面的因素，另一個方面是決定於生產成本的供給，這就是馬歇爾的供給和需求均衡價值論，這種價值論比純主觀邊際效用價值論當然更接近於市場經濟的現實。何況在馬歇爾看來，由邊際效用決定的需求已從純粹主觀角度轉變為一種結合市場條件的客觀行為，這就使其價值論進一步接近了經濟生活的實際。

新古典經濟學的生產理論包含著若干要點。首先是生產要素論。他們普遍接受薩伊的土地、勞動和資本三要素論，馬歇爾又增添了經營管理這個新要素，提出了著名的生產四要素論。他們認為：這些要素都是財富及其價值的創造者；它們之間是一種相互依存的關係，缺一不可。

其次他們認為各種要素在生產中遵循著邊際生產率遞減規律，即在其他要素不變條件下，各該要素的生產率會隨其數量增加而遞減（也有的認為是增加的比例遞減）；在資源數量有限（即不足以滿足全部慾望）條件下，實現慾望最大化的必要條件是各種邊際慾望相等。再次，為了實現利潤最大化，廠商通常會以成本較低的要素替代成本較高的要素，此即所謂要素替代法則。至於實現滿足或利潤最大化的條件，就是（通過要素替代）將相關要素的供給和需求調整到均衡狀態。構成供給價格的要素主要是勞動（「反效用」）和資本（「等待」），構成需求價格的則主要是物品的邊際效用，以及決定這種效用的生產者或消費者的經濟條件和社會風俗習慣等。分析這個滿足或利潤的最大化條件，是觀察新古典經濟學家眾多著作的一條重要線索。局部均衡分析被認為是基礎，而一般均衡分析被認為是一種最高成就，因為它要確定考慮到市場全部商品條件下的價格。完全的市場自由競爭既是所有這些生產理論的根本前提，也是這些理論所要證明的最終結論，即只有這種完全自由競爭的經濟制度才是最優越的。

　　新古典經濟學的分配理論是其生產理論的延伸和具體化。如果說生產理論解釋了一般商品的價值或價格決定法則，那麼，分配理論就是將這種一般法則用於解釋各種生產要素的價值或價格決定，從而說明各種分配份額的決定。在新古典經濟學看來，工資是勞動的價格，利息是資本的價格，地租是土地的價格，企業家利潤被認為是工資的一種，它是企業經營的價格。這些價格的決定與一般商品價格的決定是類似的，即

由其各自相關的供給價格和需求價格決定。例如，工資決定於勞動者的生活費用等供給價格，與其所能提供的邊際效用即需求價格的均衡；再如，利息決定於資本家的等待或忍欲（供給價格）與資本所能提供的邊際生產率（需求價格）的均衡；等等。這裡所說是以馬歇爾為代表的新古典經濟學的分配理論，它是邊際生產率分配論與生產成本論的結合。克拉克等人的分配論則是完全的邊際生產率決定論，也就是說，邊際生產率是各種生產要素分配份額的唯一決定因素。按照這種分配論，各種生產要素都按照同一個法則得到其各自應得的份額，只要實現了這個法則的要求，就不會出現剩餘，也不會存在剝削；不會有剩餘，因為總產品被分配殆盡，此即著名的「尤勒定理」；不會有剝削，因為各種要素都按照同樣法則得到其報酬，如果說報酬有高低差別，那是各自邊際生產率不同使然。這種分配論的社會意義顯而易見，但馬歇爾的基於供求均衡價值論的分配論也蘊含著論證自由競爭資本主義制度可以實現社會和諧的深意，只是比較含蓄罷了。

　　施蒂格勒的分析對上述理論要點均有不同程度的闡述和解說，而對技術性層面的問題則有更詳盡的評論。例如，他很注意經濟學家們如何定義邊際生產率遞減的含義：是指增量遞減還是指增量的比例遞減？他認為只有增量意義的遞減才是對的；又如，他注意到一些經濟學家既相信邊際生產率遞減法則，卻又否認要素替代的可能性，否認生產系數的變化，他指出這是自相矛盾的：不能替代，生產系數不能變化，何來遞減？再如，他對邊際生產率分配論所導致的「產品分盡」問題，做了系

統和詳盡的考察，指出了尤勒定理的實現條件和意義，等等。至於當時圍繞生產和分配論所展開的各種爭論，透過施蒂格勒的論述，我們當可有具體和充分的感受。

20世紀30年代以後，特別是第二次世界大戰結束之後，新古典經濟學遇到了實踐和理論的巨大挑戰。1929—1933年的資本主義世界經濟大危機宣告了新古典經濟學所信奉的經濟自由主義的破產，而順應歷史潮流和社會需要的凱恩斯宏觀經濟學應運而生，它逐漸上升為西方經濟學發展的新主流，取代了新古典經濟學的主流地位；20世紀中葉以後，由一部分凱恩斯經濟學派經濟學家所發起的批判邊際生產率論的「資本論爭」又進一步削弱了新古典經濟學的影響力。在這些歷史變遷的影響下，新古典經濟學的生產論和分配論已經並將繼續發生深刻的變化。這些挑戰和變化都出現在施蒂格勒這部著作之後，自然也都沒有在這部著作中得到反應，否則，該書就不只是一部具有階段性的里程碑式著作了。不知此言對否？

晏智杰

序言

　　喬治·J. 施蒂格勒的博士論文《生產與分配理論史研究》，在芝加哥大學弗蘭克·H. 奈特教授指導下，於1937年完成（1938年3月提交）。麥克米倫公司於1941年出版了該論文的修訂版《生產與分配理論：形成時期》，售價3.5美元。按照馬克·布勞格（施蒂格勒過去的學生）的說法，這部書「是追蹤1870年以後新古典生產與分配理論漫長演進過程的第一次認真嘗試，並很快被譽為經濟思想史的一個主要里程碑」。這篇論文還是作者畢生從事和喜愛的經濟思想史研究的開端，他後來在經濟思想史領域的很多著作仍致力於該論文所涵蓋的這個時期（19世紀後期）。[1]

　　施蒂格勒在緒論中說明了這篇論文的動機。按他的說法，以往經濟理論在19世紀70年代的「基本缺陷」，「顯然是沒有發展出一種生產服務的價格理論」。的確，如他所說：「在19世紀70年代還不曾有分配**理論**。」儘管19世紀70年代的「邊際革命」已經導致了價值理論的重建，但是分配理論多半還沒有受到觸動。正當經濟理論的這個領域迫切需要更新時，1870—1895年間，在這個領域發生了緩慢而漸進的理論進步。本論文的目的就是追蹤分配理論在這個時期主要經濟學家著作中的發展——其中包括杰文斯、威斯迪德、馬歇爾、埃杰沃斯和瓦爾拉斯，等

---

[1] 馬克·布勞格. 凱恩斯以後的著名經濟學家 [M]. 紐約：劍橋大學出版社，1989：240.

等——這種發展在邊際生產率分配理論和尤勒定理中達到了頂點。

施蒂格勒的論題反應了他20世紀30年代在芝加哥大學研究生學習的兩個方面。第一方面是著重於新古典價格理論的系統訓練。在經濟學301即價格和分配理論課程上，杰科布·瓦伊納和弗蘭克·奈特給學生授以馬歇爾主義價格論，那是芝加哥大學課程體系的中心。當經濟思想史的許多研究致力於泛泛地解釋經濟「思想」時，《生產與分配理論史研究》這樣的經濟**理論**史著實罕見。這樣牢固的理論基礎與經濟學301課程十分強調新古典理論是分不開的。

施蒂格勒在芝加哥大學所接受的科學訓練的第二個方面，是他受教於奈特教授的經濟思想史課程。施蒂格勒對思想史的興趣顯然是在芝加哥大學，在奈特（在較小程度上還有瓦伊納）的指導下養成的。施蒂格勒在本書緒論和其他地方說過，這個論文題目是奈特向他提出的。奈特在確定該論文的獨特思路方面看來也發揮了關鍵作用。其他人肯定也看出了奈特在該論文中的深深的印記。約瑟夫·多夫曼直截了當地說：「（該論文的）觀點是作者在芝加哥大學的老師弗蘭克·H.奈特教授的觀點。」①

---

① 約瑟夫·多夫曼對《生產與分配理論史研究》的評論，發表在《政治科學季刊》第57期（1942年9月）第468頁。多夫曼責備施蒂格勒熱衷於「人們熟知的誤解，以為克拉克的《財富的分配》在觀點和程序上與先前的《財富的哲學》根本不同。這種看法緣於不熟悉（18世紀）（原文如此。顯系『19世紀』之誤——譯者）70~80年代美國社會科學中一些術語的含義」。

奈特的觀點是什麼呢？奈特研究經濟思想史的態度是批判性的，通常是嚴厲的。唐·帕廷金有這樣的描述：「奈特研究經濟思想史的路徑是：對各種思想學派所提出的各種假定條件以及從中得出的結論的性質，做出純邏輯的評論；他幾乎專門集中於他所解釋的各種理論的邏輯一致性。」① 例如，在關於李嘉圖的一篇著名論文中，奈特提出了一種「設想，按照這種設想，對像經濟學這樣一些領域中的『前人』的主要興趣，應該放在從他們的錯誤中學習一些東西」。然後他將「古典的」體系與「正確的」觀點加以對照，指出了古典派思想中的七種「過失」。② 這樣尖銳的聚焦於糾正錯誤的評論有時顯得是在嘲弄，但隱藏在這些批評背後的卻是嚴肅認真的初衷。施蒂格勒回憶說，奈特肯定「從強調李嘉圖和經濟學其他歷史人物的過失和錯誤中獲益匪淺……（但是，）他以李嘉圖的錯誤和馬歇爾的弱點為例，教導我們應當對這些過失比對當時那些荒誕不經的謬論予以更多的堅持不懈的關注」③。

　　儘管施蒂格勒在其自傳中說，他是 20 世紀 30 年代早些時候在芝加哥大學迷上經濟思想史的，但有證據表明他的興趣比這個時間來得早些，

---

　　① 唐·帕廷金. 作為教師的弗蘭克·奈特 [M] // 論芝加哥傳統. 達勒姆：杜克大學出版社，1981：35.
　　② 弗蘭克·奈特. 李嘉圖的生產和分配理論 [M] // 論經濟學的歷史和方法. 芝加哥：芝加哥大學出版社，1956.
　　③ 威廉·布賴特，魯格·W. 斯潘塞，喬治·H. 施蒂格勒. 獲獎者的生平：十位諾貝爾經濟學獎獲得者 [M]. 2 版. 劍橋：麻省理工學院出版社，1990：95-96.

而且與奈特無關。① 早在西北大學攻讀 MBA 學位時，施蒂格勒就撰寫了關於「分配理論」和「從亞當·斯密到斯坦利·杰文斯的價值理論」的文章。② 這就是說，在投奔到奈特門下之前，施蒂格勒已經在分配理論和思想史這兩個論題上有所著述，而這兩個論題在後來的這篇論文中則結合在一起了。此外，這篇論文也不總是反應奈特的傾向。例如，施蒂格勒對門格爾倍加讚揚和大力肯定，而奈特為門格爾《國民經濟學原理》英譯本所撰寫的序言卻多有批評。③ 不過，施蒂格勒仍然承認奈特對他這篇論文的深刻影響，他後來寫道：「他是這樣一位富有主見和批判精神的文獻研究者，以致我在好多年後才能真正通過我自己的而不是他的眼睛來閱讀經濟學的古典著作。我一直沒有再通讀我的博士論文《生產與分配理論：形成時期》，因為我知道我會因其所體現的奈特的過分嚴厲的批判態度和該論文的不夠成熟而感到不好意思。」④

對施蒂格勒在本書中所採取的批判立場有若干評論。有人注意到

---

① 喬治·H. 施蒂格勒. 一位不循規蹈矩經濟學家的回憶 [M]. 紐約：基本書籍出版社，1988：27.
② 感謝斯蒂芬·施蒂格勒提醒我注意並得到了這些報告。
③ 馬克·布勞格注意到這些分歧的觀點，參見：馬克·布勞格. 經濟理論回顧 [M]. 4 版. 紐約：劍橋大學出版社，1985：326.
④ 威廉·布賴特，魯格·W. 斯潘塞，喬治·H. 施蒂格勒. 獲獎者的生平：十位諾貝爾經濟學獎獲得者 [M]. 2 版. 劍橋：麻省理工學院出版社，1990：97-98.

「總的調子是說教的,甚至是教條主義的,但它有一種明確和清新的氣息。」① 已故的埃里克·羅爾爵士讚揚這本書,但也指出了其中一些「天真的居高臨下調門」的例證,而且評論說「儘管對各個評論要點作了精心打造,但總是攜著一股高傲之氣提出來的,這無助於讀者」②。雖有幾分放肆,但這些段落仍常語帶幽默,並給了今天的讀者一個機會,得以對施蒂格勒著名的機智先睹為快,儘管博士論文並不是搞笑之所。

時至今日,施蒂格勒的博士論文仍是關於分配理論發展的關鍵時期的經典著作。正如熊彼特在其巨著《經濟分析史》中所指出的:「這部出自一位傑出理論家之手的優秀著作,也許是對那個時期出現的各個領軍人物的理論著作的最好觀察,因而備受推崇。」③ 這部著作在其最初完成並問世 50 多年之後再次出版,就是熊彼特的判斷仍然有效的證明。

道格拉斯·歐文

---

① S. H. 派特森的評論見《美國科學院年報》,1942(3):259.
② 埃里克·羅爾在《美國經濟評論》(1941 年 12 月,第 855-857 頁)的評論。見瓦西里·里昂惕夫的附評,第 857-858 頁。
③ 「這個推薦並不意味著在每一個事實或觀點上(與作者)保持一致。」參見:約瑟夫·熊彼特. 經濟分析史 [M]. 紐約:牛津大學出版社,1954:849.

目 錄

第一章　緒論 ----17

第二章　威廉·斯坦利·杰文斯 ----24

第三章　菲利普·H.威斯迪德 ----40

第四章　阿爾弗雷德·馬歇爾 ----55

第五章　弗朗西斯·Y.埃杰沃斯 ----84

第六章　卡爾·門格爾 ----101

第七章　弗利德利希·馮·維塞爾 ----116

第八章　歐根·馮·龐巴維克 ----130

第九章　里昂·瓦爾拉斯 ----160

第十章　克努特·維克塞爾 ----182

第十一章　約翰·貝茨·克拉克 ----206

第十二章　尤勒定理與邊際生產率理論 ----222

索引 ----267

第一章 緒論

本書是對分配理論的批判性研究，該理論源自主觀價值論並最終系統化為一般的邊際生產率論。它涵蓋的時期從 1870 年到 1895 年；在這 1/4 世紀中，經濟理論在許多領域的文獻中從一種技藝轉變為一種日益嚴謹的科學。將穆勒的《政治經濟學原理》（這一時期開始時英國理論經濟學的頂點）和接近這一時期終點的馬歇爾的《經濟學原理》做個最一般的比較，便可知此言不虛。

向更科學經濟理論的這種前進運動不以英國為限。瑞典的維克塞爾、瑞士洛桑的瓦爾拉斯、美國的歐文·費雪爾和約翰·貝茲·克拉克，都是這一先進經濟學說的主要解釋者。巴羅內和帕累托在義大利做出了相應的發展。門格爾、維塞爾和龐巴維克前後相繼的研究表明，這一運動在奧地利的發展是迅猛的和不平靜的。唯有在法國和德國，難以發現復興理論研究的傑出代表者——這一狀況延續至今。

儘管經濟理論在 19 世紀 70 年代有了長足進展，但遺憾的是它多半限於價格理論這個領域。杰文斯、門格爾和瓦爾拉斯，即這一時期的「革命者」，集中致力於主觀價值論，他們的直接後繼者們大多延續了這條路線。需求因素肯定比在古典經濟學家那裡得到了更多和更充分的分析，但是這個新側重點也不是一塊聖潔的福地。這三位發現者都信奉享樂主義（儘管這一點在門格爾理論上的痕跡相對較輕），而且他們對價值論的陳述導致了享樂主義倫理學對經濟政策的許多虛假的應用。只是在最近這些年才開始了一場實際的放棄功利主義觀點的運動，旨在追求更多無色彩但也較少爭議的替代理論。

事實上，最需要改革的經濟學領域是分配。分配**理論**在 19 世紀 70 年代還是沒有的。斯密以後的大多數英國經濟學家們倒是分別提出了論述地租、工資和利潤的篇章，但它們幾乎沒有任何重要例外地只是對當代英格蘭三個最重要

社會階級的收入的描繪。① 地租給土地所有者，工資給勞動群眾，資本家則得「資本利潤」。這種類型的分析在李嘉圖和穆勒時代的英格蘭自然有其用處，但是這種分析的缺點也是顯而易見的。對此不必詳論②。基本缺點在於它缺乏一種生產服務的價格理論。

人們可能希望「革命者們」能集中關注古典派結構中的這個空缺。一旦邊際效用論被應用於決定消費品價值，下一步合乎邏輯的便是決定生產物品的生產性服務的價值。在完全競爭假定下，生產性服務的價值額顯然等於產品的價值，給予每種服務的分配份額便會很容易地使用在邊際效用論中如此突出的某種增量分析方法來加以確定。

但是，主觀價值論中如此明顯暗含的東西並沒有得到承續。本書以下各章將會說明這一過程何以會如此緩慢。杰文斯在處理需求理論時是如此激烈地批判古典派，但在分配理論上卻是「錯誤之首」李嘉圖的最熱烈的追隨者。瓦爾拉斯對這個問題的研究在許多方面是非常傑出的，但直到1896年他才放棄了使其理論完全歸於無效的生產系數固定的假定。不過，門格爾才是一個真正神祕莫測之人，他對消費品和生產物品的區分僅限於將前者稱為第一級物品，而將後者稱為高級物品。在他的價格理論中，他提出了一個物品（包括資源在內）在各種用途之間配置的一個簡單的模糊不清的腳註。他試圖發揮出一種邊際生產率理論的基本概念，但這一理論的基本要素即生產服務結合比例的變動，在他的追隨者那裡全然消失了。

19世紀90年代終於出現了邊際生產率論。③ 如同20年前的主觀價值論一

---

① 強調分析社會階級收入，至少可以追溯到亞當·斯密。他說：「一國土地和勞動的全部年產品……自然地被分成……三部分：土地地租、勞動工資和資本利潤，並構成國民的三個不同階層的收入，他們或靠地租生活，或靠工資或利潤為生。每個文明社會都存在這三個偉大的、原創的和結構性的階層，所有其他階層的收入最終都來自這三個階層的收入」見《國富論》（現代圖書〔凱南〕版，紐約，1937年），第248頁。李嘉圖也有相同的論述可供比較：《政治經濟學及賦稅原理》（岡納版，倫敦，1932年），作者的「序言」；麥克庫洛赫：《政治經濟學原理》（愛丁堡，1924年）第103-104頁；J. S. 穆勒：《政治經濟學原理》（阿什利編，紐約，1929年），第 II 篇第 iii 章。

② 參看：F. H. 奈特. 李嘉圖的生產與分配理論 [J]. 加拿大經濟學與政治科學雜誌，1935 (I): 3-25, 171-196。

③ 對這一理論必然出現（但是不完全）的各種預見，本書不擬詳述。李嘉圖地租論暗含的邊際生產率論，可見《政治經濟學及賦稅原理》第12章及以後各章；還可比較：杜能《孤立國》（第3版，耶納，1930年），特別是第495頁最為重要；朗菲爾德《政治經濟學講義》，倫敦學派重印本第8本（倫敦，1931年），特別是第4講；曼戈爾茨《國民經濟學原理》（第1版，斯圖加特，1863年），第117、131頁，鮑萊在《納騷·西尼爾》（倫敦，1937）第114頁的引述。關於朗菲爾德的後繼者伊薩克·巴特（其著作比較令人費解），可參看塞利格曼《論某些被忽視的英國經濟學家》，載《經濟學雜誌》，XIII（1903年），第532-533頁。

样，當邊際生產率論在不同國家獨自形成時，它似乎還是「懸而未決的」。瓦爾拉斯在瑞士洛桑，馬歇爾、威斯迪德等人在英國，維克塞爾在瑞典，克拉克在美國，還有巴羅內在義大利——全都出現在 19 世紀 90 年代，而且都加進了處理分配問題的邊際生產率論的實質內容。不過，邊際生產率論最終由如此眾多的經濟學家同時提出這一點，與下述事實相比並不更令人驚訝：它不像主觀價值論那樣被同時明確提出，也沒有立即成為一般理論的有機組成部分。

當然，從 1870 年到 1895 年這個時期還是比較近的——原因之一是其主要經濟學家比較長壽。在本書論述的 10 位（這樣確定多少有些隨意）偉大經濟學家中，只有杰文斯沒有活到 20 世紀；有 6 位逝世於 20 世紀第二個十年；有一位活到 1938 年。① 他們的著作像他們的人生一樣富於生命力。只有極為大膽或者極具洞察力的經濟學家才敢於在不顧及他們著作的情況下來回答當代理論的一個重要問題。

我通常不覺得需要強調該著作主題的重要性，但起初仍不免感到吃驚的是這個主題一直沒有得到詳盡的研究。標準的經濟思想史著作的確包含了這個領域的某些部分，但是大多數作者或是對文獻全然不知，或是不具備批判分析的適當理論工具，或是兩者兼而有之。甚至當代一些傑出的經濟思想史家也是用望遠鏡而不是用顯微鏡來考察這一領域的。此外，一些歐洲國家特別是德國的研究者們寫了一些關於核算史的小冊子，但是其中有些在總體上就是不合適的，能令人滿意者則完全沒有。②

現在轉向我們研究的經濟理論，這裡顯然存在著某些隨意的現象。首先關注的分配理論同經濟理論的各個領域都是密切相關的，隨之一般均衡理論也就得到了適當的強調。這裡涵蓋的實際領域基本上是兩個：生產與分配理論。這

---

① 見原書第 11 頁生平簡表。
② 下面是我所能提供的一張完整的著作表：
W. 莫爾曼：《核算史講義》（耶納，1914 年）；
H. 海芬德爾：《經濟核算問題》（埃森，1922 年）；
C. 蘭德爾：《經濟價值的功能分配基本問題》（耶納，1923 年）；
K. 斯梯芬：《經濟核算問題》（維也納，1928 年）；
W. L. 瓦爾克：《工資原理》（倫敦，1928 年）；
E. 海茨：《經濟核算》（維也納，1931 年）。
我一直不能對斯梯芬的論文做出評價。莫爾曼和海芬德爾否認任何分配理論的可能性。蘭德爾接受龐巴維克的理論，只做了少許修改。海德爾的論文是精心寫作的，他維護漢斯·邁爾的分配理論（參看：邁爾. 核算 [M] //國民經濟手冊. 4 版. 1928；VIII, 1206-1228）。瓦爾克的研究是其中唯一一部試圖概括非奧地利文獻的著作，他的書對這些文獻是一個有用的導論，但是他的解釋同這些文獻的分歧在後面各章中就變得明顯了。

兩個領域彼此交織在一起，試圖將它們截然分開的想法是荒謬的。所有其他領域盡可能地被排除在外，不僅是為了將研究主題分解為便於把握的各個部分，而且還有別的考慮。幾乎每一個從事此項研究的經濟學家都以這種方式處理生產與分配理論。他們在研究生產與分配理論時，一直並盡可能地不去關注一般價值論，也對公共財政和對外貿易等問題不置一詞。

對研究範圍的第二種約束基本上是對現代實踐的認可。這種討論只同靜態的競爭經濟相關。在排除壟斷方面我們只能跟著作者們走。在排除歷史變化方面我們將再次遵循主流的做法，而且這種排除還得到了下述事實的支持：這個時期的歷史主義經濟學基本上是描述的而不是分析的，只有在馬歇爾的場合我們才看到這種標準遇到了困難。

本研究的態度是批判性的。首先，選擇是明顯的和不可缺少的。選擇分析還是選擇描述——這是一個不必多言的陳舊話題。同樣，還必須提到並不是這裡包括進來的所有經濟學家都討論了所有的生產與分配問題。核心結構和理論框架得到了充分處理，但理論細節則只有在其顯得新奇或錯誤時才受到注意。

這個研究是批判性的還有一層含義。我們試圖發現和評價在正式論證中的所有重要錯誤。沒有哪位經濟學家能夠完全避免邏輯上的缺失；而這裡研究的經濟學家，除了極少例外，都是優秀的邏輯學家。正式論證在經濟理論上的作用如此重要，以致這裡短暫的離題討論可能仍是合適的。

經濟理論是根據邏輯法則從各種假定條件中得出結論，因而「純」經濟理論是邏輯的園地，它的性質基本上是數學的。如果經濟理論的假定不是不一致的，而論證也不是錯誤的，那麼這種經濟理論就是「正確的」。同樣，如果經濟理論的假定條件與事實不符合，經濟理論也就失去了它的意義和重要性。

經濟分析的這些特徵引出了本研究最終的批判方面。筆者不限於進行選擇和注意邏輯的一致性，還注意到了所討論理論的經驗的真實性。所選擇的假定是「正確的」嗎？經濟思想史家常常提出這個問題，而答案在總體上是不能令人十分滿意的。有過許多失敗，但龐巴維克的利息理論史可以作為一個重要陷阱的典型。這位作者十分自信，他從一開始就抱定拒絕先前所有利息學說的宗旨，認為他自己的理論無論在邏輯上還是真實性上都是無可匹敵的，這就導致了他對別人理論和觀點的曲解和不公正解釋。顯然，巨大的困難在於確定什麼是正確性的標準。

本書評價的基礎是當代的尚未給出清晰闡述的新古典經濟學。這種理論的

資料直接來自馬歇爾,但它在瓦爾拉斯、威斯迪德和埃杰沃斯等人的手上才變得更為嚴謹;近來眾多經濟學家則進一步發展了這一理論。沒有一種統一的「新古典」理論,但是可以肯定的是,有影響的研究者之間的分歧比穆勒以來的任何時候都小。這種理論的陳述有些反復和迂迴,但是必須承認,因為它有廣泛的解釋力,因而可以接受這種理論體系。不過,某些理論體系必須用來評價某些特殊的學說,如果歷史果真是批判性的話。

歷史要有用處,即具有建設性,就必須是批判性的。包含著發現邏輯缺陷的歷史研究只是規範論證的一種檢驗。儘管這種檢驗是重要的,對筆者也許是有用的,(但對讀者來說卻未必如此)讀者去從事一篇關於邏輯的論文也許更好。經濟學首先是政治經濟學,社會政策總是它的中心議題。

參考資料的具體細節在以後的分析中會變得明顯,所以我們可以轉到最後一個問題:將上述標準應用到任何一個經濟學的困難。每個經濟學家——或者非經濟學家都必然會從研究觀察中得到大量關於經濟學的知識。幾乎每個經濟學家都能直截了當地回答一般經濟理論問題。托馬斯·曼對於其東印度公司產品的邊際生產率理論必定是了然於胸的,但是這個理論直到1890年才正式地令人滿意地形成。馬歇爾說過:「在每個人口稠密的國家,每個有思想的人都必須研究報酬遞減法則」①,但是他指出這個法則有各種不同的分析形式!②

這個問題在1850年前的經濟思想史上是最為嚴重的,後來就變得不那麼重要了。解釋漸漸專業化,而他們的理論也系統化了。但是,各種正確的「洞察力」使複雜的解釋得以平息。在這些場合,檢驗得以應用,作者提出的是:這些觀察是否符合經濟學家的一般理論體系?或者順便說說,它與其整個結構是不一致或不相干的嗎?

在應用批判研究方式時,公正性問題應當是決定性的要求。筆者一直為「馬歇爾科學用語中的一些模糊不清」所困擾③;閱讀和再閱讀威斯迪德冗長的《政治經濟學常識》一直在考驗著筆者的忍耐力;他也一再被龐巴維克的賣弄學問和強制的雄辯力所傷害,如此等等。這些反應無疑是所有讀者在一定程度上都經歷過的,而在判斷經濟學家對理論分析的貢獻時完全撇開個人的個性是困難的,儘管那是一種自發的反應。不過,我們希望這裡提供的證據能夠

---

① 馬歇爾. 經濟學原理 [M]. 8版. 倫敦, 1920:172.
② 參考原書第66頁。
③ T. 帕森斯. 經濟學和社會學:馬歇爾與其時代的關係 [J]. 經濟學季刊, XLVI(1931—1932):335-336.

加強作者們的結論。無論如何,讀者不要將不妥的個人觀點視為現成的結論。

至於本書涵蓋的範圍,它顯然由一系列獨立的研究所組成,包括十位傑出的經濟學家;表1列出了他們的名字和簡歷。除了克拉克以外,其他人都是歐洲經濟學家。除了這十位經濟學家以外,帕累托、巴羅內等人的一些重要觀點則被集中在最後一章。

表1　　　　　　　　　本書研究的經濟學家的簡歷

姓名	生年	卒年	就讀學校	職業	首部重要著作問世年
杰文斯	1835	1882	倫敦,大學學院	教學(曼徹斯特)	1871年
威斯迪德	1844	1927	倫敦,大學學院	政府部門,講師,教學	1888年
馬歇爾	1842	1924	劍橋大學	教學(劍橋大學)	1890年
埃杰沃斯	1845	1926	都柏林,三一學院;牛津大學	教學(牛津大學)	1881年
門格爾	1840	1921	維也納大學 布拉格大學	教學(維也納大學)	1871年
維塞爾	1851	1926	維也納大學 海德堡大學 耶納大學 萊比錫大學	教學(維也納,布拉格大學)	1884年
龐巴維克	1851	1914	維也納大學	教學(因斯布魯克大學,維也納大學),財政部門	1884年
瓦爾拉斯	1834	1910	礦業學院	教學(洛桑大學)	1874年
維克塞爾	1851	1926	烏普薩拉大學	教學(勞德大學)	1893年
克拉克	1847	1938	布朗大學 阿穆赫斯特大學	教學(哥倫比亞大學,卡爾頓大學,阿穆赫斯特大學)	1886年

就研究的強度來說，每位經濟學家所有可以找到的名著都囊括在內了，但有兩個例外。第一個例外是瓦爾拉斯，因為關於賈菲教授的想法，我們還未能得到《純經濟學要義》的集註譯本。這裡依據的主要是1926年版，在一些問題上還參考了先前的版本。第二個例外是馬歇爾，因為在有限的時間內詳細校勘《經濟學原理》的8個版本和其他許多著作是不可能的。在這兩種場合，可以相信的是現在的解說不會依據各種校勘版本而需要做重大的改動。

最後，關於論述的次序需要做點解釋。安排材料要麼根據論題，要麼根據人物。前一種方法會使重複大為減少，並且強調發展的連續性（但常常並不如此）。根據不同國家學派的人物來安排更為可取，最大的好處是可以解釋個人的統一理論體系的各個部分，從而更容易評價一個人的總貢獻，這在經濟思想史中不是無足輕重的。對每個經濟學家的討論可以在中性標題下分別進行，更易於對理論觀點進行比較。

只有一個論題脫離了上述次序，將一個論題的所有著述集中到一起。這就是關於分配問題的尤勒定理的著名爭論。除了瓦爾拉斯、克拉克、埃杰沃斯和維克塞爾的預見以外，所有相關資料都集中在第12章。

第二章　威廉·斯坦利·杰文斯

　　威廉·斯坦利·杰文斯是新古典經濟學的先驅者。① 他對古典理論有所背離，但更多的是補充，儘管粗心的研究者可能很容易得出相反的印象。誠然，杰文斯本人視其理論是革命性的；他推動了效用價值論並對它作了熱情洋溢的陳述；眾所周知，「他相信約翰·斯圖亞特·穆勒是所有有害的經濟影響的典型」②；還有，他的數學表述方式通常也被看作是要強調對古典理論的對抗。但是，他的生產和分配理論——即本章所研究的理論卻基本上是古典的。馬歇爾和埃杰沃斯總的來說接受杰文斯的工資理論，就是杰文斯研究路徑正統性的一個表徵。

　　杰文斯闡述資本理論與構建主觀價值論幾乎是同時完成的。他在 1860 年 6 月 1 日的一封信中說：「當然，（這個真正經濟理論的）大部分結論都是以一種前後一貫的形式表述的舊結論，但是，就我所知，我對資本所下的定義以及對資本利息法則的說明是嶄新的。」③ 在同其兄弟的通信中，杰文斯偶爾提及他的資本理論和利息理論，並認為這些理論的重要性僅次於他的價值論。他關於利息率決定於各該生產期間邊際生產率的理論，早在 1860 年就以同 11 年後《政治經濟學理論》基本類似的方式提出來了。④ 1862 年杰文斯向英國科學促

---

① 有關杰文斯生平詳情，可查閱：H. W. 杰文斯和 H. S. 杰文斯. 威廉·斯坦利·杰文斯 [J]. 計量經濟學，Ⅱ（1934）：225-237. 還可參照：杰文斯書信和日記 [M]. 倫敦，1886；L. 羅賓斯. 杰文斯在經濟思想史中的地位 [J]. 曼徹斯特學派，Ⅶ（1935）：1-17；P. H. 威斯迪德. 斯坦利·杰文斯 [J]. 政治經濟學常識，Ⅱ，倫敦，1933：801-813；J. M. 凱恩斯. 威廉·斯坦利·杰文斯 [J]. 皇家統計協會雜誌，XCIX（1936）：516-548.

② 威斯迪德：同上引書，第 813 頁。

③ 《杰文斯書信和日記》，第 152 頁。

④ 「不過，我將說明，對所使用的全部資本，只能以與**最後增加的份額**相同的比率來支付；因此，各最後份額提供的生產增益或收益決定著全部資本的利息」（《杰文斯書信和日記》，第 155-156 頁）。

進協會提交的富有啓發性的論文《政治經濟學一般數學理論短論》，概述了他的價值論，也概述了他的分配論。①

以更擴展的形式出現在《政治經濟學理論》中的分配理論很少引人注意，與作者的主觀價值論相比，引起的注意當然更少。造成這種情況有多種因素。首先，杰文斯對分配問題（資本問題可能是個例外）的處理，就其原創性與內容的整合來說，遠不及他對價值論的處理。其次，分配論（連同第4章論交換一起）是以半數學的方式說明的，而杰文斯的彆腳的公式表述使這一進程不是更清晰而是更模糊了。② 最後，他為《政治經濟學理論》所撰寫的自序很少強調分配論，他強調的反而是他在分配領域接受了大部分的古典理論。③

初步的考察

為了構建正確的分配理論，杰文斯提出了若干基本點。他強調了這個事實：沒有一個生產要素（他特別提到勞動）是價值的源泉（參看「價值的源泉」，第 161-166 頁）。④ 他在第二版中越來越深信，所有生產要素同價值的聯繫都來自相同的關係，即稀缺性。他說：「我們必須把勞動、土地、知識和資本看作整個生產的協同條件，而不能看作某一部分產品的原因」（第 xlvi 頁）。在第二版序言中，杰文斯得出了可以代替成本學說的重要論述。他指出，穆勒所謂價值的例外情形，即：若製造業必須使用來自農業的土地，則土地地租將加入製造品的生產成本，事實上正是典型情形。這樣一來便可立即得出結論：某種類型的農產品必定會使土地遠離農業用途。這不是土地使用的特例：

---

① 該短論重印於《政治經濟學理論》（倫敦，第4版，1911年）附錄Ⅲ。

② 馬歇爾在論及杰文斯的數學應用時指出：「……他像掃羅（Saul）盔甲中的大衛」（《馬歇爾紀念文集》，倫敦，1925年，第100頁）。杰文斯不時坦承他研究數學的困難，說自己的數學功底充其量不過微分學基本原理而已（《杰文斯書信和日記》，第29、32、36、48、88、118、158頁）。下述一點無疑是真的：杰文斯「彆腳的數學公式」（對凱爾恩斯來說似乎如此），對當代經濟學家只起了模糊其著作重要部分的作用。參看：J. E. 凱恩斯. 政治經濟學若干基本原理［M］. 倫敦，1874：21，註釋。

③ 杰文斯在痛斥工資基金學說是不說自明之理的同時，卻認可古典派地租論和人口論的正確性。

④ 參看《政治經濟學理論》。第二版是作者生前最終版，此後各種版本都是原版重印，正文沒有改動。所有參考資料均引自第4版，除非另有說明。感謝麥克米倫公司允許我引用這部著作。

可以看出，工資的原則恰好相同。一個人若能在一種職業上每日掙 6 先令，那麼，除非他能指望在別的職業上每日也掙 6 先令或者更多，否則他是不會轉行的。不存在勞動的絕對成本這種東西——它完全是比較而言的。（序言，第 xlix-1 頁）。①

因此，工資與價值的關係同地租與價值的關係是一樣的。份額、地租、工資和利息是完全對稱的：「地租論和工資論是完全相似的……同樣的看法，經過必要的調整，完全可以適用於由固定資本引起的租金，也適用於自由資本的利息。」（序言第 1 頁）② 這段話說明，同自由（可轉移）資本相比，固定（消耗掉）資本的收入和價值是由地租法則決定的。

勞動理論和生產

儘管有上述極富啟發性的預先說明，杰文斯在正文中，在解釋生產成本與價值的關係時，還是沒有做出實質性的變更。他對生產成本與價值的關係問題的討論出現在論勞動的第 5 章，③而不是出現在更合適的論交換的第 4 章，這是因為他想更多地強調古典派的勞動成本論。④ 他在第 5 章開宗明義地援引了亞當·斯密的著名論點：「每一物的真實價格，每一物對於欲獲得該物的人來說的實際花費，就是獲得該物的辛苦和麻煩……勞動是第一價格，是支付任何物品的最初的購買貨幣。」杰文斯相信，這個論點「實質上是對的」⑤。

杰文斯沒有深究生產組織問題。在「勞動的分配」一節中（第 183-186 頁），杰文斯試圖確定個人如何在兩種商品之間分配勞動。這種分配是這樣決定的：兩種產品的邊際效用與兩種（或更多）職業的勞動負效用具有相同比

---

① 馬歇爾基於不能令人信服的理由拒絕這種論證。馬歇爾. 經濟學原理 [M]. 倫敦，8 版，1920；437 頁註。還可參看第 92 頁（極為重要）。

② 他又說：「……支配工資率的法則同支配租金的法則是一樣的」（第 xlvii 頁）。

③ 第 5 節（第 183-203 頁）討論了成本與價值的關係。在第 2 版增加了「經濟量的關係」（第 189-193 頁）和「聯合生產」（第 197-202 頁）兩節，但對成本與價值的關係問題沒有增添什麼新內容。

④ 「生產的主要因素和財富的主要源泉，毫無疑問是勞動。」馬歇爾. 經濟學原理 [M]. 倫敦，1905；71。

⑤ 他在第 2 版緊接著加了這麼一句：「如果深加分析，便可知這一名言可能並不像大多數讀者乍一看感覺的那麼完全正確。」（第 167 頁）

率。① 他承認例證可能並不真實，但他認為指導個人行為的原則「就其一般性質來說也適用於整個國家」（第 183 頁）。

然而，這個原則顯然不能指導「整個國家」。② 杰文斯通常總是精心地否認不同個人之間主觀量的可比性：「可以看出，在我的方程式中，沒有一個表現的是一個人的勞動和另一個人的勞動。」（第 166 頁）由此可見，在企業經濟的各種不同用途之間，（隨著勞動分工的發展）勞動的效用或負效用對勞動或其他資源的配置，不可能保持單一的比例。假如用貨幣成本和收入來代替負效用和效用，那麼，這種分析思路就會導致資源在各個產業之間按照選擇成本理論來配置，但是杰文斯沒有走到這一步。這種理論不能輕易地適用於勞動分工具有重要地位的經濟中的個人。

成本價值論和效用價值論在一定程度上被看作是吻合的。以下的說法包含著相互決定的概念：「生產支配交換率，同樣，交換率也支配生產……它們（交換率）決定於生產力的均衡和用最後效用程度衡量的需求的均衡。」（第 188 頁）在第 8 章「結論」中，杰文斯概述了一般均衡問題：「已知一定的人口，他們有各種需求和生產力，並佔有一定的土地和其他物質資源：如何利用他們的勞動使其生產的效用最大，這就是所要研究的問題。」（第 267 頁）但是，這個觀察（它們實際上構成了杰文斯的全部生產論）並沒有超過對所涉及問題的一般陳述。

同樣地，在「聯合的生產」一節（第 193-202 頁）中，整個分析也因假定聯合生產的商品只能以固定比率生產而變得膚淺和毫無意義了。更遺憾的是，這種重新陳述必然將其成本論置於與杰文斯決不接受的先前的見解相一致的境地。

杰文斯接下來論述的分配論的順序離開了他的本意（即第 5 章勞動論，第 6 章地租論，第 7 章資本論）。如果前後連貫，則要求地租首先被排除，按照他的理論來決定這個純產品，然後以邊際生產率理論的變種來決定利息，餘額則構成工資。

---

① 他以數學公式表示如下：$\dfrac{du_1}{dx}\dfrac{dx}{dp_1}=\dfrac{du_2}{dy}\dfrac{dy}{dp_2}$。其中 p_1 和 p_2 分別代表生產商品 x 和 y，並帶來效用 u_1 和 u_2 時所花費的勞動的負效用。

② 杰文斯著名的「貿易體」理論（第 88-90 頁）也犯有同樣的錯誤：試圖將個人分析直接應用於各個競爭性團體。

地租理論

除了以簡明代數和幾何方法重新陳述了古典派地租論之外，杰文斯對地租論沒有做出什麼新貢獻。① 他完全接受李嘉圖的地租理論：「對李嘉圖地租論的最佳闡述」是由麥克庫洛赫做出的。

地租緣於土地肥沃程度和土地耕作報酬遞減這兩個條件。為確保投資而支付的價格，必須等於該資本在土地耕作花費最多條件下的成本，因此更肥沃土地所獲得的超過額，以及在「邊際內」（用現代術語來說）使用勞動和資本所獲之超過額便是地租，即土地所有者的份額。

杰文斯一如古典派作家，將比率和遞減報酬的增量相混同。在同一段落中，兩種定義兼而有之：「……如果在同一塊土地上使用或多或少的勞動和資本，則生產物不會與勞動量成比例地增加……生產物的最後增量總會與生產它所需的勞動保持越來越小的比率」（第 212 頁，又見第 217 頁）。其次，杰文斯確信，一塊土地的產品總會隨著使用於土地的勞動的增加而增加，儘管增加的比率會「不斷遞減，甚至減到零」（第 217 頁）。下述說法實質上是對的，但在表面上又不對：絕非無限的勞動量應用於數量有限的土地上，必然帶來零產品。②

為了方便，也因為一些古典派作者將資本歸結為勞動③，所以杰文斯僅僅考慮了花費在一定量土地上的勞動量這一個變量。幾何表述如下圖 1，他初次提出的這種圖形後來流行於經濟學教科書中。

---

① 可能有人認為杰文斯改變了他的觀點。在第 2 版前言中，他對其《政治經濟學初階》（紐約，1881 年，第 94 頁）關於地租的討論表示不滿意，對他在《政治經濟學理論》中對地租的意見同樣不滿意，參看《政治經濟學理論》，第 li 頁。不過，《政治經濟學初階》沒有討論報酬遞減問題。

② 參看：F. H. 奈特：《風險、不確定性和利潤》（劍橋，1921 年），第 99 頁特別重要。

③ 在第二版中，杰文斯說這種理論是完全錯誤的，但他沒有改變他先前的表述，他相信假定勞動的增量（他稱之為「劑」）得到資本同等的支持，會有助於簡化問題（第 216 頁）。這一點並沒有影響到他對地租的表述；他對地租的表述又回到了當前的假定。

图1

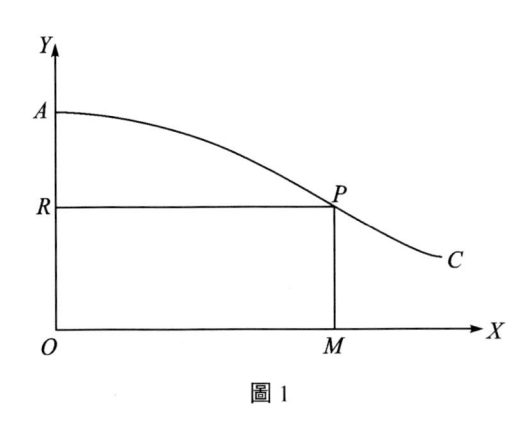

其中 OX 表示所花費的勞動量，OY 表示勞動的邊際產品，APC 表示在一定量土地上所花費勞動的邊際生產率。RP 線由通過 OM 勞動供給點的水準線（它由所有土地上「勞動」邊際生產率的均等化決定）與 APC 曲線的焦點決定。在這種場合，工資將是 OMPR，而地租就是產品餘額，即 RAP。

這個分析只在表面上類似於真正的邊際生產率工資理論，[1] 類似緣於術語。如果「資本和勞動」一詞被「勞動」一詞取代[2]，則工資和利息的各種因素就變得不確定了。實際上，後來出現了一種特殊類型的用以解釋利息的邊際生產率理論，結果工資成了一種剩餘。

不過，杰文斯沒有看到，他的分析還意味著，應用相反的方法，地租能按土地（和固定資本）的邊際生產率加以確定。[3] 他實際上分析了地租理論可應用於固定資本，不過他暗示說，他可能會拓展他的資本概念，以便容納各種形式的資本及其邊際生產率，而不光是生產期間的變動。最後這個限制是其資本理論的主要缺點，現在我們就來考察他的資本理論。

---

[1] L. 阿莫洛莎. W. S. 杰文斯的純經濟學 [J]. 經濟學年鑒，II（1925—1926）：98-99；瓦爾拉斯. 純政治經濟學要義 [M]. 洛桑，1926：375；B. H. 希金斯. 杰文斯：百年評價 [J]. 曼徹斯特學派，VI（1935）：109. 該文將工資邊際生產率論歸之於杰文斯（我以為這未免太隨意了）。實際上，杰文斯在其最後某部著作中，以相當混亂的論證否認了將勞動產品同其他與其結合在一起的生產資源的產品加以分離的可能性。參看：《國家與勞動的關係》（倫敦，1882年）第99頁特別重要。

[2] 應當記得，杰文斯這裡關注的是地租理論，而其他生產要素是非主要的。注意到下述一點是有意義的：他對穆勒假定勞動和資本之間的比例是固定的這一假定（參看《經濟學原理》，第24章）持強烈批判態度。

[3] 維塞爾首先指出了這一點（本書第72頁），J. B. 克拉克和 J. A. 霍布森繼而也指出了這一點（參看本書第11章）。威斯迪德的分析見第12章。

資本理論

資本概念

杰文斯的資本概念實質上就是後來所謂「生產時期」派（其首領是龐巴維克和維克塞爾）的概念。杰文斯說他的理論同李嘉圖主義的分析基本上一致，但他的方法在一些方面不同於古典派，他這樣說是對的。① 首先，杰文斯依照李嘉圖指出的用途對「資本」這一術語的含義加以限制和拓展。就限制來說，杰文斯只是排除了所有現今所謂「免費和非投資的」生活資料②：「構成資本的不過是為維持任何一種勞動者或從事勞作的階級所需要的商品之總和」（第 223 頁）。資本包括「日常所用的各種物品」，例如食品和衣物，但是不包括住房（第 262 頁）。就拓展而言，他又把資本擴大到包括消費者手中的一切可消費的商品（參看「消費者手中的各種物品是資本嗎?」，第 259-265 頁）。他的論據實質上是認為在決定一物是否資本時，所有者方面的偶然情況不應當是決定性的。「只要一個人提供某種物品，另一個人使用它並支付租金，這就表示存在資本。因而，如果某人既使用又擁有某種物品，那麼事情的性質也不會有什麼基本的差別。」（第 263 頁）應當看到，第二種變化同第一種變化有些抵觸，因為固定資本構成了依照所有者標準被排除的大部分資本品（第 260 頁極為重要）。

從古典派的立場來看，上述兩種變化都是典型的杰文斯主義半真理。第一種變化基本是術語的變化，用利息論解釋的只是對非投資資本的回報（古典派會認同這一點），這樣說當然是對的；對固定資本品和「土地」的回報則須以地租論加以說明。在第二種場合，杰文斯依據不正確的論據得出了正確的結論。構成資本的乃是能夠帶來收入或一定時期服務的一切物品。然而，由此看來，不能再從引起各種消費服務的東西來區分資本，區分為因數量微不足道而隨時資本化的服務的價值，以及因其實際發生即服務期短暫而提供的服務價值。

---

① 杰文斯《經濟學原理》第 24 章「穆勒論資本」一整章都是用來攻擊穆勒關於資本的四個基本命題的。他完全拒絕其中兩個命題：工業受限制於資本；對商品的需求不是對勞動的需求。他對另外兩個命題的拒絕陷入了他指責穆勒所犯的同樣錯誤：詭辯和玩弄辭藻。V. 埃德爾伯格. 李嘉圖主義利潤理論 [J]. 經濟學家，XIII (1933): 51-74. 他試圖在李嘉圖著作中發現邊際生產率利潤論，但在我看來他沒有成功。埃德爾伯格對李嘉圖主義利潤理論的表述同杰文斯是一致的（同上，第 64 頁）。

② 他對這個定義並沒有堅持到底。參看：杰文斯.《政治經濟學原理》，第 24 章；《政治經濟學理論》，第 260 頁特別重要。

杰文斯非常強調資本的時間因素。這是因為在一個項目的開始和它能提供服務的時間之間存在一個間隙，這就需要儲備一定物品（它們構成資本）以支持勞動者。這個時期可以稱為建設時期。「資本使我們得以事先增加勞動。」（第 226 頁）總產品將隨著用於建設項目的資本額的增加而增加（參看特別是第 224、225、226 頁）。

資本每有增加都暗含著用於裝備建設項目的資本耐久性增加（參看第 226、228-229 頁特別是 245 頁）。這個「利用時期」同「建設時期」甚至並非密切相關的，但杰文斯將它們完全混為一談了（第 227-229 頁）。他的利息論僅僅適用於「建設時期」問題，的確也很難用於「利用時期」場合。然而，他正式討論的是一般生產過程，包括建設時期和利用時期（如果該物品是耐久物品的話）。杰文斯表明這種一般生產過程的每次延長都會增加使用資本①，而且生產過程的發展還以相反的情況為必要條件，即使用資本每有增加等同於生產時期的延長。

杰文斯資本概念的最後一個方面是，他明確區分了投資資本量和投資量，分別稱之為資本和資本化，儘管他沒有給出定義。前者只由一個「維度」構成資本，即投資於購買勞動的生產資料；後者則有時間和資本兩個維度。② 見圖 2。

圖 2

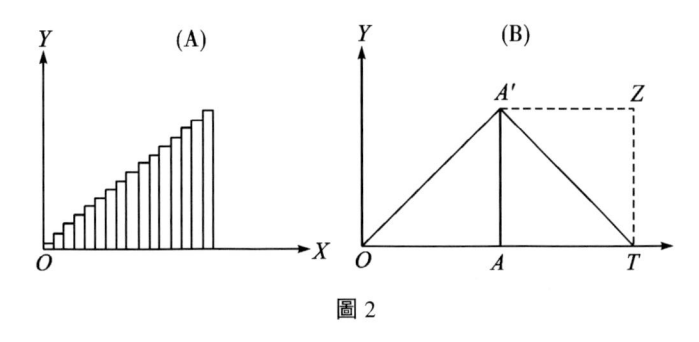

沿 OX 測量時間，資本（或購買的勞動）則沿 OY 測量。圖 2A 表示投資率，它是時間的線性函數，例如，一年中雇傭一個勞動者。因為資本投資可以無限小地進行，它可變成連續曲線（圖 2B）。「非投資」（杰文斯用語）資本也遵循同樣過程，以圖 2B 中從 A' 到 T 向下傾斜曲線表示。OX 線上 O 和 A 之

---

① 「……商品供給的任何改進都會延長使用勞動和得到最終成果或實現最終目標之間的平均時間間隔，這種改進有賴於使用資本」（第 228-229 頁）。
② 「資本投資量顯然決定於任一時刻所投資本與其投資時間長度的乘積」（第 229-230 頁）。

間任一垂線高度表示當時的投資資本額；它所圈起的面積表示資本投資額，如杰文斯所說，不計先前支出的利息。① 「非投資」額（或者資本品的消費）在圖 2B 中以處在任一時間點的三角形 $A'ZT$ 的面積表示。② 杰文斯沒有討論投資和「非投資」之間的關係；為了圖解他只給出了一種簡單的對稱圖例（第 231 頁）。

杰文斯資本概念的主要錯誤是，他假定資本的增加等於生產時期長度的增加。這一點將在後面聯繫龐巴維克的理論進行討論。其他值得一提的錯誤有兩點：第一，他暗中假定每一種資本物品被完全清償。清償一旦完成，事實上也就是清償完畢之時，它就不再帶來純收入（根據純收入定義），除非提供了維修和補償。杰文斯的例證之一表明，他在這方面是受了古典派假定生產循環期為一年（在農業中）的影響。另外一個錯誤是，與古典派一樣，杰文斯也假定自由資本對新創造資本裝備的貢獻僅僅是通過維持勞動來實現的。

利息率

杰文斯的分配論對邊際生產率論發展做出的唯一重要貢獻是他對（自由）資本利息決定做出的說明。③ 這裡涉及一種建設時期的**長度**的邊際生產率理論，它在一定限度內是正確的，雖然它對利息的說明必然是不適當的。

杰文斯假定，一定量資本（投資於勞動）的生產率只是支出勞動和售賣最終產品之間所花費時間的函數。如以新酒變陳酒為例④，儲存時間的微小增加都會使既定量的生產有所增加。⑤ 因此，「這種（生產的）增加與資本投資增加的比率將決定利息率」（第 245 頁）。這就是說，（即時的）利息率等於該生產（它是時間的函數）增加率除以整個生產過程。杰文斯以數學方法表示利率決定，又以幾何圖形示例，以一條曲線表示資本邊際生產率。⑥

對杰文斯數學陳述的下述總結表明了他的假設是十分大膽的，而結論卻是

---

① 在別處考察投資利息（第 239-241 頁）。
② 以數學公式，資本投資**純**數額是 $\Sigma t \cdot \Delta p - \Sigma t \cdot \Delta q$，其中 t 表示時間，Δp 表示 Δt 期間投資資本額，Δq 則表示 Δt 期間「非投資」資本額。
③ 重要一節是：「利息率的一般說明」（第 245-247 頁）。
④ 因為酒可被設想為一次性被消費掉，所以沒有利用期間。
⑤ 暗含假定所有其他生產要素保持不變或未曾加以利用。
⑥ 第 258 頁的圖有一處錯誤：縱坐標所表現的並不是擴展的（如杰文斯所說）生產期間的邊際生產率 $[f'(t)]$，寧可說是資本的邊際生產率或即時利率，$[f'(t)/F(t)]$，此處 $F(t)$ 是生產，t 是時間。

很有限的：

（1）令 p 表示生產，t 表示時間，所以 p=F（t）。建設時期的增加（Δt）將使生產增加到 F（t+Δt）。因此生產增量是 F（t+Δt）−F（t）.

（2）投資增量，資本與時間之乘積，是 Δt F（t）。以投資增量除生產增加，便可得出投資增量的回報率，即：

$$\frac{F(t+\Delta t) - F(t)}{\Delta t} \cdot \frac{1}{F(t)}$$

（3）即時利息率：

$$\frac{d[F(t)]}{dt} \cdot \frac{1}{F(t)} = \frac{f'(t)}{F(t)}$$

但是，必須強調指出這不是年利息率，而是即時利息率或「利息能力」。龐巴維克未能理解（杰文斯亦然[①]）這兩個比率之間的區別，因此把杰文斯理論中並不存在的一個錯誤歸結於他。[②] 實際年利率與即時利率（有時稱為利息能力）之間的區別可以數學公式表示如下[③]：

（1）假定（如杰文斯所說）p=F（t），但 p 現在不是產品售賣或實現時的價值。如果 V 是現在的價值，r 是年利息率，則：

$$V = p(1+r)^{-t} = F(t)(1+r)^{-t}$$

（2）假定年利率 r 不變，現在價值 V〔=g（r, t）〕最大化，則：

$$\frac{\delta V}{\delta t} = f'(t)(1+r)^{-t} - F(t)(1+r)^{-t} \log_e(1+r) = 0$$

（3）因為 $(1+r)^{-t}$ 不可能是零，它可以被除去，餘下：

$$f'(t) - F(t)\log_e(1+r) = 0$$

或

$$\log_e(1+r) = \frac{f'(t)}{F(t)}$$

[①] 有圖中的錯誤為證（第258頁）。

[②] 參看：龐巴維克. 資本實證論［M］. 英譯本，倫敦，1891：399頁註. 維克塞爾維護杰文斯. 資本利息和勞動工資［J］. 國民經濟和統計年鑒，LIX（1892）：867-868；論勞動、資本和地租［M］. 耶拿，1893：116-119. 龐巴維克不理解這種混同，堅持他的批評，見：龐巴維克. 資本實證論［M］. 4版，耶拿，1921：Ⅰ，461頁註.

[③] 參看：維克塞爾. 論價值、資本和地租［M］. 耶拿，1983：117頁註；又見：R. V. 杰涅希藤. 論資本生產率、報酬和利息之間的關係［J］. 國民經濟雜誌，Ⅱ（1930—1931）：219-220. 維克塞爾（同上書）將工資擴展到公式之中。

這就是即時利率與年利率的關係。

可以設想（不過杰文斯沒有這樣說）建設時期可能被任何企業延長，直至即時報酬率等於市場利息率。

即使杰文斯有一種利息邊際生產率論，那也是很不完善的。它只是為一種商品的特殊場合而提出的：該商品價值的增加是通過時間但沒有增加任何開支而實現的。杰文斯的利息率通常與工資和地租沒有關係①，而且，他也不考慮工資和地租與市場利息率的關係。更一般地說，他沒有提出報酬率最大化的條件。

杰文斯顯然沒有脫離古典派理論。他的資本及利率概念基本上與包含在工資基金學說中的概念是吻合的。其基本區別實際上在於，古典派假定生產期間是固定的（一年），又憑藉生活資料工資概念以便在勞動和資本之間分割去掉地租之後的產品，而杰文斯只不過為利息率的決定增加了生產時期變化這個新因素。

勞動理論

在勞動分析中，杰文斯集中注意的是痛苦或反效用成本問題。他完全是從個人的角度來討論的，討論個人在一種職業中的勞動。他的分析著重說明決定某職業中勞動供給的因素，但他沒有一般地研究成本和價值的相互關係，也沒有落腳於說明企業經濟中的勞動報酬問題。

勞動被定義為：為避免更大痛苦或為帶來更大快樂所經歷的某種痛苦體驗。這個定義可能帶有其價值論的享樂主義色彩。杰文斯認為效用的尺度具有一種可以確定的零點，並且相信人的感受可從正（效用）負（痛苦或反效用）方向加以衡量並用代數式予以表述。② 他又從經濟意義上對勞動加以限定，即：從未來物品來說，勞動是一種或局部或整體所體驗的特殊動作和創造等。（第168頁）直接享樂與勞動相抵銷的場合被理解為一般意義的所謂「非經濟的」場合。勞動定義的這種兩段論反應了古典派對杰文斯的強烈影響。他的勞動一般定義反應了典型古典派觀點，將心理量看作絕對量。人類動機代數值的非現實性不是這種概念的主要缺點；使享樂和勞動者（更一般地說，資源）

---

① 他實際上認為工資獨立於資本量（第254-255頁）。
② 勞動「顯然是負價值的最重要的例證」（《政治經濟學原理》，第135頁）。

的生產抉擇之間的競爭原理變得模糊不清才是它更應受到責備的地方。對心理絕對量（例如「消費者剩餘」和「犧牲最小化」）的全部討論都是這種傾向的不幸產物，即把經濟動機視作代數甚至數學項目，或是經由一定的幾何圖形加以表現。

試圖基於補償未來以區分勞動和游戲是不妥當的。① 也許在大多數場合，生產當事人是在提供服務以後得到補償，而不是在這之前，這原本是一個基於偶然或方便的社會習慣問題。唯一完整的與游戲相對照的勞動定義是：構成勞動的是各種形式的人類活動，這些活動相對於需求來說是不充分的，對勞動的需求是為了獲得在各種競爭性用途之間的經濟配置的報酬。

勞動量

杰文斯將時間視為勞動數量的第一尺度，勞動強度是第二尺度。如果時間不變，勞動量就是勞動強度的倍數。勞動強度不一致時，勞動量可用「一條曲線的面積」表示（第170頁）。勞動強度可能涉及痛苦程度或生產率；生產率則反過來可分解為物質產品和效用的增加。② 如果勞動不是用在報酬遞減的對象上，則生產率將與該勞動者的勞動強度和持續時間成比例。杰文斯似乎認識到了這一點，因為他的討論局限於痛苦的變化，在地租章才討論生產率的變化。

個人勞動的供給決定於邊際的勞動痛苦等於產品效用。勞動的厭倦感是勞動量即勞動強度和勞動持續時間的增函數。而邊際效用是商品擁有量的減函數。為使產品效用和勞動的反效用可以比較，杰文斯似乎搖擺於兩種不同的路徑之間。

痛苦程度是勞動生產率的線性函數構成了一種假定，儘管杰文斯試圖在它們之間劃出一條界線。③ 這種方法可能構成了他的幾何圖式的基礎，他在解說這種幾何方法時說：「我們可以想像用某種曲線來表示同生產成比例的勞動痛苦程度……」（第172頁）。顯然，要這樣做必須有一系列基本假定條件：

---

① 杰文斯承認應用這個概念存在「很大困難」，不過他提出通過符號區分勞動則更為不幸（第168頁註；《政治經濟學原理》，第14章）。他當然沒有分享古典派關於非生產勞動的觀點，反而對之採取了完全否定的態度（參看《政治經濟學原理》，第18章）。

② 換言之，構成任一勞動者勞動量的要素有：第一，勞動持續時間；第二，勞動強度。強度基於 a 即痛苦程度或基於 b 即在物質產品或效用價值產品意義上的生產率。

③ 關於生產率和痛苦程度，杰文斯說：「必須對兩者仔細加以區分，它們對（勞動價值）理論都很重要」（第170頁）。

①痛苦勞作的各個單位的效率是一致的①；②勞動（在勞動力意義上）不遵守可適用於其他資源的報酬遞減規律②。

　　杰文斯依據的也許是第二條路線，這條路線更具實用性，而且假定條件也不那麼極端。它在一個類似場合給出了明確的數學陳述（第174-176頁）。痛苦程度和生產率被看作時間的函數，而且通過排除它們之間的界限，他借助於產品而得出痛苦曲線。如下圖3所示。③

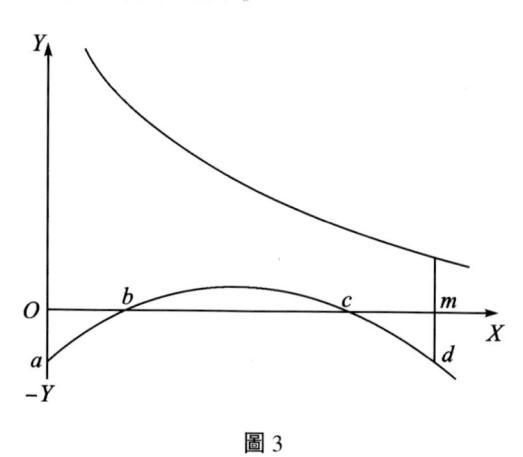

圖3

　　在做了一系列假定之後，杰文斯以效用和反效用相等來決定個人的勞動供給，並以產品效用和勞動反效用來說明其價格。④ 他的方法是幾何法。圖中 **OX** 軸線顯然是「產品量」，**OY** 軸線衡量產品效用（正值）和生產勞動的負效用（負值）。實際上，當「勞動痛苦程度」的供給曲線（$abcd$）被表現出來時，**OX** 則完全表現了勞動的持續時間（作為勞動日的分數）（參看第172-173頁）。⑤ 這涉及進一步的假定，即在上述場合，勞動強度也是一致的。⑥

---

① 如以 P 表示產品，A 是勞動量，E 為勞動效率，則 $P=AE$；而且 $P/A=E$，E 被假定不變。
② 十分好笑的是，所有這些限制條件將是不必要的，如果杰文斯遵循勞動價值論的話。
③ 這個過程可以表述如下：p（痛苦程度）$=f(t)$，P（生產率）$=g(t)$；所以 $P=h(p)$。
④ 戈森實際上用同樣方法說明同一理論。參看：埃杰沃斯．戈森［M］//帕爾格雷夫政治經濟學辭典．倫敦，1923；Ⅱ，231-233．
⑤ 參看：《政治經濟學原理》，第74-75頁。以代數法表示如下：勞動痛苦程度被定義為 dw/dt，其中「t 是時間或勞動持續時間」，w「是勞動量，意指伴隨它（勞動時間）的痛苦餘額，但不計其生產物」（《政治經濟學理論》，第174頁）。
⑥ 如以 $P=AE$（參看註42），$A=TI$（T 表示時間，I 表示強度），則假定 $P/T=IE=$ 不變。「勞動強度界限」一節（第203-209頁）對此沒有做出理論分析，只不過論述了影響勞動強度變動的若干要素（參看第175頁）。

產品遞減的最終效用之普通曲線以 pq 表示。① 當效用的增加與痛苦相等（即 $dm=mq$）時，效用和厭倦感達到均衡。②

杰文斯的這個解釋被馬歇爾和埃杰沃斯接受了。③ 不過，在它被用於富於啓發性的解釋企業經濟中個人勞動供給決定之前，還不得不做一些主要的修改。為此，更適當的說法是收入的邊際效用，而不是實際生產商品的邊際效用。當然，反效用的全部討論都將被拋開，而代之以時間的非貨幣用途的競爭概念。其次，杰文斯的勞動理論的合適的圖形表現至少要求三維尺度，這會使其成為解決這個問題的非常笨拙的方法。④

杰文斯在論勞動的這一章有一節討論效率的變化。⑤ 他只考察了技術進步所引起的歷史變遷。這種進步會引起 $abcd$ 曲線的變化及其斜度的變化。杰文斯在這裡忘記了勞動效率（工作日的每一部分）在既定技術條件下不變這個假定。不過，在其並非大有助益的結論上，他顯然是正確的：這種歷史變遷是增加還是減少了工作（主要是時間）量，這要取決於效用和反效用函數的性質。⑥

結論

杰文斯的分配理論對該理論的發展甚少貢獻，儘管其中包含著一些後來被發展的重要萌芽。⑦ 地租理論因「固定」資本暗含的結論而有所改進；利息理

---

① 然而，由第二種方法（如果我們要使這種幾何方法協調一致）可以確定，首先要確定每單位時間所生產的商品量。然後從個人遞減的最終效用圖得出該商品量的效用，而後面這個量，即單位時間的效用，在圖中是直接同單位時間勞動的反效用對立的。

② 比較數學表述（第 174-177 頁）。

③ 馬歇爾：《經濟學原理》，同前引書，第 141-142 頁；埃杰沃斯：《政治經濟學論文集》（倫敦，1925 年），Ⅰ，第 35-36 頁；Ⅱ，第 289 頁特別重要。

④ 如以無差別平面來表示，則其基本尺度是勞動效率，勞動持續時間（每個工作日）和勞動強度（或用產品代替其中任何一個）。

⑤ 「需要和勞動的平衡」（第 179-183 頁）。杰文斯在這裡觸及了現今經濟學的一個實際問題，但他沒有深究：「依照工人的意願將工作加以分解總是不可能的；在一些企業中，堅持一日只工作幾個小時的人會立即沒有工作」（第 180 頁）。這是消費和生產不協調的重要原因。

⑥ 關於這個問題，可比較：A. C. 庇古. 靜態經濟學 [M]. 倫敦，1935；第 9 章.

⑦ 馬歇爾對《政治經濟學理論》的評論，見《馬歇爾紀念文集》，前引書，第 93-99 頁。他對杰文斯的相關理論頗感失望。A. 揚的評論雖簡短但比較平和與公正，見 A. 揚. 新舊經濟問題 [M]. 劍橋，1927：213-232.

論以邊際生產率得到了部分解釋；工資仍然是一種餘額。沒有追蹤既定資源之間的不同用途的競爭；沒有研究不同資源在一定產品生產中的相互關係；資本和利息同資源的關係也付闕如——對創造一種內容廣泛而且內在統一的理論來說，所有這些缺點都是致命的。儘管「加總」或「產品分盡」問題在所有分配份額被決定（即沒有餘額）前不可能提出來，但杰文斯還是講述了這種份額。在去除地租（依照李嘉圖主義的分析）和賦稅（被視為無關緊要！）之後，他給出下列公式：

產品＝利潤＋工資。

他依據「一個方程式不能解兩個未知數」原理，否定了古典派關於工資和利潤成反比例的命題。他進而拒絕了任何生活資料工資理論，主要基於兩點：不同職業和地區之間的工資大不相同；「生活必需品」的概念很不確定。儘管他贊同工資基金說作為一種短期解說的有效性（參看第268-271頁），但他一貫強調資本和勞動報酬是相互獨立的（參看第255-256頁）。

對杰文斯地租理論的數學註釋

（1）勞動被用在兩塊土地上，相等單位勞動的產品相等。這裡 x_1 和 x_2 是兩塊土地的產品，w 是勞動（在生產效率的意義上）：

$$\frac{dx_1}{dw} = \frac{dx_2}{dw}$$

（2）報酬遞減進程是因假定 $\frac{dx}{dw}$ 在經過一定的早期報酬遞增階段之後，可以「無限制地」遞減到零而確立的。杰文斯又說，當 w 增加時，x 決不會減少。這是錯誤的：這否定了從既定土地獲得最大化產品的可能性。

（3）回到第5章的命題，即：勞動將擴展到效用與痛苦在邊際上相等之處。由於忘記了這些變量的主觀性質（這會使得先前的假定變得不可能，這些假定是：個人之間的生產函數是連續的，不同個人的相同工資的最後效用程度必然相等），他否認可將工資率作為勞動的邊際生產率，即：

$$\frac{dx}{dw}, \text{ 或 } P'(w)$$

（4）工資總額是勞動時間與邊際報酬之乘積，即：

$$w\frac{dx}{dw} = wP'(w)$$

（5）地租是總產品和工資額之差額。可被定義為：

$$P(w) - P'(W)$$

第三章 菲利普·H.威斯迪德

菲利普·H.威斯迪德可能是老一代英國經濟學家中最不知名的一位了，即使在他的同時代人中也不例外。①儘管威斯迪德在其傑出的同時代人馬歇爾、埃杰沃斯和帕累托等人中名聲甚高，但在當時同輩經濟學家中仍舊鮮為人知。不過，他的三本經濟學著作中的兩本卻是專為普及經濟理論而寫的，這兩本書是：《經濟科學入門》（1888年）和《政治經濟學常識》（1910年）。不過，這個悖論只是表面現象。《經濟科學入門》是對邊際分析的嚴謹說明，其中包含著對邊際、變化比率、極限等數學概念的困難而出色的發揮。《政治經濟學常識》沒有這麼專業，但在其透澈性以及專注於「詳盡甚至謹慎小心」②之中，卻也盡顯令人痛苦的冗長和過分精雕細刻，甚至有賣弄學問之嫌。

威斯迪德在一定意義上建立了杰文斯「學派」。他和威廉·斯馬特（龐巴維克和維塞爾著作的譯者）是1870年至第一次世界大戰期間僅有的兩位放棄古典傳統的英國重要經濟學家。這是威斯迪德名聲較低的又一原因。然而，他比杰文斯更為徹底和始終如一。他將邊際分析擴展到人的理性生活的各個方面③；他

---

① 關於威斯迪德的生平，參看：C. H. 赫福德. 菲利普·亨利·威斯迪德的生平和著作 [M]. 倫敦，1931；又見：L. 羅賓斯為《政治經濟學常識》重印本所寫的序言（倫敦，1933年），第V-XIII頁。

② 《政治經濟學常識》，第385頁。以下註釋皆出自本書，除非另有說明。感謝喬治·魯特勒基父子出版公司應允我援引該書。

③ 《政治經濟學常識》第一篇包含許多很有特色的例證，其中一組如下：「同樣的規律也存在於文化、道德和精神領域。愷撒曾說過，當受到納維（Nervii）攻擊，沒有時間向士兵發表長篇演說時應該怎麼辦。顯然，暗含的意思是他的演說時間要比通常來得短。他說，在此危急時刻，沒有多少時間對士兵發表長篇大論。這種言辭的價值的邊際價值在遞減，而鼓勵性言辭的價值在迅速上升；以至於這樣一個時刻很快就會到來，即不再將時間花在動人的鼓動演說上。有這樣一則發生在南美戰爭中的故事：一個農人，當他正禱告時，敵人衝到了大門外。妻子向他發出驚叫，他卻還要以簡短和真誠的祈求結束禱告，然後才開始著手自衛。他的確是一個形式主義者，他最後的祈求還沒有來得及完全說出來；但是，在當時情況下，禱告的衝動儘管虔誠和迫切，但與隨著時間推移而必須立即採取措施自衛的緊迫性相比，總會變得不那麼緊急。」（第79-80頁）

發展了一種同效用理論的一般應用相一致的成本論；他首次對一般邊際生產率論提出了一個詳盡有力和令人滿意的陳述，他主要在其名著《分配規律的協調》（1894 年）一書中研究了這個問題，對此我們將在第 12 章加以說明。在闡述威斯迪德一般的生產和分配理論之前，讓我們先對他的早期著述加以評析。

早期著述

威斯迪德早期關於生產和分配的經濟學著作有兩本，其中一本是《經濟科學入門》（倫敦，1888 年）。[1] 該書主旨是需求理論，附帶論及資源配置。在這部早期著作中他概述了選擇成本理論：

總是存在這樣一種傾向，即所有可以自由處置的生產力轉向這樣一些生產部門，這些部門能以最少的勞動和其他必需品生產出既定的產品；也就是說，生產的這些產品同生產它們所需的勞動等相比具有最高的邊際效用；各種生產力向這些特殊部門的湧入將增加各種商品，從而減少它們的邊際效用，直至每單位的這些商品在邊際上不再比其他花費同樣生產力的東西具有更多價值為止，這時不再有任何特殊理由進一步增加這些商品的供給。

該商品的生產力，如同自給自足的工業單位的勞動一樣，將傾向於這樣來配置自己：一定量生產力將生產在任何應用的邊際上相等（以等價「黃金」衡量）的效用。[2]

在成本不變的場合[3]，價格理論是很簡單的：「假定 a 所包含的工作量是 b 的 x 倍，那麼，除非 a 和 b 各自的產量達到能使 a 的交換價值剛好等於 b 的交換價值的 x 倍，否則便不會有均衡。」[4]

---

[1] 威斯迪德撰寫《經濟科學入門》時曾想補之以經濟思想和經濟生活的其他著作，然而《經濟科學入門》只在一個小範圍內被熱情接受的事實，促使他致力於普及。

[2] 《經濟科學入門》，第 111 頁。

[3] 指出如下一點是有意義的，即威斯迪德從未達到《分配規律的協調》的中心思想，因為他說：「我們這裡必須做出一種簡化，對於我們研究生理論來說，這種簡化是極端的，然而又是完全正當的。也就是說，我們必須假定，不管生產出來的新產品是多還是少，每個生產階段上單位產品的『成效-代價』之比是一樣的」（《經濟科學入門》，第 113 頁）。

[4] 同上書，第 116 頁。

第二年出現了威斯迪德的一篇尖銳的評論文章：《評杰文斯〈政治經濟學理論〉的若干段落》。① 該文之所以值得注意，是因為它討論了利息理論。杰文斯的基本命題是：一定量勞動的產品會隨著花費勞動和獲得產品之間時間的推移而持續增加。威斯迪德完全拒絕這個命題，因為它「不是以使用資本的典型場合為基礎的」（第 753 頁）。典型場合是這樣的：資本在這種場合會持續帶來產品，資本會持續消耗掉並得到補償，而且補償是以其特有的方式進行的。利息率就是由這種典型場合決定的，這是「大型必需品工業」的特點。

　　作為一種例外，如果一種資本投資在經過一定時期之後帶來的不是收入，而是絕對的效用；或者，作為一種極為普遍的現象，如果一種分批的資本投資指望在投資完成時其全部投資資本（表現為，例如一艘船或一部機器）將被某人所購買，或者，最後，如果一筆直接資本投資在經歷一定時間後被投資者所享用——在所有這些場合，投資者都不得不考慮他起初投資於某個大型必需品工業時在一定投資期滿時他所能支配的商品量，然後考慮按照回報繼續再投資於同一工業。（第 753 頁）

　　這個說法表面上是不正確的，因為所有利用資本的方法都會影響利息率。但實際上這種說法是有道理的，因為特殊類型的投資——以及消費貸款對利息率的影響微乎其微。

　　大型必需品工業的利息率是怎樣決定的呢？回答是十分緊湊的（第 748-752 頁）。設想某個企業家擁有一定量勞動，使用可變量資本 c。資本品在一定時期 t 內消耗殆盡並被重置，為了簡單起見，假定 t 不變。② 每單位時間的維持和重置費用是 c/t。如果 t 不變，重置費用。可用圖 4 的直線 OW 表示。這張圖的 OX 表示資本量，OY 表示單位時間的產品。資本品在 t 年所得總收益（減去資本非勞動操作成本，例如原料）是 q，所以單位時間的收益是 q/t，以圖中 OL 表示。q/t 和 c/t（或 OL 和 OW）之差額是 c 單位資本的總純收益；這是總租金或利息。如以 $\dfrac{q-c}{t}$ 除以 c，即「資本獲得年收益的比率（依照這個比

---

　　① 該文重印於《政治經濟學常識》第 734-754 頁。該文最初刊登在《經濟學季刊》，III（1889 年），第 293-314 頁。感謝哈佛學院院長和職員應允我引用《經濟學季刊》的這篇文章和其他文章。
　　② 威斯迪德相信 t 實際上是 c 的函數；使用的資本越多，它能以一定勞動力適當維持的就越少（第 748 頁）。在這種情況下，補償費用可以曲線 OW 表示（見圖 4），它是凸向 OX 軸的。

率，增量資本不斷增長）」被確定，那麼利息率也就被確定了（第751頁）。換言之，利息率等於增量資本所獲得的每年（連續不斷的）收益。

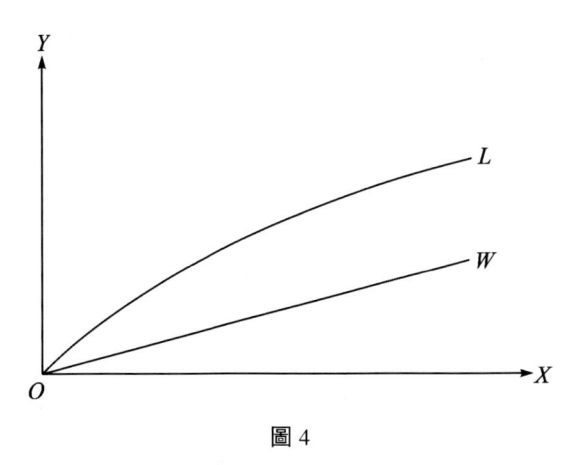

圖4

他關於利息論的這個概述應當得到高度評價。威斯迪德已經把握了收入源泉的基本永恆性；他處理投資時間維度的方法也無可挑剔。遺憾的是，威斯迪德後來的《政治經濟學常識》沒有繼續沿著這一方法深入研究，卻把主要注意力轉向了相對不甚重要和不甚有意義的消費借貸問題。

成本的性質

《政治經濟學常識》是將選擇成本論明確用於確定資源數量及其配置的第一部英文著作。① 在討論這個問題之前，先就威斯迪德的經濟行為理論說幾句話是適當的。可將他的基本思想歸納為兩個命題：第一，在資源有限（相對於目的而言）之地，更多的物品（A）只有以更少的另一種物品（B）為代價才有保障。第二，當A的增量效用預計等於B的增量效用時，滿足才能最大化。② 正是這個相對估價的一般過程才把「鮮雞蛋和友情」轉變為對（例如）未來鄉下人可以比較的東西（第776頁）。經濟行為的這種「無所不在的規律」顯然與理性是等同的，按經濟行動就是按感覺行動。③

---

① 我們將會看到瓦爾拉斯預見了這一理論。參看本書第9章。
② 這裡使用「滿足」一詞是有條件的。當威斯迪德明確表示他與享樂主義無關（第434–435頁）時，他的「極其重要的」討論（第146頁特別重要，第189張〔指書中對折的兩頁，下同——譯者〕）包含著這一體系的大量內容。
③ 參看第404頁：「我自始至終堅持認為經濟學規律就是生活規律。」

不管是否接受對經濟學的這種概括，顯而易見的是它能適用於資源問題。威斯迪德也的確在論心理報酬遞減的第二章為資源問題提供了一個解決方案。

按照供給量的大小改變其邊際價值的不只是麵包、水、葡萄干和土豆這類東西。我總是大體上根據那一天的享樂量或那個週末我已享受到的快樂量，來估價那天額外一小時的享樂量，或額外半天或 1/4 天對我週末的享樂量。如果我正在考慮是否接受一小時 10 先令的一份工作，那麼（如果不談這份工作給我可能帶來的任何厭煩或享樂）很顯然，如果我有閒暇而手頭又缺錢，那麼我將願意接受這份工作；如果有多種工作機會，我將接受它們。但是，後續的每週半個沙夫林會變得越來越不重要了，因為我手頭已經有了現金，而從其他職業移過來的每個後續一小時卻會給我帶來更多的犧牲，因為我得到的享樂減少了。最終我將達到這樣一點，在這一點上，處於上升邊際的另外一小時之所失，將恰好被另半個沙夫林在下降邊際上之得抵補（第 76-77 頁）。①

出於前後統一的要求，同樣的理論也被應用於其他的資源：「還應當指出，土地本身被用於花園、公園或牧場時，它能直接帶來享樂回報，而且直接獲得享樂回報的願望還會進入土地市場，同將其用作工具的服務，或增進勞動的工業效率的意願相競爭」（第 290 頁）。

這一理論未曾得到盡善盡美的發揮，使之被應用於各種可能的方面；威斯迪德也未曾注意到該理論具有很大的局限性。他小心翼翼地指出，一種資源的商業用途價格的上漲，會導致從既定資源所得生產性供給量的增加還是減少，這要取決於貨幣和閒暇的相對邊際效用。不過，工資的增加多半會引起勞動時間的縮短。（第 77 頁）

但是，選擇成本理論暗含的各種假定條件完全沒有得到批判性的解釋。威斯迪德承認，在實行勞動分工的經濟中，人們顯然不可能自由地從一個職業轉到另一個職業（第 332-337 頁）。不過，他像馬歇爾一樣找到了迴避這個問題的辦法：「……下面這一點總是對的：在專業化和人力與腦力的分工時代，任何特殊能力的發展都會對無差別的人力的總儲備提出需求，這種無差別的人力正以鮮活的人類生命的形式湧進世界，並且限制了在其他方向上可以得到的人

---

① 還可見第 327-328 頁。參看第 522-525 頁。威斯迪德在此利用了杰文斯的勞動供給曲線，不過，威斯迪德以享樂意願替代勞動厭煩而將這個解釋一般化了。

力數量。」（第 332-333 頁）

然而，即使這種傾向也要受到多種限制。父母為了得到一份報酬最優厚的工作而最終不能養育自己的子女（第 334 頁）。最重要的是：「只有在極例外情況下，我們才能指望著眼於市場而自由地生育子女，也就是說，為了給他們的生產者提供經濟好處而生產。」（第 336 頁）威斯迪德還要人進一步相信，不同職業的吸引力而不是貨幣報酬將在一個完全競爭的國度裡趨於相等，而人們對其意義卻可能渾然不知（第 335 頁）。當然，這勢必把個人視為一個單位（而不是看作個人在不同職業上所花費的時間的一部分），或者，這種認識是不真實的，如同貨幣報酬相等化理論不真實一樣。

職業專業化和貨幣報酬不能均等，即使在職業流動的情況下也會導致對選擇成本理論的基本限制。如果同樣的或類似的勞動者在兩個職業中的貨幣總報酬不能被相等化，例如，就不能說一個勞動者在工業 A 中的成本是該勞動者在工業 B 中能夠生產的數量。一個人不能同時在兩個職業中勞動，僅僅這一點就會使對成本的最終解釋變得模糊不清了。在這方面人們會提到威斯迪德的一個設想：一個團體中的個人處於不同職業之間的邊際上就足以保證有相同的吸引力了（第 206 頁），但這是不夠的；選擇成本理論所要求的是：一種資源的所有單位在性質上和心理上都是同一的，因而如果其中一部分單位處於轉移的邊際，那麼其餘單位的資源也必定如此。

非人力資源的配置同其數量決定相反，則基於每種這類資源所有用途的邊際意義的相等。① 在這方面，資源與直接消費品是一致的：「市場規律決不改變」（第 262 頁；又見第 517-518，540，543 頁），它不會排除進入市場循環的任何物品（第 261-262 頁）。② 一般理論概述如下：

　　所有行政工作的指導原則……是在各種公開的可供選擇的做法之間進行選擇，在相關條款對我們公開的條件下，利用我們的資源去完成體現我們最高偏好的任務。當我們看到各種可供選擇的方法的邊際意義肯定會不斷降低，而被忽視的其他可供選擇的方法的邊際意義上升時，我們將總能使滿足我們的邊際增量與各種對我們公開的條款達於均衡（第 373 頁，又見第 360-361 頁）。

---

① 第 1 篇，第 6 章，特別是第 258-265 頁；又見第 380 頁（極為重要），第 517-522 頁；第 2 篇，第 5 章到處可見；第 776 頁極為重要，第 820-821 頁。

② 甚至企業家能力也是這樣配置的（第 271 頁）。

從對資源配置的這個陳述來看,將生產成本「簡單地和唯一地」解釋為「其他東西的邊際意義」(第 382 頁)當然僅僅是一小步。或者,用更常見的術語來說,「生產成本,或者成本價格,當對這些詞語未做特別說明時,我的意思是指對各種業已被銷售的可供選擇對象的估價,以便確定每單位該商品在市場上的地位」(第 385 頁)。威斯迪德所表述的選擇成本理論必須得到完全的肯定,但是只有最狂熱的雄辯家才會寬恕對其歷史成本概念的無盡的批判(第 373—380 頁及以下各頁;又見第 89—93 頁)。不過,他的結論是明確的和正確的:「生產成本,在歷史的和不可改變的事實(即各種資源一直被用於這種或那種特殊的目的)的意義上,對所生產的物品的價值是沒有影響的,因而也不影響其價格」(第 380 頁)。威斯迪德對這個原則的生動描述值得加以引述:「把精力用錯了地方對我來說是不可挽回的,它使我遺憾地投身於研究希臘文,並獲得了大學文學學位,而不是釀酒學位……」(第 383 頁)

替代:成本規律

在威斯迪德的生產理論中,沒有哪個部分比替代原理加工得更精彩的了。他的這部分理論我們將在後面討論尤勒原理時加以詳細闡述,所以這裡只限於說明一下威斯迪德觀點的特點和範圍。他假定任何生產要素都有可能替代其他生產要素,其範圍是相當寬泛的(第 361 和 778 頁極為重要,第 798 頁)。例如,制磚工廠既需要智力又需要干草,但是,在邊際上一個可以代替另一個,而不影響產品質量。還應該特別提到該理論的這個方面,即管理能力和土地被視為可量化的要素,並同其他要素進行精確比較(第 362—372 頁到處可見;第 545 頁)。我們將會看到,威斯迪德接受這種研究方法對其分配理論的邏輯內涵:因為存在完全替代性,所以分配份額甚至包括利潤在內,都不可能是某種剩餘。

報酬規律

適用於一種資源變量的報酬規律與適用於農作物變量的報酬規律顯然是不

同的。① 對一種資源數量變化（其他條件不變）時產品的變化現象，威斯迪德做了盡可能明確的說明。在這種條件下，報酬遞減規律「確實不過是對一個普遍原理的公理式陳述，這個原理對所有工業組織都是適用的，在很大程度上也適用於非工業經驗和現象」（第529頁）。② 他沒有提供什麼嚴密的證據。顯而易見的是：如果生產組合中只有一個要素倍增了，那麼產品不可能也倍增（第529頁）。威斯迪德的發揮為基於三點理由的批判打開了大門。

威斯迪德極少給報酬遞減規律下定義，他顯然只是偶然地將其解釋為經濟上相關的增量（第527，550、560頁）；在很多地方它又被用於不太合適的比例形式上（第530、531、532、533、534頁；又見第556、563頁）。更重要的是威斯迪德沒有強調說，這個規律的「公理」性質只有在資源完全可分的條件下才是真的。然而，最厲害的譴責是他不理解遞減規律的先驗性質。他假定生產函數是齊次的和一次的。③ 但是，威斯迪德是基於農作物的規模來討論經濟的，他公開否認所有要素倍增必然會使產量也倍增。這不僅與報酬遞減規律的先驗性質不協調，而且也同他整個地租論以及一般邊際生產率理論不協調。④ 否定尤勒定理假定條件的根據是由最初將其引進經濟分析的人提出來的，這應引起我們的注意。

在確定了報酬遞減規律無處不在之後，威斯迪德接著研究了增加資源對產量的影響。他說：「如果你以合適的比例增加**所有的**要素，在很多情況下你就能確保產品增加一倍，雖然沒有哪個或哪些要素增加了一倍」（第529頁）。這種條件在製造業「到處可見」（第528頁），農業特別是小麥，也是例證（第534頁）。好像為了使讀者感到吃驚似的，他說事實上**所有的**工業都屈從於降低成本（第531、534頁）！這個新理論需要證據。威斯迪德提供了什麼呢？

---

① 他這裡暗含假定：一個農場只有一熟作物。

② 又見第530頁：「……一個公理式的缺乏獨創性的命題。」

③ 在威斯迪德的論證中，報酬遞減的證據涉及假定齊次的一階生產方程。設 $(P) = C^k L^{1-k}$，其中 C 和 L 分別表示資本和勞動；資本的邊際效率是 kP/C，勞動的邊際效率是 $(1-k)P=L$。則兩者邊際產品遞減，即 $\dfrac{\delta\left(\dfrac{kP}{C}\right)}{\delta C} < 0$ 和 $\dfrac{\delta\left[(1-k)\dfrac{P}{L}\right]}{\delta L} < 0$。但是，如果生產函數不是線性的，那麼這個結論不再必然正確。就是說，如果 $P=C^k L^{\alpha-k}$，而此處 $\alpha>1$，那麼一種也許兩種邊際產品都遞增。K. 門格爾的傑出論文討論了報酬遞減的先驗性問題：論報酬 & 再論報酬 [J]. 國民經濟雜誌，VII (1936)：25-56，388-396.

④ 參看本書第12章。

以擴大農耕來解釋成本降低是不合適的。唯一的解釋是：一定的經濟會隨大規模生產而出現（第529頁）。一個人為耕種50英畝土地可能需要一部五輪馬車，但為耕種200英畝土地只需要兩部五輪馬車。這是資源（馬車）不可分①以及缺乏其他資源替代性的明確案例，它也絕對不支持威斯迪德直接進行的徹底的一般化：

當任何工業的產品增加時，在一個或其他方向實現節約化的可能性看來是無限的。在每個階段上總是可能引進某些新專業化流程或勞動分工，並實行某些新的節約化舉措。對於這些節約化來說，該工業還不夠成熟，除非它能達到現在的規模（第529頁）。

這個分析顯然基於一些生產資源的可分性。因為這種可分性的確存在，而且在一些場合可能還有巨大意義（例如公共效用），所以沒有什麼經驗證據來確定其範圍。其次，可分性在重要性上是隨廠商規模而加深的，它們並不是「無限的」。

威斯迪德對規模經濟的其他觀察具有可變的優點。應該提到他對生產成本的歷史曲線的尖銳批判（第536-537頁）。我們還可以接受他在使用成本曲線的「特殊開支」方面的嚴苛態度（第538頁極為重要）。然而，他卻沒有注意到廠商或工業能否降低成本對競爭理論的重要性——實際上他說這是無所謂的事情（第529-530頁）！最後，威斯迪德強調了局部均衡分析的局限性（第518、545頁），他沒有前後一貫地將其大規模生產的節約化理論用於主要的世界農作物生產（第533-534頁）。

分配理論

威斯迪德在經濟思想史上的重要地位主要是通過他的分配理論確立起來的。他對這個基本問題——一般邊際生產率理論——的研究提供了最初的推動力，而且提出了多半是正確的解答。他在這方面的主要著作是《分配規律的協調》（1894年），該書引起的爭論是如此廣泛和重要，以至於需要在我們的

---

① 順便指出，這為報酬遞減規律的公理性質提供了依據。

這部著作中闢出專章來加以討論。①

在本章，我們僅限於先來討論一下一般邊際生產率論中對更詳盡地分析分配理論的核心內容是必要的那些部分。這裡討論的主要議題是：威斯迪德對古典經濟學家提出的生產要素分類的評論，以及威斯迪德的資本和利息理論。

生產要素的分類

威斯迪德拒絕將生產要素分類為土地、勞動和資本。考慮到他的一般成本論和替代論，這種態度幾乎是必然的，肯定不會令人感到驚奇。如果土地無數的變量能被可生產資源替代，如果土地能用於各種各樣的目的，那麼，將土地與其他各種資源加以區分的所有分析就消失了。這就是威斯迪德論據的要點（第365-367頁，又見第290、535、540、687頁）。

一般論據（這些論據如他應用的那樣當然是正確的）被補充以各種較不重要的考慮。他拒絕依據歷史理由來區分土地的錯誤嘗試。他說：「在實際生活中我們用土地所表示的是那些大量人類勞作累積的成果……」（第365頁）。威斯迪德批評該理論的第二個論據是認為它「與通常的用語極不相符」（第366頁，又見第573-574頁）。我們對此是太熟悉了，不必贅言。第三個論據更重要，他認為即使這種區分是正確的，它也是無用的。理由是：即使這種區分有經驗的根據，它也沒有什麼好處，因為「它無助於說明市場規律」（第366頁）。這樣說並不完全對。應當承認李嘉圖理論在價格關係問題上所投下的陰影多於光明，但是，如果土地的供給（相對）固定②，像所假定的那樣，那麼，這個假定所暗含的意義遠大於這種區分的極端重要性。在李嘉圖時代的英國，這個假定可能是合理的，而且它的社會政策含義是如此強烈，如李嘉圖所說，以致這個形式上的弱點（在科學上充滿了形式的錯誤）並不足以證明放棄它是正確的。

威斯迪德討論土地時還有兩點值得一提。他試圖反駁這個觀念：因為在邊際土地上不支付地租，所以地租不進入生產成本。③ 然而他的反駁是錯誤的。

---

① 見本書第12章。《分配規律的協調》大部分論證後來以非數學方式出現在《政治經濟學常識》地租章（第2篇，第6章）中。

② 威斯迪德否認這個假定的正確性（第533頁）。

③ 類似論據先前在 H. M. 湯普森的一部很棒但被忽視的《工資理論》（倫敦，1892年）中提出過，但是湯普森適當地限制了自己的論證，他認為地租進入產品的價格，但不進入成本。

威斯迪德說：

> 適用於土地的論證，當然也同樣適用於勞動、原料或資本。在工資的支付上，對這些小麥的支付少於對那些同量小麥的支付，如果生產成本決定交換價值，那麼，工資便不是生產成本的組成部分。（第541頁）

威斯迪德關於地租是成本的論證缺乏說服力，因為他忽略了李嘉圖理論的核心，即土地供給是固定不變的。

另一個值得提及之處是威斯迪德對地租是「剩餘」這個概念的精彩和透澈的批判。在他看來，一旦描繪出一個長方形，便把處於曲線之下的任何經濟量打上「地租」標籤，這種做法是非常不幸的（第568-570頁）。他還認為，如果一種剩餘在形式上是正當的，那就沒有理由將兩種或更多分配份額也定義為剩餘（第571-572頁）。

勞動

關於勞動報酬的一章的理論意義不大，儘管其中包含著許多對事實的明智觀察（第1篇第8章）。勞動服務一般是按其邊際意義給付報酬的，這同其他生產資源的情況沒有什麼兩樣（第323頁）。該理論的局限性緣於分工制度下勞動者移動受到限制，我們在前面已經討論到這一點。

然而，某些模糊不清的論題還是要提一下。他相當強調勞動同其他資源相比的易逝性：「除非勞動被直接用於或體現在物質產品中，否則勞動服務一經付出便立刻消失了」（第320頁，又見第320-322頁）。這大半是真的，但是，威斯迪德的下述說法就錯了：勞動的這個特點使其只類似於「那些最快和不可挽回的易腐爛商品」。任何資源在一定程度上都會被損耗，如果它們不被使用的話，所有耐久性資源在這方面與勞動是類似的。土地在這一年沒有收成，這同勞動者在這個月沒有工作沒有什麼區別。可以說的是，邊際能力的性質是如此多種多樣，衡量起來是如此困難，因為在他們的報酬中存在著異常龐大的特殊因素（第328-329頁）。然而，他沒有想把利潤引進這個分析：管理者報酬是由同樣的「基本原理」確定的。

資本理論

威斯迪德的資本理論具有非同尋常的性質。與他的理論結構的其他部分相比，這部分理論更顯得不夠嚴整，在普及過程中沒有獲得廣泛理解或清楚說明。在評價威斯迪德這部分理論的意義時，其存在的失誤是值得注意的：基本方面被忽視了，而次要之點卻被反覆強調，致使讀者深受其苦。這些批評更注重外表而不是內容，但是這些內容的分量仍然是很重的。

相反地，威斯迪德解說的一般特點應該受到強烈稱讚。他提出了最早和最明確的證據之一，說明所有的租借（hire）契約與借貸（loan）契約是基本相同的。貸款者要確保為使用 100 美元而獲得 5 美元年息，他才肯在年底更新借貸。在這種情況下，這種交易被叫做獲息貸款還是每年出租貨幣投資的商品，都是無所謂的。因為貨物是同貨幣相比較的，所以借貸通常總是花費在貨物上，因此，很顯然，任何租借契約能被轉變為借貸契約條款（第 275–276、310–314 頁）。① 因為所有的租借和借貸行為基本上是相關商品的分次售賣，所以，訂立契約不過是為了方便。因為地租是一種特殊形式的租借，所以它同利息是絕對相同的。（第 311–312 頁）

我們現在可以轉到資本和利息論了。重要議題是資本累積、消費借貸和生產借貸。

儲蓄和利率。該理論並不是首創性的。「儲蓄」一詞被擴大到包括投資。威斯迪德在一段總結性的論述中說：「……儲蓄看來由下列各項構成：①通過應用可能一直被用於增加相對短暫或快速成熟的資本，來不斷增加相對耐久的資本或者緩慢成熟的商品；②消耗能源和資源從以相對直接的方式實現我們的目的（通過使用我們已有的工具和裝備），轉變到以相對間接的方式（將它們物化到工具和裝備中）來實現我們的目的。」（第 283 頁）這段引語說明，威斯迪德沒有把服務之**流**和服務之**源**區分開來；他所說的資本物品既有耐久的服務之源，也有即刻提供的服務本身。決定資本累積率的主要是「共同體成員的節儉或浪費及其資源的數量和分配（所有權）」（第 307 頁）。

威斯迪德的儲蓄概念也是傳統的，指現在**財富**與未來**財富**的交換，即延遲消費。他的整個分析都是以儲蓄在現在、消費在未來這種方式進行的；他說儲

---

① 然而，這個論證在兩方面是不準確的：不可毀減性是借貸物品的基本特徵；作為一個必然結果，租借契約的租率必然總是大於其他同一借貸契約的利率。

蓄是推遲，而不是節欲（第 279-280、283、293-299 頁）。① 這個模糊不清的儲蓄過程概念可能來自杰文斯，後者對他的影響是很大的。

對威斯迪德這部分理論的最後一點可簡略評論如下：資本的供給，或者說預支，是作為決定利率的一個協同因素提出來的（第 292 頁），有時又難以避免這樣暗含的意義：供給條件對利率會發生決定性影響。② 威斯迪德的解說含糊不清，以致不能說明無視服務流與資本品之間的區別有什麼錯誤，但他確實為批評他未能承認下述事實的人打開了大門，這個事實是：在既定技術下對資本的需求彈性相對較高，而實際的供給彈性很低；以及技術進步對資本需求曲線的轉變的影響是很大的。還可注意到，在承認累積的意義又承認累積是一種延遲行動之間存在著不一致。單純的延遲行動對資本供給只有次要的影響；如果儲蓄對長期利率的影響重大（通過創造資本替代品），那就真正涉及「節欲」。

消費借貸

在消費借貸的起源與基本原理的經濟文獻中，威斯迪德的討論是最好的之一（第 268-280 頁）。他對消費借貸出現的一般情況有如下簡潔的解說：「（對個人來說）最重要的是形成一種費用，依照這種費用，他對商品的支配與他如果需要維護自己的權利而採取的不規範方式形成某種聯繫。」（第 268 頁）收支相等問題可由貴重的耐久物品消費來說明。衣服、家具和住宅被引為典型的支出項目，因為它們是非同尋常的大的開支項目（第 268 頁極為重要）。收入流和支出流的差額有時可以利用租借來消除（第 108-109 頁），但是，在要求所有權的地方（或者，通常如對個人衣物的所有權總是非常必要的），就必須利用消費借貸。

如果說消費借貸的需求表是容易想像的③，那麼這種借貸的供給表是「同樣可以想像的」（第 268 頁）。某人有 1,000 美元而不能指望未來獲利，他將樂於以其資本去交換一定期限內的一筆收入。如果必要，他甚至還願意接受低於交換等價的收入（即接受負利率），因為保存未來需要的許多東西是很花錢

---

① 他在第 279 頁還提到「現在財富和未來財富之間的市場」。

② 特別參看第 309-310 頁。在第 310 頁中他說：「可以看到，隨著智力、整合與節儉（所有供給要素）的不斷增進，我們無法確定利率會降到零以上的任何確定的範圍。」

③ 也要注意到浪費（第 286 頁）。

的，而且不少東西（即易腐爛食品）會被完全排除在外。

在任何給定時間內，一些人相對高估現在物品，另外一些人則高估未來服務，未來是某種被恰當定義的日期或期間，這是發生交換的一個充分條件。依照服務流可以更好地表述物品交換：一些人偏好更短（和更大）的服務流，另一些人則更喜歡更長（和更小）的服務流。關於可能的利率，威斯迪德的說法是含混不清的。在關於利息的一節中，他堅持暗示說將會形成一種小額的加息（即一種正利率）（第270-276、280頁）。① 但他沒有為此結論提出明確的理由，反而暗示幾乎所有的人都更偏好現在物品而不是未來物品。然而，這個假定（即龐巴維克的「第二個」根據）與威斯迪德先前提出的很有說服力的原理是很難一致的。他說：

對未來（一個商品的）一個單位的意義的謹慎的估價，通常是同對現在一單位的估價一樣高的……一句話，遙遠的或最近的事實本身，都不會（在一定範圍內不會）影響我們對這種過去和未來對我們仍然有意義的物品的估價（第113頁，又見第295-299頁）。

將該論證用於靜態經濟時②，除了得出對消費借貸的零利率或者在零上下浮動的利率以外，也難得出其他的利率了。

生產借貸和利率

與威斯迪德早期《杰文斯的〈政治經濟學理論〉》一文對生產借貸的分析相比，他在《政治經濟學常識》中的分析遜色多了。他的討論如此簡單化，以至於幾乎沒有可能表現出獨創性或錯誤。例如，他以漁網這樣令人不解的相似和完全誤導的場合為例，對資本生產性作了簡略的描述（第281-285頁）。資本物品的生產性被加以通常的限制：「如果在一定點之後繼續增加工具和設備，其人力和資源的效率和經濟仍會增加，但卻是在較小的比率上」（第284頁）。要衡量資本裝備的純生產性，必須減去維護和更新該裝備所必要的費用（第289頁）。如果適當的補償能跟上，那麼這部機器就會變成經濟意義上真

---

① 「……在現存條件下，相對於未來財富，存在對現在財富的一種貼息。」基於市場的這種觀察是一種「不根據前提的推理」。參看本書第102頁註2。

② 威斯迪德肯定談到了靜態經濟。參看第280、281頁。

正「永恆的」東西了。它的潛在的未來收益（其總額當然是不確定的）將是一個確定的數額，其大小取決於折舊因素。①

工業對資本的需求是容易被減去的。企業家將借貸，直到對資本最後增量的報酬恰好足以支付對資本增量的現行利息費用。② 如果工業需求是加到消費借貸上的，便可確定該經濟對資本的總需求表（第 285-287 頁）。沒有討論總需求的這些構成部分的相對重要性及其相對彈性。競爭會促使資本的邊際意義（即利率）在所有可能使用的領域達到均等（第 288 頁）。

---

① 威斯迪德將另一個限制放在潛在的未來收入的價值上：個人不可能對遙遠的未來做出預期和評估（第 284-285、298-299 頁）。

② 這部分討論是很鬆散的。威斯迪德以 1 萬英鎊增量來說明邊際生產率理論。

第四章　阿爾弗雷德·馬歇爾

　　阿爾弗雷德·馬歇爾在盎格魯撒克遜經濟學的最偉大人物中的地位如此之高，以致讚揚他的成就仍然幾乎是一種冒險，而且的確也沒有必要這樣做。①然而，在《經濟學原理》初版（其基本原理從未修改過）問世整整半世紀後，經濟理論在嚴謹性、結構統一性以及對稱性方面都有了長足進展的今天，卻存在著可能低估其貢獻的危險。要得出真正公正的評價，最好的辦法是將《原理》（即《經濟學原理》，下同）與1890年流行的政治經濟學標準著作進行一番比較。在思想的深刻和首創精神、著作統一以及視野的開闊上，馬歇爾幾乎都無與倫比地高居於其直接前輩和早期同時代人之上。

　　本章認定，馬歇爾的卓越地位是毋庸置疑的。這裡的主要目的是對其生產和分配理論進行評論，其次才是對之加以總結。他的著作廣為人知，因而這樣處理是正確的。不打算討論數不勝數的各種評論，也不需要重新進行帕森斯對馬歇爾哲學偏見及對其經濟理論的影響的突破性分析②，頂多會涉及羅賓斯對代表性企業概念的尖銳批評③。

　　然而，在轉向解說馬歇爾的生產和分配理論之前，做一點說明還是合適的。將適用於其他經濟學家的參考框架用於研究馬歇爾，這不是一件簡單的事情。這裡可以適當地簡要地討論一下馬歇爾著作的兩個重要特點，從今天的眼光來看，這些特點可能削弱他對理論經濟學的貢獻。

　　第一個特點是他十分專注於歷史的經濟發展，致使他對靜態理論經濟學的

---

　　① 參看凱恩斯的經典性回憶文章：阿爾弗雷德·馬歇爾 [M] //傳記論文集. 紐約，1933：150-266. 又見：馬歇爾紀念文集 [M]. 倫敦，1925：1-65.
　　② T. 帕森斯. 馬歇爾理論中的慾望和行為 [M]. 經濟學季刊，XLVI（1931—1932）：101-140；經濟學和社會學：馬歇爾與其同時代思想的關係 [J]. 經濟學季刊，XLVI（1931—1932）：316-347.
　　③ L. 羅賓斯. 代表性企業 [J]. 經濟學雜誌，XXXVIII（1928）：387-404.

耐心相對較小。幾乎每個重要問題在《原理》中都受到了漸進變化的解釋。報酬遞減主要是聯繫相對於土地的人口增長來研究的；生產組織理論更是歷史的；外部經濟和長期分配均衡理論可以作為又一個例證。沒有誰會懷疑歷史研究的意義，否認馬歇爾是處理困難的歷史問題的大師也不是一件輕而易舉的事情，他的分析尤其勝過典型的經濟史家的分析。不過，這樣做是否得當仍是一個基本的問題。試圖達到高度的現實主義（如馬歇爾所追求的那樣），而不去首先構建一種簡單得多的靜態經濟學理論，是否得當呢？把難以解開的歷史分析和靜態分析攪在一本突破性（尤其在靜態分析方面）著作中，是否得當呢？我相信對這兩個問題的回答都是否定的。

另一個重要特徵，從我們的觀點來看，是馬歇爾對古典經濟學家的推崇。他可能是所有偉大經濟學家中（對古典經濟學家）最忠誠的一個。這種態度的一個方面表現在他對其先驅者陳述的極其慎重的解釋上。這裡沒有必要爭論這種態度是否合適，但是，在馬歇爾的場合，所出現的必然結果的確是有疑問的：他在解釋自己的理論時，顯然傾向於將他對古典傳統的變更減到最小。這成為他論述中的一個沉重負擔。我認為他對報酬遞減的不能令人滿意的陳述，多半緣於這種繼承傳統的願望。在用詞和術語上①，在資本理論和邊際生產率理論上，這種影響再次表現得引人注目和令人惋惜②。

生產理論
成本的性質

眾所周知，《原理》承認兩種一般類型的成本。第一個和更基本的類型是「真實的」成本——這是一種心理成本，是為獲得某種生產服務就必須補償的③:

---

① 只有馬歇爾才會這樣說：「**生產的**這個詞使用中的一切區別都是很空洞的，而且有一種不真實的空氣。現在提出這些區別似乎是不值得的：但它們有著長久的歷史；讓它們逐漸地退出使用，而不是突然廢棄，也許更好。」（《經濟學原理》，第 67 頁註）

② 現在的討論主要基於《原理》第 8 版（倫敦，1920 年），所有引述均出自該版，除非另有說明。想核校《原理》的各個版本是不可能的，儘管從第一版到後來各個版本，肯定會有一些重要的變化。感謝麥克米倫公司應允我引用該書。

③ 最常被引用的無疑是下面這段話：「直接或間接用於生產商品的各種不同勞作；以及節欲或寧可說為了儲蓄用於生產的資本所需要的等待：所有這些勞作和犧牲加在一起，就叫做商品的**實際生產成本**。」（第 338–339 頁）

需求是基於獲得商品的慾望，而供給則主要決定於克服不情願遭受「負商品」的心理。這些負商品一般可分為兩類：勞動和延緩消費所引起的犧牲……①（第140頁）

……為生產一定數量的某種商品所必需的努力要求的價格，可被稱為那個數量的供給價格……（第142頁）。

詳細分析這些心理成本最好推後到論述馬歇爾分配理論的那一節，因為「實際的」成本在他的生產理論中只是點到為止。

實際成本和貨幣成本的關係可簡單說明一下。馬歇爾將貨幣成本定義為「對勞動和等待的痛苦努力所必須支付的貨幣額」（第142、339、362頁）。「決不能輕易假定」這兩種成本是相等的，然而，「如果用努力來計算的貨幣購買力大體不變，如果等待的報酬率也大體不變，那麼，用貨幣衡量的成本和實際成本相一致……」（第350頁）

實際成本與貨幣成本相一致所要求的證據，要比用努力衡量的貨幣收入的不變多得多。它要求所有商品的貨幣成本（和價格）與其勞動的邊際負效用成比例，還要求各種可供選擇職業的邊際報酬相等。這必然意味著，處於所有職業轉移邊際上的每個勞動者的工資水準相同，或者，除了別的以外，所有勞動者具有相同的負效用函數。否則，就不可能從兩個商品的工資成本相等推理出每個商品都具有同量勞動負效用。

馬歇爾沒有考慮這個主要源自分工的問題，卻以相當長的篇幅論述了實現各種職業「純收益」和報酬相一致的困難。② 對他關於達到這種一致的困難所做的古典表述，人們幾乎不可能提出批評。這種論述表現了馬歇爾通常的正常判斷、解釋力和豐富的實踐知識。他在這個問題上的結論也是可以接受的：「因為人的成長很慢，消磨也很慢，父母為子女選擇職業時，通常必須前瞻整整一代，所以，需求的變動要充分發揮其對供給的作用，在人力要素的場合比在大多數物質生產設備的場合所需要的時間更長；而在勞動的場合，如使供求趨於大體正常協調的那些經濟力量充分發揮作用，所需要的時間特別長。」（第661頁）接下來的一句話就是前後不連貫的推論了：「因此，總的來說，任何

---

① 除了某些特殊場合之外，土地是被排除的，因為土地為生產所提供服務的供給被假定是固定的。參看第89頁。

② 第6篇，第3、4、5章。純收益被定義為「一個職業提供給勞動者的實際報酬」，計算方法是「從其全部收益減去其全部負收益的貨幣價值」（第73頁）。

一種勞動對於雇主的**貨幣**成本，在長期內和生產該勞動的**實際**成本大體一致。」（第661頁）馬歇爾的表述，對於證明實際成本理論的有效性來說，是一個必要條件，但絕不是充分條件。

馬歇爾沒有明確提到選擇成本或機會成本理論。既定資源在各種用途之間競爭的思想當然是他論述的基礎，這種思想作為第5篇整個討論的基本主題得到了很好的描述。①

替代性和報酬遞減

關於替代性的一般理論最好放到論述邊際生產率的第12章去討論。馬歇爾對替代性理論的陳述是眾所周知的：在競爭和追求利潤最大化的假定之下，企業家將以較便宜的資源代替較貴的資源（這裡的貴賤是用產品除以成本來衡量的）。

然而馬歇爾對報酬遞減理論的處理是《原理》中最令人失望的部分之一。在馬歇爾的討論中，首先表現出來的就是漫不經心地混同了報酬增量遞減和比例遞減。這個理論最常被提到的地方是論述土地報酬的第4篇第3章。報酬遞減法則，就其「最終的陳述」來說是這樣的：「用於土地的資本和勞動之增加，將增加較小比例的產品量。」（第153頁）這種不恰當的定義被重複了多次。② 然而，該規律又常以它的恰當形式即增量形式加以表達，如緊接著上面引語的句子就是如此（第153頁）。③

馬歇爾解釋的第二個缺點是，他未能把握住替代規律與報酬遞減規律之間的關係。前者被認為同後者是「連接在一起的」（第356頁），但事實上報酬遞減只是替代的一個方面。報酬遞減起始於這樣一個事實：資源 A 不是完全替代 B 的，而且 A 變成了一個越來越低效率的替代物，因為 A 與 B 的比例增加了。

與第二個批評密切相關的第三點，是馬歇爾傾向於將報酬遞減規律限於農業，把它主要看作是一個歷史規律。④ 論及這個規律在其他工業部門的情形

---

① 收益均等化的論題被特別應用於勞動〔第511–514, 544頁（特別重要）〕、土地（第418頁）和資本（第591頁）。

② 第150、151（兩次）、153（三次）、440、651頁等。他偏好這種增加方式的理由將在下一章討論。

③ 又見第149、157、166（兩次）、168、170、680頁等。這兩種定義在其早期《工業經濟學》（第2版，倫敦，1881年）中也可看到，第22頁註83。

④ 又可參看本書第87頁。

時，他說的是「資源和能源在任何既定方向上的過度使用」（第356頁，又見第169、170、407-409、537頁）。他極少把報酬遞減歸因於一個因素，除非應用於土地時，才不使用某些修飾性詞語——「不適當地」「太多地」，等等。馬歇爾無疑瞭解報酬遞減規律的普遍性，他在討論地租時對隕石假設的評論可以作證。他說：「但是，它們被使用的強度越大，從迫使它們每次追加的服務所提供的純報酬也就越少，這就說明這一規律，即：不僅土地，而且也有其他各種生產工具，如果使用強度過大，勢必產生報酬遞減。」（第416頁，又見第168-169頁）因為這種場合太經常了，所以馬歇爾認識到了這個正確的答案，但是，表述這個看法的形式和地點卻是經過算計的，以便瞞過幾乎已經是見多識廣的讀者。

說到「報酬遞增規律」，馬歇爾應當受到更嚴厲的批評。他這樣表述這個「規律」：「勞動和資本每有增加，通常便會引起組織的改進，從而提高勞動和資本的工作效率。」（第318頁）這個「規律」顯然不能完全同報酬遞減規律相提並論，因為在前一場合，**所有的**生產要素都增加了，而在後一場合，卻有一個保持不變。因此，馬歇爾下面這個說法完全是誤導：「報酬遞增和報酬遞減這兩種傾向是相互壓制的。」（第319頁邊註）其實這是兩種不同的概括，一個是經驗事實（如果是真的，而且當它真的存在時），而另一個卻是生產問題存在本身的邏輯前提。

外部經濟

在馬歇爾貢獻給經濟分析的許多概念中，沒有哪個能比深受讚揚的內部經濟和外部經濟的區分更迫切地需要重新解釋的了。這是因為，外部經濟的存在，而不是（如羅伯遜所指出的那樣①）代表性企業的存在，使得競爭和遞減的長期平均成本相協調。我們這裡的討論將說明馬歇爾對外部經濟的分析是很不恰當的，儘管這種分析在馬歇爾的生產理論中顯然具有重要地位。

外部經濟被定義為這樣一種經濟，它「有賴於工業的一般發展」，與之相對照的是內部經濟，它「有賴於從事這工業的單個企業的資源、組織及經營管理效率」（第266頁）。因此，內部經濟是從廠商（馬歇爾沒有把它與工廠加以區分）內部獲得的，而所有其他「來源於任何物品生產規模擴大的經濟」

---

① 馬歇爾. 遞增報酬和代表性企業［J］. 經濟學雜誌, XL（1930）: 86. 不過，有理由相信馬歇爾是讚成羅伯遜的。比較馬歇爾的企業家理論，見本書第78頁。

則顯然被歸於外部經濟，可見後面這個範疇是剩餘。作為一種結果，這兩種經濟必定會吸盡作為一個整體的大規模生產的經濟。

要確切說明外部經濟的真正性質是最困難的。《原理》討論了兩種一般的類型①：

（1）使用專業化的熟練和機器的經濟⋯⋯取決於鄰近地區該種產品生產的總量（第265頁）。

（2）另外一種經濟特別與知識的增長和技藝的進步有關，主要取決於整個文明世界的生產總量（第266頁）。②

第一種經濟起源於工業的地域化，它構成外部經濟的主要部分，至少在相對短的時期內是這樣的。的確，在又一次定義外部經濟時，馬歇爾格外強調了地域化：分工的外部經濟是「得自在同一區域大量類似小企業的集中⋯⋯」（第277頁，又見第166頁）。他這樣總結地域化的好處：

當一種工業這樣選擇了自己的地方時，它是會長久設在那裡的：因此，從事同樣的熟練行業的人，互相從鄰近的地方所得到的利益是很大的。行業的秘密變得不再秘密；它似乎公開了，孩子們不知不覺地也學到許多秘密。優良的工作受到正確的評價，機器的發明和改進、商業的進步和一般組織所帶來的優點，會得到及時的討論：如果一個人提出了一種新思想，就為別人所採納，並與別人的意見結合起來；因此它就成為更新的思想之源泉。不久，輔助行業就在附近的地方產生了，供給上述工業以工具和原料，為它組織運輸，通過多種方法節約了它的原料（第271頁）。

簡而言之，地域化主要的外部經濟在於各種行業思想的交流、輔助和鄰近工業的發展以及熟練勞動力的獲得。

---

①　馬歇爾其他著作的討論沒有增加什麼新東西。參看：工業經濟基礎［M］. 3版，倫敦，1899：150、179；工業與貿易［M］. 2版，倫敦，1921：167、187。

②　這兩種類型是不一致的。前者有賴於地域專業化，後者則有賴於「世界的」生產。沒有一個定義能夠令人滿意。馬歇爾沒有考慮工業規模仍然不變的條件下，不斷增進的地域化同工業規模增長條件下不斷增進的地域化之間的區別。其次，他也沒有說明，世界生產的增長究竟是指單個工業，或者是指與其他工業相關的工業，還是指作為一個整體的所有工業。

但是，外部經濟還可能起源於其他資源。知識的增進和發明已經被提到了。這個「進步」的一般因素在馬歇爾的第三個定義中再次得到了強調：外部經濟是「取決於工業一般發展的經濟」的。（第314頁）① 其中心觀念是：外部經濟「是由於相關的工業部門的發達而產生的，這些部門相互幫助，也許集中在同一地方，但無論如何，它們都利用輪船、火車、電報、印刷機等所提供的近代交通便利」。（第317頁，又見第441頁）

　　馬歇爾關於外部經濟的陳述已被廣泛接受，只是近些年才開始受到質疑。② 這裡不可能詳盡分析圍繞準確解釋外部經濟概念所涉及的許多複雜問題，但一些主要問題需要研究。

　　首先應當強調指出，馬歇爾的外部經濟概念實質上是一種歷史範疇。知識和發明的發展，各種思想和文化的交流，③ 旨在開發副產品和提供設備的輔助廠商的形成，熟練勞動力的累積，所有這些都是**成長**的特點。④ 的確，外部經濟概念是經濟史的一種有用的解釋工具。然而，對現代經濟分析來說，有一個問題還是要提出來的：外部經濟在靜態經濟中有任何意義嗎？

　　核心問題是：什麼樣的外部經濟同局部均衡（即馬歇爾的）分析相協調呢？用這種方法分析一個工業時，假定其他工業的成本和需求條件是不變的，或者即使有變化，對所考察的工業的影響也是微不足道的。於是這個假定就拋掉了馬歇爾的一部分外部經濟，因為這樣的假定顯然是不合適的，即假定其他工業的成本和需求條件仍然不受「輪船、火車、電報、印刷機等所提供的近

---

　　① 然而，最廣義的定義是說外部經濟「是工業文明一般進步的結果」（第441頁）。
　　② 也許第一份重要的參考文獻是D. H. 麥克格雷高的《工業聯合》（1906年），重印於倫敦學派系列稀缺書，第一集（1935年），第20頁特別重要。他的討論是詳細闡述而不是批評。F. H. 奈特教授顯然是質疑外部經濟意義的第一人，參看：《解釋社會成本的失誤》（1924年），重印於《競爭倫理學》（紐約，1935年），第229頁。L. 羅賓斯，《代表性企業》（同上書，398頁）中提出了同樣的批評。
　　P. 斯拉法開闢了新系列的批評，見其《競爭條件下的報酬規律》〔《經濟學雜誌》，XXXVI（1926年），第537頁特別重要）。由此在英國引發了一場熱烈討論，主要見於1927—1933年《經濟學雜誌》。最近的討論非常詳盡和廣泛，恕不能在此考察。
　　③ 這個因素主要歸因於知識不完全，因而不擬在此討論，我們的討論限於嚴格理論意義上的完全競爭。
　　④ 馬歇爾的名言：外部和內部經濟雙方會隨工業的擴展而增加（第318、393頁），乃是他自己的歷史觀點在這個問題上的暗示。還可比較這段議論：「提供報酬遞增的工業，幾乎總是在發展著，因此總是在獲得大規模生產的經濟。」（第469頁註）馬歇爾沒有指出，他所說的工業是絕對的增長還是相對於其他工業的增長。

代交通便利」① 的影響。正如斯拉法所說②，局部均衡分析僅能完全適用於對廠商是外部而對該工業是內部的經濟。③ 於是他在這裡說：「沒有（發現）什麼或者實際上什麼也沒有」被發現。④

提出了兩條可能擺脫這種明顯僵局的建議。第一種就是在這裡拋棄局部分析，回到一般均衡分析。⑤ 這個權宜之計肯定適用於處理許多廣泛的經濟問題，儘管使用一般均衡論的眾所周知的困難，會使從中迅速和輕易得出有用結論的希望逐漸化為泡影。不過，對這種二者擇一的辦法可以略而不論，因為它實質上是要拋棄馬歇爾的分析方法。

第二種辦法是將局部均衡分析限制在對廠商來說是外部而對工業來說是內部的經濟，也就是認可這種類型的有限範圍的經濟。然而，如斯拉法所說，這種經濟還沒有顯出其重要性，如果局部分析的定義不那麼嚴格，就可能發現這種經濟的某些場合。瓦伊納教授部分地支持馬歇爾理論⑥，他提供了一個勞動者（這對資本家也可能是真的）為了在大工業中工作的案例，該勞動者有他的偏好和理性等。⑦

如果承認這種外部經濟的存在，區分並說明其各種各樣的類型就是很重要的了。這裡不擬作詳盡的分類和分析，只分析三種類型。最重要的外部經濟之一，來自原料的購買和對輔助廠商出售產品和副產品，這些輔助廠商的經營遵守成本遞減規律。⑧ 引起奈特教授苛評的可能就是這種類型：

……「外部經濟」理論肯定是基於誤解。經濟對於一種特殊的建設和技

---

① 一個工業的定義當然是至關重要的。如果一個工業被定義為生產單一同質商品的一組廠商，那麼生產相關商品的工業肯定要受影響。如果工業聯合生產相關商品，那麼困難僅僅是被推遲而已，因為商品在何處才能不再相關呢？如果從聯合生產可以獲得經濟，那麼這為什麼不會發生呢？

② 同上書，第537頁特別重要。

③ 當然也有例外場合：外部經濟由其他工業所分享，而其他工業同該工業沒有密切聯繫（通過產品替代）。確定這種例外的真實意義看來是不可能的。

④ 同上書，第540頁。

⑤ 順便說說，在這種情況下，外部經濟壓根兒就不會出現，這可能是因為它們不需要被**明確地**引進正式的一般均衡方程式體系。這當然不是說不可以提出這種經濟。

⑥ 參看：成本曲線和供給曲線［J］．國民經濟雜誌，Ⅲ（1932）：38-39；比較成本理論［J］．經濟檔案，XXXVI（1932）：396-398．哈伯勒附．瓦伊納：國際貿易理論［M］．英文版，倫敦，1936：206-208．

⑦ 「成本曲線」，同上文，第39頁。

⑧ 參看：瓦伊納．《比較成本理論》，同上；又見其《國際貿易理論研究》（紐約，1937年），特別是第481-482頁。

術生產單位可能是『外部的』，但是，如果他們影響某個工業的效率，那麼它們對這個工業來說就不是外部的。這個生產過程的一部分繼續在一個特殊單位進行，這是一種次要的考慮。在一個商業單位是外部經濟，而在本工業的另一個單位卻是內部經濟。生產一種產品的任何分支或階段，隨著經營規模的擴大，都在為技術經濟不斷地提供著一種機會，使其最終歸於壟斷，或是然後離開這種傾向並建立增加成本和增加規模的正常關係。①

這個論證的說服力是毋庸置疑的：在輔助工業②處於成本遞減的廠商將會傾向於被壟斷，除非它們擴張到成本遞增的領域。壟斷的輔助廠商將擁有遞減的供給價格，這仍然是可能的，儘管遞減的成本對於獲得這種價格並不是充分的條件。③ 存在著一種強烈的誘因，也許如奈特教授的上述引語所說，促使廠商接收這些壟斷的輔助工業，佔有壟斷利潤，導致「垂直的積聚」。④ 結論是，這個範疇真的不需要類似「外部經濟」這樣的分析概念，因為它所引發的經濟對一些生產單位必然是內部的。

第二種外部經濟指的是一個工業的各廠商的生產函數在技術上是相關的情況。例如，一個煤礦可能發現，鄰近地區有許多煤礦經營時，他從自己水管中抽出的水量減少了。⑤ 在這種場合，經濟對一個廠商是外部的，但對另一個廠商不是內部的。然而，這類經濟通常會被轉換成一種內部經濟，如果該工業被壟斷了，並且可能（或者不可能，部分地取決於技術問題）走向聯合或併購等。

最後，我們注意到第三種外部經濟，這種類似的外部經濟的特徵是「制度的」，而且相當不定型。瓦伊納教授的勞動者偏好大企業的例證可以很好地說明這種情況。這種經濟在一定意義上是不適當的：由一個廠商所獲得的外部

---

① 《競爭倫理學》，同上書，第 229 頁。
② 這再次引起了斯拉法討論過的困難：一個工業在多大程度上可以被包括到局部均衡分析之中。如果某個輔助廠商只供給所說的這個工業，那麼應當允許將其視為這個工業的內部。
③ 需求曲線的彈性可以是這樣的價格，該價格會因需求增加而提高，即使邊際成本下降。
④ 馬歇爾在說下面這段話時，他可能就是這樣想的：「儘管輔助工業可能給予小型工業以幫助，同一商業部門的許多小型工業集中在鄰近地區，但由於機械的日新月異和價格昂貴，這些小型工業仍然處於極大的不利地位。」（第 279 頁）他接下來的論述沒有遵循這個分析思路，但是看來沒有任何重要理由（從技術觀點來看不可行的場合除外）說明，輔助廠商通常不會去接管這種「瓶頸」，這個過程所需要的機械是小型廠商能力不及的。參看：《工業經濟學》（第 2 版），第 53 頁。
⑤ 類似這樣的負經濟還可用若干競爭廠商從一個公共油池抽油的情況得到說明。

經濟量不可能經由縱的或橫的整合而增加，而且，除了通過對生產服務的相對價格發生影響之外，它們通常大概對交易單位的規模只有微弱的影響。

儘管馬歇爾相當強調第一種外部經濟，但他的推論主要是基於第三種類型的，否則就很難理解他為什麼會實際上忽視外部經濟與交易單位的規模和性質之間的關係問題。馬歇爾的「代表性企業」概念就是他忽視這個基本問題的明證，這個概念以廠商均衡為假定前提，但他沒有分析這個均衡。

很難放過對馬歇爾外部經濟的這個最後的判斷。我認為，馬歇爾的主要目的是提出一種範疇，用以解釋生產成本在歷史上的非同尋常的下降，這種下降是同產量增加、工廠和廠商規模相關的，在很大程度上**不是**經由壟斷實現的。作為解釋經濟史的一種工具，外部經濟理論（但是，是在不同於現在提出的形式上）是相當有用的，但作為說明相對價格的一種方法，其應用的範圍卻是很有限的。

內部經濟

如果說馬歇爾對外部經濟的陳述被認為是不明確的，那麼這個判斷對他的內部經濟的陳述同樣適用。不過，在後面這個場合存在的是另一種困難。內部經濟被強調得如此強烈，以致人們會發現難以解釋競爭的存在本身。① 讓我們首先考慮內部經濟的性質。

內部經濟是「有賴於從事這個工業的單個企業的資源、組織及經營管理效率」的經濟（第266頁，又見第277、314頁）。整個第4篇第11章（「大規模生產」）都是討論內部經濟的。我們可以對這種經濟做如下區分：②

(1) 原料的經濟，或者副產品的利用，它們在「迅速地失去其重要性」（第278頁）。③

(2) 機器的經濟：

---

① 馬歇爾明確意識到，在遞減成本和競爭之間是不可比的（第395, 549頁註，805, 808頁註）。他錯誤地指責古爾諾忽視了這種不可比性（第459頁註）。參看：古爾諾. 財富理論的數學原理 [M]. 培根, 譯. 紐約, 1929: 91.

② 又可參看《工業與貿易》第2篇總結，第315頁，以及更多經驗性和描述性論述。

③ 副產品的利用對於地方工業來說可以是外部經濟（第279頁）。關於外部經濟和內部經濟的關係，馬歇爾明確提到的有兩點，這是其中之一。參看下一個註釋。《工業與貿易》，第238頁特別重要，更注重的是這種經濟。

a.「在一個大工廠中，常常有許多昂貴的機器，每個都是專為一項小用途而製作的」，而小製造業者則不可能使用這種機器（第279-280頁）。

b. 較大型機器具有較高的效率（第282頁註）。

c. 小製造業者有時忽視在他們的企業中使用最優良的機器（第280頁）。①

d. 小製造業者不可能進行昂貴的試驗（第280-281頁）。

在一些穩定的工業，例如紡織工業中，機器的經濟實際上已經消失了（第281頁）。

(3) 原料購銷的經濟：

a. 除了獲得大宗購買的折扣以外，大廠商「有許多辦法可以節省運輸費用，特別是在它們有鐵路支線時更是如此」（第282頁）。

b. 大宗銷售比較便宜。這意味著它們的廣告覆蓋面較廣，市場信息比較充分（第282頁）。② 購銷高度組織化的經濟是今天許多商家傾向於融合到同一工業，或把商業轉變成單一巨型集團的主因（第282頁）。

(4) 熟練的經濟：

a. 每個人能被分派最適合他的任務，並由此獲得由於不斷重複而帶來的熟練（第283頁）。③

b. 高級管理人才被集中到專門從事政策問題，而將日常事務留給下屬（第284頁）。

(5) 金融的經濟。較大（或較老）的廠商能以優惠條款獲得信貸，這一點常常是非常迫切的（第285、315頁）。

問題自然會浮上腦海，而馬歇爾也明確提出來了（第291頁）：如果大規模生產的經濟如此重要，如這張令人驚奇的表所列舉的和他的討論所暗示的那樣，那麼，小公司如何管理才能生存？主要的答案似乎是能幹企業家的亡故及其子孫後代淪為庸才的可能性。以生物的類比（第305、316頁）支撐的這個

---

① 各種商業雜誌正在把市場上的信息和方法轉變到外部經濟（第284-285頁）。

② 參看上一個註釋。人們還可能提到這種類型的經濟是由於大廠商產品多樣化（《工業與貿易》，第216頁）。

③ 只有當工作是如此專業化，以致一個小廠商能夠雇用一個人只用一部分時間在他最有效率的任務上時，這一點才是適用的。

理論提出了若干主要之點〔第285-287, 299頁（特別重要）, 316-317頁〕:①

不久之後，企業的管理權就落到即使對企業的繁榮同樣積極關心但精力和創造的天才都較差的那些人手中了。如果這企業變為股份公司，則它可保持分工以及專門的技術和機械上的利益……但是，它恐怕已喪失它的伸縮性和進步的力量如此之多，以致在與新興的較小對手競爭時，優勢不再完全地在它這一邊了。（第316頁，又見第457頁）

在把限制廠商規模偶然地和二者擇一地歸結於企業家的問題之時，馬歇爾提供了一個經濟的解釋。在他的思想中，內部不經濟不起明顯的作用②，不過他提出了一種相關的概念：

（一個）廠商的持續和很快的發展，要求具備在同一工業中難以兼具的兩個條件。在許多行業中，個別生產者能夠以大大增加其產量來獲得大為增加的「內部」經濟；在許多行業中，他能夠容易地銷售產品；但只有在很少行業中他能夠做到這兩者。這不是一個偶然的結果，而幾乎是一個必然的結果。（第286頁）

在容易銷售的地方，這種商品被標準化了，而且廣為人知。但是，大多數的這類商品都是「初級產品，其餘的幾乎都是單純的和普通的東西」，它們的

---

① 這一點在《工業與貿易》中表述得比較謹慎：「顯然，在這個（報酬遞增）趨勢之下，一個企業一旦得知它的對手開始啟動，它便不得不以越來越低的價格出手，以證明它仍有不可比擬的活力，並能獲得它所需要的全部資本……然而，如果一個很強的製造業在無限擴張的道路上沒有其他困難，廠商採取的每一步驟都有望代替對手，它就能以低於對手所能達到的價格進行有利於自己的生產。每一步都會使下一步來得更有把握、更持久、更迅速——這會使對手無法繼續存在下去，無論如何在其鄰近地區將是這樣。當然，決不能忽視這個條件：因為經營遠距離笨重貨運的開支可能壓倒大規模生產的經濟。但是，對於運輸成本較低，並且處於報酬遞增規律下的貨物來說，看來可能不存在任何東西會妨礙它將世界的整個生產集中到單個廠商手中，除非它被關稅壁壘所終結。之所以沒有出現這種結果，原因很簡單，就是沒有哪個廠商具有這樣長久的壽命，一直擁有不衰的活力和達此目的之創造精神。現在，具有潛在永恆活力的股份公司的擴張將這種情況改變到何種程度，這還很難說。但是，最近幾十年出現的一些插曲說明，這種情況可能會大為改觀，無論在實質上，還是在方法上；通過這些方法，新生命被注入舊肌體。」（《工業與貿易》，第315-316頁）比較《工業經濟學》（第2版）中較少保留的陳述（第141-142頁）。感謝麥克米倫公司允許我引用《工業和貿易》一書。

② 有意思的是，當馬歇爾偶然注意到管理在大小廠商中的作用時，他說的是小廠商的好處，而不是大廠商的局限（第284頁）。在《工業和貿易》（第323頁特別重要）中，他詳細地解釋了大廠商的「可塑性」問題。

生產能夠容易地變成例行公事，所以，大企業和小企業幾乎同樣有效率。相反，營銷困難的是大宗產品，廠商能夠在成本急遽下降的地區進行生產，但是產量不可能迅速擴張（286-287頁；又見453-458頁，501頁）。①

對廠商規模的第二種限制過於模糊，簡直難以評論。馬歇爾的這部分論證主要包括兩部分。第一，在許多工業中，大規模生產的經濟在達到一定點之後就變得不重要了。第二，另一個論點說的是營銷的困難將限制廠商獲得大規模生產的可能的經濟。這必定意味著三者之一：

（1）市場狹小。
（2）商品不知名，被消費者知曉尚需一定時間，或者
（3）與上述場合相關，新商品和更高級商品必定會替代老對手的產品。②

第一種可能性顯然暗含著壟斷。③ 第二種和第三種情況難以同競爭相協調，因為這裡顯然存在消費者（對市場狀況）的無知，而完全競爭肯定是排除這種情況的。事實上，後面這些情況正是張伯倫所謂壟斷競爭的主要類型。④

然而，馬歇爾發現單個廠商成長的主要限制在於偉大的企業家能力的基本喪失。應當強調指出，這種限制在一個嚴格的靜態經濟中是不起作用的，因為根據定義，在這樣的經濟中是沒有變化的。在這裡，跟一般場合一樣，馬歇爾現實的歷史的態度沒有為方法的精巧留下餘地。

作為對歷史過程的一種鬆散的描述，企業家死亡率理論無疑是重要的。但是，這種考慮在限制廠商規模上的作用是很不確定的。如果馬歇爾的經濟討論是正確的，大致是完整的，那麼為了達到壟斷，或者至少獲得在幾乎任何工業中的支配地位，也就不需要格外高級的企業管理人才了。在一種競爭的穩定的經濟（本研究所關注者）中，馬歇爾卻沒有明確給出穩定均衡的條件。

上面概述了馬歇爾對大規模生產的特殊經濟的討論，這種討論的缺點有三

---

① 暗含的意思是：營銷成本沒有被包括在生產成本中。
② 所有這些情況都提到了，但是沒有分析（第286頁）。
③ 第二種情況也是一種對實際市場的壟斷，它勢必導致對潛在市場的壟斷。如果新產品真的更高級，則第三種情況也是如此。
④ 《壟斷競爭理論》（劍橋，1936年），第1章及其他各處。的確，馬歇爾說到廠商的需求曲線在於它自己的市場（第456頁註）。

個基本方面。第一，馬歇爾把廠商（經濟交易單位）與工廠（技術生產單位）的混同永久化了。① 例如，機器的經濟，部分是技術的（即2，a），部分是組織的（即2，c，d）。第二個缺點是高估了（缺乏相關的經驗資料）經濟的意義和範圍。討論的進程明確暗示說，增加的經濟是沒有限制的，儘管當工廠或廠商規模擴大時，經濟的增加是依照遞減率的（特別參看第318頁）。② 這種說法無論在推理上還是在經驗上都不是不言自明的。最後一個缺點與前兩個缺點密切相關：**負經濟**幾乎完全被忽略了。

可將各種內部經濟分為三類，每一類都取決於一種基本的條件。第一類經濟源於生產資源或過程的可分性。這一組包括：1；2，a，b，d；3，a，b（部分地，特別是廣告）；4；也許還有5。③ 關於它們的數量重要性的信息幾乎完全沒有。第二類經濟源於（沒有解釋）在該經濟的其他部分缺乏競爭。假定較小的企業家忽視程序和市場（2，c；3，b）肯定是沒有道理的，而且也同競爭經濟不相干。然而，在第二類的重要例證是數量折扣。當廠商能夠依照流行價格不受限制地售賣其產品時，它為什麼要在一種競爭工業中提供數量的折扣，這一點始終是不明確的。

最後一類經濟源於變化的因素。④ 大廠商在研究和發明領域的廣告就是重要的案例（2，d）。一個正在成長的廠商的信貸可能改進的案例（也許由於風險減少），就是一個相關人物的案例（5）。從這個角度，可能還會提到管理問題（4，b），然而，在一個嚴格定義的靜態經濟中不存在管理問題。

分配理論

《原理》對分配論的處理有三種不同方法。第一種是基於假定生產系數不變；第二種是邊際生產率論。這兩者顯然是二者擇一的，並且明確地只把固定

---

① 有一處對此區別的微弱暗示（第289頁）。
② 馬歇爾在這方面最早的結論是極端的。在《國內價值純理論》（1879年，倫敦學派重印本，第一部，1930年）中，他說：「可以做出結論，一種製造的商品總量的增加極少能不引起生產經濟的增加，不管生產任務被分配在大量小資本家中，還是集中在數量較少的大廠商手中。」（第10頁）這個觀點在很久以後的《工業和貿易》中就表述得比較溫和：「……技術經濟對商業單位擴張的影響，在達到一定規模之後就傾向減弱了。部分是因為工廠的專業化，機器力代替了人手，產品標準化的增加；特別在這些工程和其他工業部門，在技術進步的刺激下，這些部門正經歷最迅速的變化。」（第509頁）
③ 參看本書第77張（對折兩頁）。
④ 這些經濟一般來說可歸於前兩類經濟中，但是，強調變化的方面還是有某些好處的。

系數方法作為接近分配論的第一步。基於邊際生產率論的第二種理論將推遲到本書第 12 章討論。剩下的就是《原理》第 5 篇和第 6 篇沿著古典派路線的密集討論，土地、勞動和資本是這裡的主要議題。第三種即最後一種方法對馬歇爾的邊際生產率論而言是補充而不是替代。不過，在這一點上，將其分離出來加以討論並不困難。①

連帶需求：對分配理論的最初接近

連帶需求理論，如上所述，實質上是一種分配論。馬歇爾的連帶需求定義實際上明確地表述了分配理論問題：

對每種輔助品的需求是來自它們生產某種成品（如一塊麵包或一桶麥酒）時所**共同**提供的那些服務的。換句話說，有一種對其中任何一種輔助品在生產某種直接滿足需要從而有直接需求的產品時所提供的服務的**連帶需求**。對成品的直接需求實際上可分成生產它們所用的那些東西的許多派生需求。（第 381 頁）

第 5 篇第 6 章關於這個問題的答案，就是我們現在研究的對象（還可參看第 652–656 頁）。馬歇爾在第一次接近生產理論時進行了若干明確假定。第一，對成品的「一般需求條件」不變；第二，「其他要素的一般條件沒有變化」。（第 382 頁）最終和基本的假定是：各種生產要素的結合的比例是**固定的**，即生產的技術系數不變。②「派生需求規律」是這樣的：「對某種商品的任何生產要素的需求表可以從對該商品的需求表**求出來**，辦法是從該商品的各種不同數量的需求價格減去其他要素相應數量的供給價格總額。」（第 383 頁）

派生需求理論是用著名的小刀為例說明的，這種小刀由刀柄和刀身構成。幾何表述見圖 5（第 383–384 頁註）。小刀、刀柄和刀身的數量（相互都是一對一的關係）以 OX 衡量，OY 表示價格。馬歇爾給出了三條基本的曲線：

DD' —小刀的需求曲線；

---

① 除了古典的生產三要素論以外，馬歇爾多次涉及「最終的要素」即勞動和等待（第 139、171 註、339、523 及註、541 頁）。因為最終要素在馬歇爾理論中不起任何重要作用，所以只需在後面討論龐巴維克利用「最終要素」分析時提一下就夠了。參看本書第 8 章。

② 參看：「對泥瓦匠勞動供給的暫時限制，將引起對建築物數量的相應限制」（第 382–383 頁）；又見：「……各種生產要素的單位不變，不管生產商品的數量如何」（第 384 頁註）。

SS'-小刀的供給曲線；
ss'-刀柄的供給曲線。

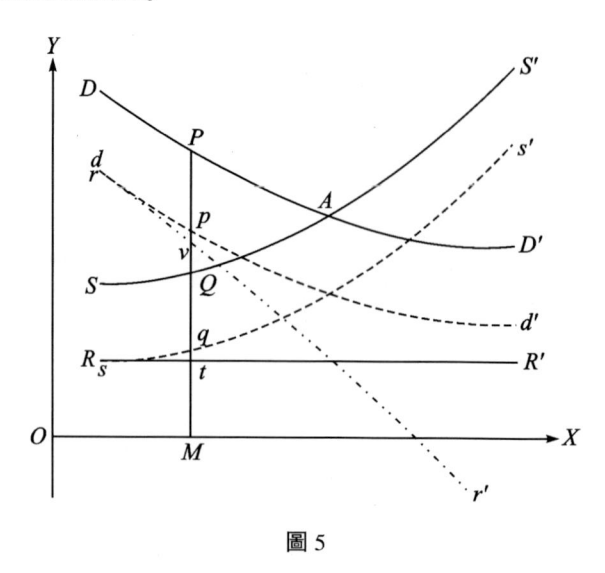

圖 5

刀柄的需求曲線這樣得出：從 OX 上的任何一點 **M** 作一垂線，與 ss' 交於 q，與 SS' 交於 Q，與 dd' 交於 p，與 DD' 交於 P。這樣，SS' 和 ss'（$=qQ=pP$）之間的距離就是刀身的供給價格。如果 qQ 不受 ss' 的影響，則在產量 M 上，$MP-qQ$（$=Mp$）就是支付給刀柄的最大價格。這些點的位置是由 dd'，即刀柄的派生需求曲線決定的。

這種方法作為一般答案之荒謬，可由依馬歇爾方法得出刀身的需求得到最好的說明。刀身的供給曲線已經給出，方法是從小刀的供給曲線（SS'）減去刀柄的供給曲線（ss'）。兩者差額 qQ（$=Mt$）。以 RR' 表示刀身的供給曲線。在產量 OM 上刀身的派生需求是從 MP 減去刀柄的供給價格或 Mq。差額 qP（$=Mv$）是支付給 OM 刀身的最大量。這些點的位置產生了刀身的需求曲線 rr'。對於超過刀柄的供給曲線（ss'）和小刀的需求曲線（DD'）交點的所有各點來說，這條曲線必然是負值。

一種組合的資源超過了一定點將只能以負價格被雇用，這個命題肯定是一種誤導。但是，A 左邊的區域也難以解釋。例如，在產量 OM 上，將為刀身支付 Mv，或者為刀柄支付 Mp，取決於刀柄或刀身的價格是否被假定為固定。馬歇爾提醒說：「一般的供給和需求曲線，除了緊鄰均衡點，並不具有實際的價值」，又說：「同樣的說法甚至更適用於派生需求方程式。」（第 384 頁註）作

者不得不承認，派生需求方程式**只**在均衡點上成立。

真正的問題是，為什麼馬歇爾會為派生需求理論所困擾？他明確承認（在同一章）生產要素結合比例變動的可能性（第386、395頁）。同樣，在討論連帶供給時，馬歇爾在一個階段上假定兩個或更多商品是以固定比例生產的（第388頁特別重要），儘管比例嚴格固定的情況「**很少有**」（第389頁）。①固定生產系數的設計可以根據為了簡單化的理由加以說明。馬歇爾又是寫給一般讀者的，因此三維圖式和論證對這些公眾而言就難以接受了。②然而，簡單化有時是一種昂貴的奢侈。去掉關於連帶需求一章，《原理》肯定能得到改進。

現在我們轉向特殊的分配份額。地租論得到了馬歇爾最徹底的辯護，我們首先加以討論。這一節將簡述勞動理論的某些方面，資本論將結束。

土地租金

古典的地租理論在馬歇爾手上得到了相當程度的復活。③形式的連續性是很明顯的，特別在術語上，但是引進的限制條件非常之多，以至於說馬歇爾的理論是古典的，更多的是指精神而不是內容。

開頭要就報酬遞減問題說幾句話。如前所述，對這個規律的表述是很隨意的，而且通常是在比例變動的意義上提出來的，而這顯然不合適。不過，更重要的是，馬歇爾主要是依據人口相對於土地的增長來定義報酬遞減率的（「報酬遞減規律註釋」，第169-172頁）。而工業的報酬遞減率則似乎常被歸因於企業家「不適當地將其大量資源用於機器上」（第169頁）。土地的情形就有所不同：

> 當老一代經濟學家說到報酬遞減律時，他們不僅從單個耕作者的觀點，而

---

① 當比例可變時，如馬歇爾所說：「通過改變這些比例，使聯合生產中的一種產品的數量略有減少而不致影響其他產品的數量，我們就能確定生產過程整個開支的哪個部分可以節省下來。」（第390頁）又見：《工業與貿易》，第192頁極為重要。

② 我們可以注意一下馬歇爾對埃杰沃斯評論維塞爾歸算論的評價。維塞爾的歸算論與馬歇爾的上述理論在實質上是相同的（第393頁註）。

③ 可參看：F. W. 奧基威. 馬歇爾論地租[J]. 經濟學雜誌，XL（1930）：1-24. 他提出了一些建設性批評，但他似乎更注重批評而不是理解馬歇爾。M. T. 霍蘭德對奧基威的回應：馬歇爾論地租[J]. 經濟學雜誌，XL（1930）：369-383. 其中包含了對馬歇爾立場有用和同情的陳述，但是他在忠於馬歇爾及其地租論方面有某些錯誤。

且從整個國家的觀點來研究農業問題。現在，如果整個國家發覺它現有的刨床或耕犁數量過多或過少，它就能重新分配它的資源。它能增加它所缺少的東西，同時逐步減少過多的東西。但對土地它卻不能這樣做：它對土地可以更加精耕細作，卻不能獲得更多的土地。由於這個理由，老一代經濟學家正確地堅持說：從社會觀點來看，土地的地位與其他人類可以無限制地增加的生產資源的地位，不是完全相同的。（第 170 頁）

在馬歇爾看來，報酬遞減規律，就其主要意義來說，仍然是一個不同生產要素相對增長的規律。①

土地對個人來說不過是資本的一種形式，這是馬歇爾理論的基本要素（第 170、430 頁）。在每一個古典經濟學家著作中或公開或暗含的這個命題，顯然是如此真實，以致無須予以注意。② 從社會觀點來看，土地及其報酬才是問題。

從社會觀點來看，土地同其他資本品在一個「新國家」是沒有重要區別的。論證是簡單的：土地在新國家有確定的供給價格。

人們一般不願意面對墾荒的艱苦和孤獨，除非他們有把握能得到比他們在本國所能得到的高得多的報酬（用生活必需品計算）……當免費得到土地時，土地就會被移民到這個邊際，在這個邊際上，它恰好能夠提供為此目的的適當收益，不留有支付地租的任何剩餘。（第 430 頁，又見第 411-412 頁）

在這種情況下，地租（作為土地報酬）即使從社會觀點來看也是一種生產成本。③

在「舊國家」，用慣常的說法，土地都已被開墾完畢，因此使其得以使用的費用（建設費）從經濟生活中消失了。④ 沒有確定對於「舊國家」的這些條件，但是現代英國似可作為一個例證（第 425、663 頁註）。土地和資本的區別被總結如下：⑤

---

① 奧基威：同上文，第 5 頁特別重要。
② 他指出土地對個人而言具有上升的供給價格（第 169 頁），在這一點上是相當膽怯的，但又明確將它歸因於競爭的不完全，這在馬歇爾理論中不起作用。
③ 這個理論適用於一定類型的城市土地。（第 443-444 頁）
④ 馬歇爾忽視了這方面的折舊和維護費用。
⑤ 特別比較第 4 篇第 3 章，第 5 篇第 9 章、第 10 章。自然肥力不再作為區別之一。（第 146-147、630 頁）

……土地的基本屬性就是它的廣袤性。使用一塊土地的權利就是對一定的空間——地面的某一部分之支配權。地球的面積是固定的：地球上任何一個部分與其他部分的幾何關係也是固定的。人類無法控制這種關係，而這種關係也絲毫不受需求的影響；它沒有生產費用，也沒有能夠生產它的供給價格。（第145頁，又見第629頁）

地租理論正是從這些「空間關係」和「自然的賜予」中引申出其特點的（第147頁）。

馬歇爾對李嘉圖主義地租論的復述眾所周知，無須在此詳述。資本和勞動將被使用在任何一塊土地上直到耕作的邊際。① 無論是密集還是粗放耕作，在這個邊際上，最後一劑勞動-資本生產的增量產品恰好足以補償其成本。該邊際應用衡量資本-勞動報酬，地租是剩餘。馬歇爾的討論很詳盡和精確②，但

---

① 當然，所有這些同樣適用於生產中使用的任何其他物質的東西（意指其他物質的東西也都像土地一樣被使用到各自的邊際——譯者）。

② 一種例外情況也許應當引起注意，因為它很好地顯示了局部均衡分析的主要陷阱。馬歇爾畫了一張圖（圖6），再現了李嘉圖關於某項改進對地租的影響的理論（附錄 L，特別是第 835 頁），同時也揭示了李嘉圖分析的明顯缺陷。在這張附畫的圖中，OX 衡量資本和勞動的單位，OY 衡量產量。AC 是技術改進以前資本和勞動的邊際生產率曲線，$A'C'$ 是技術改進後的同樣曲線。如果需求絕對無彈性，而且新的邊際生產率曲線同老的曲線是平行的，那麼地租將會降低。也就是說，如果「需求」固定，同樣的總產品，$ODCA$ 等於 $OD'C'A'$，將只使用 OD' 的資本和勞動。新地租 $H'C'A'$ 明顯少於舊地租 HCA。如果新生產率曲線不是平行於舊的曲線，地租可能增加、減少或者維持不變。

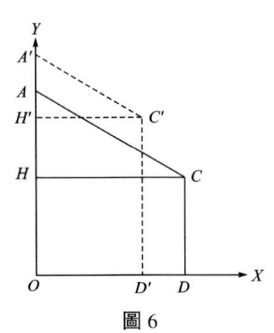

圖6

所有這些都是對的，但是馬歇爾接著說：「使該圖代表全國而不代表一個農場主在解釋上的唯一變動」，是允許運輸費用變動不定（第 835 頁）。他必須假定「所有其他東西仍然一樣」，但這是不可能做到的。改進以前，無論在農業還是其他地方（如果過去是均衡的），每單位資本和勞動獲得報酬 DC；李嘉圖不厭其煩地說不可能存在兩個「利潤」率。但是，改進之後，按照馬歇爾的說法，每單位資本和勞動獲得 $D'C'$，而 $D'D$ 的勞動和資本就會在別處尋求就業（假定服從報酬遞減規律）。因此，別處的報酬將落到 DC 之下。這顯然是一種不均衡的情況，而且存在兩個「利潤」率。

在此我們對它沒有多大興趣。

　　這一理論的兩個批判的方面應當予以分析。首先是關於舊國家的土地數量固定的假定。土地供給的這種固定性不是絕對必要的；與由格外堅硬的石頭組成的隕石的著名類比，旨在強調固定性能夠與任何生產代理人相聯繫，而且實際上與其他資源的固定性有關（第415頁特別重要）。① 因此，在一個更著名的類比中，土地「只是一個大類中的一個主要的種」（第421頁）。連續性是經濟生活的基本方面，因此可以說商業租金只是真正的地租的一個成分，相反，其他收益（即工資）卻含有租金。② 馬歇爾的理論歸結到這一點：在一個舊國家（被定義為所有土地都已被開墾）中，土地供給是相對固定的，因而土地報酬主要決定於土地的固定供給和其他生產要素的供給（參看第156頁註）。如果這個結論被限制在一個封閉經濟中，那麼，該經濟只允許一個（但那是一個基本的）限制條件，即通過土地的適當改良增加產量和已有土地的價值，而這就是用任何其他生產要素所能做的一切。當然，這個限制條件並不意味著「租金」將不復存在。

　　馬歇爾最終的確被迫得出了這個結論。因為承認土地肥力可增可減，所以他把「改進」的成本包括在生產費用中。③ 地租理論只被應用於所謂固定的空間關係和自然的賜予，它當然也可以是由投資加以改變的。④

　　最後一個問題涉及所有要素供給既定（即靜態）條件下的地租和價格的關係。馬歇爾沒有明確討論這個問題，但是他確實考察了土地可供選擇的各種用途，它們基本上是一回事。他承認普遍的相似性：「每一種作物都力爭排斥其他作物而占用這塊土地；如果任何一種作物比其他作物有提供較大利益的跡象，那麼，耕作者將把自己更多的土地和資源用於這種作物。」（第435頁）

---

① 在《原理》第一版中，古爾諾的礦泉水曾是說明這一點的媒介（第484頁特別重要），儘管也說到了隕石（第664頁註及以下）。在《原理》後來的各個版本中，越來越強調地租和利息之間形式的連續性（因為限制概念）。

② 準地租理論的擴展將在下一節討論。

③ 「另一方面，土壤肥力所主要憑藉的那些化學性質和物理性質，可以由人的行為增進，而且在極端的情況下，可以由人的行為完全改變。但是，對土地改良（儘管普遍應用的能力是慢慢形成而又慢慢耗竭的）的收入所課的稅，在短時間內不會對改良的供給發生可以感覺到的影響，因此，也不會影響產品的供給。結果它主要落在所有者身上；租地人在短時間內也可以看成是負有義務的所有者。不過，在長期內，賦稅會減少改良的供給，提高產品的正常供給價格，並落到消費者身上。」（第630頁）

④ 然而，馬歇爾也沒有總是把地租理論限制在對它適當的場合。「那個地租量不是支配（價格的）原因；相反，它本身受土地肥力、產品價格和邊際位置的支配……」（第427頁）

替代規律是完全適用的，事實上在同一段中就引用了這個規律。

用馬歇爾的例證來說，如果土地用於種植蛇麻，則其價格必須足以補償如種燕麥所得的地租，因此地租即使從社會來看也是成本。這個結論被否認是基於特殊的理由：「在種植燕麥的土地所提供的剩餘或地租和蛇麻價格所必須補償的邊際成本之間不存在簡單的數量關係。」（第 436 頁，又見第 437 頁註，第 438、500、579 頁）① 論據是：所說的土地可能生長「品質格外高的」蛇麻，從蛇麻可以得到地租 30 英鎊，而從其他作物則只能得到 20 英鎊（第 436 頁和註）。然而，在土地未專業化的場合（即相等地用於各種用途），存在著一種簡單的數量關係：從任何一種用途上所得的地租，等於從任何其他可能用途上所得地租，否則就顯然不能使收益最大化，狀態處於非均衡。在土地專業化場合（像其他任何專業化資源一樣），其收益超過資源在別處能夠產生收益的部分就是純地租；一種價格決定的量。但是，這裡的理由變化了，支配價格的因果關係的不再是供給的固定性，而是土地數量的變動（馬歇爾本人一直認為它服從人力控制；參看第 4 篇第 2 章）。在後一場合，可以說地租不是生產成本，但我們也不能隨便說地租是使用土地的報酬，因為這兩種地租不完全直接相關。②

地租概念的延伸——準地租

準地租理論是將古典派地租理論延伸到所有「固定」投資的收益。③ 應用

---

① 在這一點上有一段有趣的發展史。在《原理》第一版，馬歇爾的理論是：地租不進入生產費用，如果該理論被應用於一種農產品的話，「為使其成真，我們必須增加條件，這些條件的影響幾乎就是自我辯解」（第 487 頁）。在作了一些不得要領的分析之後，他得出結論說：「可以種植燕麥的土地的地租可被用於其他目的的支付，它確實會影響燕麥的生產費用和正常價值。」（第 488 頁）但是，允許不立刻對過去的地租課稅；評論杰文斯的腳註實際上已經提出了它的最終形式（第 490 頁註）。一年後，馬歇爾受的約束更多了。他說，如果地租不進入生產費用的理論被用於一種商品，「該理論就會傾向於理解為是不真實的」（第 459 頁）。他的結論也改變了：「可種植燕麥的土地的地租可用於支付其他目的，儘管它不『進入』生產費用和燕麥的正常價值，只不過間接地影響它們。」（第 460 頁）要詳細追蹤後來的變化，需要占用很大篇幅，但我們注意到馬歇爾在第 5 版（1907 年）終於達到了他確定的位置。因為集中注意一種作物將會導致一種新原理，但是，「它不是這種案例」（第 435 頁）。現在他的論證更有力了，但仍然缺乏自信；最後，在被否定的可供選擇的地租之間，缺乏「一種簡單的數量關係」（第 436 頁）。

② 它們在一種可能的場合直接相關：如果土地專業化是持久的，而其他生產性服務的專業化僅僅是暫時的（通過資本的恢復和再投資）。

③ 這裡不想涵蓋由 R. 奧佩的兩篇論文所開拓的廣泛基礎，一篇是對馬歇爾立場的精彩分析：馬歇爾的準地租理論 [J]. 社會經濟和社會政治檔案，LX（1928）：251-279；另一篇是：馬歇爾的時間分析 [J]. 經濟學雜誌，XLI（1931）：199-215.

準地租分析的主要收入來源是耐久資本品（第74頁）。準地租被兩次定義如下：

一樣東西被當作是「自由的」或「流動的」資本或新的投資的利息是適當的，但被當作是舊的投資的一種地租——準地租則更為妥當。流動資本與已被「固定」於某一特殊生產部門的資本之間沒有鮮明的分界線，新的投資和舊的投資之間也沒有顯著的區別；每種資本逐漸融合到另一種資本之中了（第 viii、412 頁）。

準地租理論基本是對所謂固定（經常項目）投資收益的解釋（第359頁極為重要）。資本一旦投資，它就會維持到經由使用和保存價值而貶值為止，在其整個服務生命期間，它將不管其收益如何而繼續被使用。① 這不過是短期中決定價格的因素只是最初的或可變成本的另一種說法（第374-377頁）。② 在短期中③，固定投資收益是被價格決定的，因而分享了自然的恩賜（第424頁註，第436頁）。然而，在長期中，它們必須被包括在內，否則資本將離開該工業（第420-421、424頁註）。④ 任何固定設備的準地租都是在對更替作了完全補償之後的純收益（第418-419、426頁註），所以，準地租可能明確地降到零以下。⑤ 固定投資的報酬假定被設備的邊際生產率決定。⑥ 設備（一旦建成）的資本價值就是其未來準地租的貼現值（第424頁註）。

---

① 當然，除非資本品是非專業化的，但這不是典型情況。在將準地租分析應用（但不是原理）於工資時，勞動的更大適用性是困難的。

② 馬歇爾沒有說這麼多話。他因為擔心「損害市場」而加了一些限制條件（第374-375頁），但是這些限制條件肯定是基於不完全競爭的。

③ 然而，固定投資和價格之間的關係對價格的升降並不是必然對稱的。如果時間太短，致使現存工廠來不及折舊，則上述關係對於新建工廠是可能的；因此，準地租不可能長期超過新資本設備的收益。

④ 「工廠主預期有可能加在產品主要成本上的那些補充成本，是即將給他帶來準地租的一種來源。如果它們達到他的預期，那麼，他的企業就會獲得豐厚的利潤，如果它們遠在預期之下，則他的企業就會走向沒落。」（第362頁註）

⑤ 也就是說，準地租可能是負值（第622、664頁）。奧佩引述了這些話，但是，他指出馬歇爾「從不認可負準地租概念」（《馬歇爾的準地租理論》，同上文，第265頁）。但是，準地租的定義，作為超過補償和維持費用的收益，肯定會涉及負值的可能性。事實上，不管投資結果如何，這種負值都是肯定存在的。當投資無回報時，準地租是零。當投資不能維持時，準地租是負值。

⑥ 這一點是暗含的而不是公開表述的（第418、430-431、630頁）。正文中所說的報酬是指實際的收益；如果發行債券，則固定投資的貨幣收益可由契約予以確定。

馬歇爾準地租理論的一些方面應當被更仔細地考慮。① 稱呼固定投資的收益為準地租是否合適就是一個問題，因為，嚴格地說，這些收益和土地收益並不是（如馬歇爾所說）完全平行的。準地租是決定價格的，無論對企業家還是對社會來說都是如此（除非機器另有用途，等等），而土地地租只對整個社會來說才是決定價格的。

其次，在適當衡量固定設備的一個要素的總產品上存在某些困難。生產要素（固定的和流動的）的比例在相對短的時間內是可以變動的，但是，這不是一個滿意的分析。報酬遞減規律的前提是完全自由，以適應所有其他要素的變化。然而，完全重組顯然要受現有資本投資的支配。如果完全重組可能的話，一種固定資源的短期邊際產品一般會少於其長期邊際產品（特別是在固定設備以低得多的效能運行時）。這條論證路線認為，準地租分析必須基於那樣一種思路：假定某些生產系數的固定性是暫時的（而且是遞減的）。②

在工資中也能發現一個與準地租同種的要素。這個理論被謹慎地擴展到所有專業勞動者的工資（第570頁特別重要），③ 而且，無論從社會觀點還是從勞動者的觀點來看，這個結論與一般理論都是一致的。沒有強調工資中準地租的重要性，可能是馬歇爾想把價值最終地置於實際成本和（慾望）滿足之上。④

勞動及其供給

馬歇爾對勞動的定義是緊隨杰文斯的：「我們可以這樣定義**勞動**：勞動是任何腦力或體力的努力，部分地或全部地以獲得某種好處為目的，而不是以直接從中獲得愉快為目的。」（第65頁，又見第138頁註）這個定義與杰文斯定

---

① 比較 R. S. 梅里安有趣的評論：準地租 [M] //經濟學解說. 紐約，1936：317-325.

② 生產系數固定性的大小取決於固定設備的可分性，及其對所使用的可變要素變化量的接受程度。比較我（原書作者）的論文：短期的生產和分配 [J]. 政治經濟學雜誌，XLVII (1939)：305-327.

③ 然而，可以肯定的是，「整個（工資的）大部分」是「勞作的真正報酬」，只有少部分是準地租（第622頁）。難以想像能說服不願相信這個觀點的人，無論是批評還是維護這個觀點。

④ 特別著重強調了準地租理論能用於說明「異常天才」的報酬（第577-579頁）。然而，馬歇爾在這裡拋棄了針對某個行業個人的觀點，並且指出，如果這個行業想確保足夠的雇員，它就應當保證提供較多的收益，以抵消個人的失敗。這個論證用於整個行業集團沒有多大意義。它只對「真正的或『長期的』正常」情況是適用的，當然，在這個時期不存在**任何**一種準地租。

義的區別僅在於所需要的努力不是「痛苦」，因為，如馬歇爾所說，一方面遊手好閒是痛苦的，另一方面所有勞動都能賦予勞動者某些快樂。這個定義，如馬歇爾不可避免地加以限制的那樣，是有「伸縮性」的（第 65 頁註）。但是，它的伸縮性似乎太大了，因為它也許把成人的大部分深思熟慮的遊樂活動都包括在內了。重複地說，除了依據需求條件以外，勞動是不可能被定義的——而且這對其他所有生產性服務都同樣適用。

如果我們重新開始，則所有勞動便都是生產的，如果它生產效用。但是，「一種幾乎牢不可破的傳統迫使我們把這個詞（生產的）的中心概念看作是同滿足未來的而不是現在的需求相關」（第 65-66 頁）。儘管馬歇爾為這種區別尋求平淡的基礎（第 65 頁，又見第 138 頁註），但是，它還是大體上同其哲學中的清教徒式的因素相一致。① 但是，儘管在字面上非常忠於古典派，但馬歇爾沒有使用這個概念。

勞動的供給是嚴格按照杰文斯分析的路線來決定的。勞動的邊際效用是每日工作時間的增函數，而且它最終等於並超過獲得產品的邊際效用。

如杰文斯所說，著手工作前往往有一些阻力要克服。開始工作時往往要做一點令人痛苦的努力；但這種努力會逐漸減少到零，而且繼之以愉快；這種愉快在短時間內是增進的，直至達到其最大限度；然後又逐漸減少到零，而且繼之以日漸增大的疲勞和對休息與變化的渴望（第 141-142 頁，又可參看第 330、527-528、844 頁）。

勞動的供給價格，就是足以引起各種勞動量的產品量（第 142 頁）。② 由分工及社會的組織生產對這種類型的分析提出的問題，很少受到注意。③

至於勞動的長期供給曲線，馬歇爾理論的可行性甚至更小。儘管據說《原理》第 6 篇是必要的，主要是因為「人類成長並參加工作不能依據與機器、馬匹或奴隸一樣的原則」（第 504 頁），還是要確定勞動量（即勞動者人數和質量）及其工資率的重要的基礎關係（第 529-532 頁）。這兩個變量之間的聯結，可以從工人階級（值得讚揚地）迴避非生產性開支、使增加的收入

---

① 「一國的真正利益通常是這樣增進的：放棄獲得暫時奢侈的慾望，以便致力於獲取那些較為堅固和持久的資源，這些資源將有助於產業的將來工作並將從各方面使生活更為豐富」（第 66 頁）。

② 馬歇爾沒有告訴我們如何衡量勞動供給。他也許會用產品作為尺度。

③ 不過，可以比較一下馬歇爾對龐巴維克批判負效用理論的回應，見本書第 85 頁註。

用於生產性消費或人口的增加看出來。

要著重提一下對勞動作為一種生產性服務的特質所做的精彩討論（第6篇，第4章、第5章）。勞動生產的資本市場的缺乏、改變專業化勞動需要很長的時間、勞動者與其服務的不可分離等，多多少少都是真的，儘管這些方面的重要性在迅速降低。損耗性不是勞動的特質，像馬歇爾實際上承認的那樣①，勞動者在交易中相對不利是一個很狹窄的概括，它主要限於「最低等級的」勞動。

企業家——在這方面最好注意到企業家，他們的收益是「利潤」。馬歇爾追隨古典派，認為利潤是對企業家投資的利息、高級管理的工資以及一種含混不清的剩餘利潤。他還給後兩者冠以「管理報酬」的名稱（第74、313頁）。

高級管理工資中的第一個要素的名稱，恰如其他任何工資一樣（特別對股份公司管理者來說是這樣）：「一般來說，我們可以做出結論：天賦才能的稀缺、工作所需的高昂的特別培養費用，對管理的正常報酬的影響和對熟練工人的正常工資的影響是一樣的。」（第608頁）② 利潤的這個要素是一種生產成本，如同第二個要素一樣（第605-606、618-619頁）。

管理者報酬的最後一個要素是基於馬歇爾試圖（儘管是相當微弱地）將它提升到第四個生產要素地位的組織。組織「具有多種形式，即：單一企業組織，同一行業的各種企業組織，相互有關的各種行業組織，以及對全體公眾提供安全保障和對許多人提供幫助的國家組織」（第139頁）。所有這些定義以各種方式被補充。組織提供的方法「將各種適當的經營能力與必不可少的資本結合起來」（第313、606頁）；還能承受風險（第612-613、620頁）以及建立「企業聯繫」（第618頁）和「親善關係」（第625頁）；最後，組織似乎等同於「企業家的傑出才能或美好未來」（第624頁註）。對這些特質難以進行數量的衡量，但是馬歇爾常常論及組織的供給價格。

---

① 「不過必須記住，物質生產要素的工作力（the working power）很多也具有這種損耗性；因為停工無法賺取的大部分收入就完全損失了。」（第567頁）

② 還可參看：《工業經濟學》（第2版）第142頁：「一個製造業者的管理報酬代表了他的工作加到資本和工業總產品上的增加值；它們與對勞動為生產提供幫助的有效需求是相符合的，正如勞動者的工資與對勞動的有效需求相符合一樣。」

資本理論

資本概念

馬歇爾對資本本質的分析集中表現了他的方法論特點，對他的這種方法我們在本章開頭已經討論過。他最為清晰地表明了財富和資本的一致性，而且他可能認為，一種資本品實際上就是通過時間或需要時間進行生產提供服務以帶來好處的任何物品。① 但是，房屋包括在資本之內，而家具則不包括在內，「因為前者通常被世人多半看作產生收入的東西，而後者卻不是，正如所得稅委員們的做法所表明的那樣」（第78頁）。保留「財富」一詞的另一個理由是「明確的傳統」給它的（第81頁），而且這個精確的概念是那些「在習慣談話中不加考慮，甚至敘述它們就要違反普通的慣例」的概念之一（第78頁）。對於任何科學術語來說，這的確是一種沉重的負擔。

預見性和儲蓄的供給

在通過時間分配他的收入時，個人獲得回報要考慮兩個因素，假定他的收入和習慣保持不變（第122頁）。② 第一個折扣的因素是獲得未來快樂在客觀上的不確定性，這種風險要依據實際情況加以評估（第119、120頁註，841頁）。第二個折扣的因素是主觀的，它類似於對現在快樂的非理性偏好。「人類的本性是這樣構成的，以致大多數人在估計一種未來利益之『現在價值』時，通常是以我們可稱為『折扣』的形式從它的未來價值中作第二次扣除，這種折扣會隨著利益延緩的時間而增加。」③ （第120頁，又見第225、231、281、587、841頁）這兩個因素不僅影響人們的儲蓄傾向，而且影響「他們的購物傾向，而這些物品是他們快樂的持久源泉」（第120頁）。④ 在正確的資本

---

① 即：「已經表明，唯一嚴格的邏輯立場是大多數用數學闡明經濟學的那些作者所採取的立場，它把『社會資本』和『社會財富』等同起來……」（第786頁，又見第77-78、81、87-789頁）。在《原理》早先的版本中，馬歇爾對這個觀點的認可就差多了。

② 特別是後者會為了某些物品而改變，如馬歇爾所說：「……一個青年對阿爾卑斯山旅行愉快的折扣率是很高的……他寧願現在就能有這次旅行，一部分因為現在這會給他大得多的快樂。」（第121頁註）

③ 在《原理》第一版有如下段落：「在一個文明國度裡，大部分明智的人，與現在享樂相比，都會低估未來享樂的價值，儘管不是低得很多；他們要為未來打一個適當比率的折扣。」（第153頁）埃杰沃斯反駁這個論證，大概沒有成功，他認為「利息的客觀要素是一個適當的解釋」。參看：《馬歇爾紀念文集》，同前書，第9頁。

④ 這個論證可以數學方式加以表述（第841頁）。如以 r 表示某人現在對未來物品的偏好，h 是未來快樂，p 是它的客觀可能性，時間是 t，則 h 的現在價值就是 $ph(1+r)^{-t}$。

定義下，以收入購買耐久物品就是一種儲蓄形式。

持久的未來享樂將以同樣的方式打折扣。① 馬歇爾指出，推理的主觀折扣不需要自始至終都是一致的（第132頁註，841頁）。個人可能對此後兩年的享樂不打折扣，而後來的折扣率可能變得很大。假定一種一致的時間偏好率，換句話說，就是假定人們的非理性是合理的。

人們很少注意到未來享樂的主觀折扣的決定力量。「社會和宗教約束力」被說成是一個重要原因（因為或急速或緩慢的累積）。但是這個論證沒有被接受（第225頁）。對儲蓄的討論多半集中於客觀因素，例如安全的增強和合適投資機制的發展（第226-227頁）。不過，這些因素只能作為一種制度背景，「因為，家庭的影響畢竟是儲蓄的主要動力」〔第227頁，又見第228頁（特別重要），533頁〕。儘管注意到了各種例外情況（第120、241）頁，對現在物品的主觀偏好還是蓋過了家庭影響和社會約束力，甚至在現代社會還存在對現在物品的純粹偏好（第140、224、232頁）。利息就是儲蓄的必要供給價格。②

一般來說，提高利息率會導致儲蓄增加。「（利息）率提高會增加儲蓄的**願望**；它也常常增加儲蓄的**能力**，或者寧可說它通常是我們的生產資源效率提高的一種表徵……」③（第236頁）馬歇爾在這裡和別處（第229頁）暗示說，利息是儲蓄的主要**源泉**之一，而且這是儲蓄和利率之間確實的唯一重要的直接關係。馬歇爾對利率對儲蓄願望的影響的關注是傳統的，但也許被誇大了。

但是，即使新**儲蓄**額是利率的函數，也不能說**資本**的供給是以這種方式進行的。這是因為，如馬歇爾慎重指出的那樣：「必須記住，每年投資的財富是現存資本的很小一部分，因此，即使儲蓄年率顯著提高，資本在一年間也難得有可覺察的增加。」（第236頁；又見第534頁）

---

① 用上一個腳註的符號，在 Δt 時間內，從現在到 T，Δh 快樂的現在價值將是：

$$\int_0^T p(1+r)^{-t} \frac{dh}{dt} dt$$

② 我們可以把資本利息說成是為等待享用物質資源而做出犧牲的報酬，因為沒有誰會沒有報酬地大量儲蓄（第232頁）。

③ 馬歇爾反復說到對此法則的眾所周知的例外，其中包括：如果追求一份固定的收入，則利息率越高，儲蓄就越少（第235頁）。但是，不常觀察到的一個因素卻緩和了這種例外：為了保障既定收入而需要儲蓄越少，更多的人將從事這種項目，受歡迎的收入將更高。在較早的《工業經濟學》（第2版）第41頁註中，馬歇爾把這一點歸之於薩金特的《近代政治經濟學》（倫敦，1867年）。

生產性和資本需求

如果預見性是儲蓄供給的決定因素，那麼生產性就是資本需求的決定因素。「對資本的主要**需求**來自它的生產性，來自它所提供的服務，例如，紡織羊毛比光用手工來得容易，使水能在需要的地方自由流出代替人工提送⋯⋯」（第 81 頁，又見第 82 頁註，233、519-521、580-581 頁）。在這種對生產借貸的一般需求之上，還必須增加「浪費者和政府」對消費借貸的需求（第 521 頁），或者，寧可說，應該從這種供給中減去這種借貸。

每個企業的資本需求決定於單位資本加到該工廠總產品上的增加量。「一部機器的收益有時可以用給工廠增加的產量來評估，而這種效果在一些場合又不會引起任何額外的開支。」①（第 519 頁）新投資的純產品一般來說遵守報酬遞減規律，儘管這一點更多的是借助於圖解來確立的，而不是通過報酬規律對資本的任何明確的應用而確立的〔第 411，474（重點），519-521 頁〕。

對投資過程性質的考察很簡略。可以明確的一點是：資本的生產性只是用其產品超過必要維持費用和重置成本的餘額來衡量的（第 61、79、172、354 註、519、523 頁）。馬歇爾對一般原理做了如下簡潔和正確的解說：

各種支出要素從它被使用到它結出成果之間的期間勢必是累積的；這種累積要素的總額就是相關企業的總支出。各種努力和它們所產生的滿足可以結算到我們認為相宜的任何一天。但不論選擇的是哪一天，一個簡單的準則是必須遵守的：從那天以前的時間開始，每一要素，不論是努力，還是滿足，都必須給它加上這個時期的複利；而從那天以後的時間開始，每一要素都必須具有這個期間從該要素折成的複利。如果那天是企業開張的前一天，則各種要素都必須折成現值。②（第 353 頁）

當然，這是企業家進行資本核算的合適形式。在這個核算中，個人的利息

---

① 對限制條件（「有時」和「在一些場合」）的表述，源自馬歇爾認為難以衡量個別要素的純產品的觀點，在後來的分析中，這個觀點則基於他的有限的替代概念。參看本書第 12 章。

② 這個論證在數學附錄 XIII 有清晰的表述（第 845-846 頁）。用上述腳註 87 的符號，一個項目的打折的收入是 $H = \int_{T'}^{T} p(1+r)^{-t} \cdot \frac{dh}{dt} \cdot dt$，其中 T' 是完成日期，T 是項目開始之日。如果 Δv 是 Δt 建設期間努力（或成本）的要素，那麼，建設成本總額是：$V = \int_{0'}^{T'} 0(1+r)^t \cdot \frac{dv}{dt} \cdot dt$，它等於均衡時的 H。一個有趣的應用是估算一個移民的資本價值（第 465 頁註）。

率是已知的，而且不變，依照這個比率，如果累積的成本等於折算的收入，那麼「企業剛剛夠本」（第 354 頁）。

馬歇爾沒有將這種分析形式應用於整個社會，否則，他就不會說，它「不可能被納入利息論，同樣（邊際生產率分析的類似應用）也不可能被納入工資論，才能不陷入循環推理」（第 519 頁）。對個人來說，如果建設期間的利息忽略不計，那麼邊際生產率論就會陷入循環論。因為利率 r 被定義為一個不斷的純收入流 A 與資本價值 C 的比例，即 $r=A/C$。但是，C 涉及建設期間的利息，而且有兩個未知數，只有一個方程式。如果成本和收益用收入流表示，r 作為未知數，這個困難當然就消失了，循環論證也隨之消失了。

可能注意到了，討論利息僅僅涉及流動資本基金。

利息率是一種比率，它所聯結的兩種東西是兩筆貨幣額。如果資本是「自由」的，而這筆貨幣額或它所支配的一般購買力又已知，則它的預期純貨幣收入可以立即表示為同那筆貨幣的一定比率（4%、5%或10%）。但是當自由資本已經投在某特定東西上面，它的貨幣價值，除非把它將提供的純收入資本化，照例是無法確定的。因此，支配它的原因是和支配地租的原因在或大或小程度上是類似的。（第 412 頁）

最後，對馬歇爾的長期利率論再說幾句話。像在勞動和工資的場合一樣，我們發現儲蓄——帶著上面已經指出的許多限制條件——在功能上與利率聯繫在一起。因為每年儲蓄在任何時候都只占現有資本一個很小的比例，「所以，對資本需求的大量增加，一般來說，在短期內由供給增加滿足者少，由利率提高滿足者多……」（第 534 頁）但是，最終，「利息傾向於一個均衡水準，使得該市場在該利率下對資本的需求總量，等於在該利率下即將到的資本的總供給量」。（第 534 頁）

這個利率招來了兩種基本的批評。利率和儲蓄之間的函數關係是一種模模糊糊的經驗事實。[1] 但是，即使承認這種關係，他的利率也是過於簡單了。他沒有看出，儲蓄的累積性質（即儲蓄每有增加，都會容易使儲蓄再增加）和儲蓄對投資的影響，不過是一個問題的兩個方面。[2]

---

[1] 馬歇爾確實沒有考慮可逆的關係，即利率下降減少了資本增長率，而不是增長量。參看第 235-236 頁；又見：《工業經濟學》（第 2 版），第 125 頁。

[2] 參看：F. H. 奈特：《競爭倫理學》，同前書，第 183 頁。

第五章　弗朗西斯·Y. 埃杰沃斯

在我們考察的時期內，沒有哪位經濟學家能比弗朗西斯·伊希德羅·埃杰沃斯更不可思議和豐富多彩的了。① 他是各種才能的奇妙結合：就學養來說，他是一個古典主義者（在字面意義上）；就愛好來說，他是一位數學家；就其表現來說，我們必須說，他又是一個經濟學家和統計學家。他的頭腦和筆觸迅速而又順當地從馬歇爾轉向亞里士多德，從西奇威克轉向托德亨特，而後又通常不留痕跡地回到馬歇爾。埃杰沃斯的高雅和非正統風格，綴以出自純文學的精心選擇的引語，在經濟討論中確有罕見的魅力（和困難!）。他從不長久地停留在某一點，他的敏銳的高度分析的頭腦觸及了大多數重要的經濟理論問題。他很少留下某種原創性的意味深長的觀點，他差不多常常（哎呀!）滿足於直接轉向新的問題，而人們此時還沉迷於他的新穎或疏漏的魅力之中。「……當我進入一個迅速考察進程時，我時而拔掉有害的雜草，有時播下可能發芽的種子。」②

其次，埃杰沃斯無疑是其同輩中真正的世界主義經濟學家。他通曉當時美國、德國、法國、荷蘭和義大利的經濟學，並對英國古典理論有深入和充滿同情的把握。不過，儘管他非常博學和富有個性，我們還是必須把他看作（他自己也這樣看）馬歇爾的學生。前者未能道明之處，必是後者說出來的東西。對馬歇爾的極度崇拜，而且，就此而言，對「高級權威」的崇拜，深深地影響了埃杰沃斯自己的理論。他沒有認識到，如凱恩斯告訴我們的那樣，註解像

---

① 參看：凱恩斯. 弗朗西斯·Y. 埃杰沃斯 [M] //傳記論文集. 紐約, 1933: 267-293；庇古. 埃杰沃斯教授的論文集 [J]. 經濟學雜誌, XXXV (1925): 177-185.

② 有關政治經濟學的論文集 [M] // (倫敦, 1925), Ⅱ, 370 頁；又可參看：Ⅱ, 第 300 頁。以下引文均出自該書，除非另有說明。這些論文皆寫於 1889—1917 年；年份會在相關處指出。感謝麥克米倫公司應允我引用該書。

大多數有用的商品一樣，不是免費的物品。

部分因為對權威的崇敬，埃杰沃斯完全沒有就一般理論問題寫出什麼東西。他的值得注意的論文《分配理論》就是一個典型。這篇文章更多的是評論許多同時代人或前輩的觀點，而不是提出他自己的分配理論。將非常零碎的觀點加以匯總，是一項吃力不討好的任務。下述事實使這項任務不能被簡單化：他寫作的對象是專業經濟學家，而不是馬歇爾主義者，他不是對著這個「聰明的凡人」而來的。人們通常必須對埃杰沃斯的著述加以解釋和補充，否則它們常常是難以理解的。

埃杰沃斯的大部分重要著作不在我們的研究範圍之內。他關於壟斷、賦稅和國際貿易的許多內容廣泛而十分精彩的作品都要被排斥在外。我們必須滿足於他關於資源配置的零碎片斷、對報酬規律的透澈分析以及對分配理論的許多解說。

成本的性質；資源配置

埃杰沃斯追隨古典傳統，強調真實成本。關於勞動，他幾乎完全接受了杰文斯關於個別勞動者的勞動供給曲線分析，即：在均衡狀態下，勞動的邊際效用等於產品的邊際效用（Ⅰ，第32頁極為重要；Ⅱ，第278-279頁，第297頁特別重要，338頁；Ⅲ，第32頁、第59頁特別重要）。① 不過，埃杰沃斯明確承認這個學說應當受到若干限制。

第一個限制來自這個事實：對典型的現代工人來說，他不可能自由地改變他的勞動量（Ⅰ，第36-37頁；Ⅲ，第60頁特別重要）。② 在機械化生產條件下，每個人通常必須按工廠規定的工時工作，從而對杰文斯理論的有效性形成了一定的限制。但是，埃杰沃斯根據某些理由，認為該理論受到的傷害很小。勞動者可以改變他的職業；計件工資提供了更大的靈活性；某一特定勞動的供給受到教育和培訓成本的影響；最後，即使在工時固定情況下，勞動者所實施的勞動量也可能改變。

埃杰沃斯對杰文斯理論的論證是中肯的，但不能完全令人信服。按照痛苦（或選擇）成本理論，只有在不改變單位生產努力的工資的條件下，在各種職

---

① 又見：埃杰沃斯. 數學心理學 [M]. 倫敦，1881：65-66、140.
② 參看本書第185張.

業之間實現轉換才是可行的。而且，這還要做許多假定（一般來說這不會是真的），其中特別是勞動者的消費在他的新職業中仍然保持不變。這樣一種報酬制度只是一種局部的例外，因為隨著生產的機械化，勞動者在單位時間的產量基本上被標準化了。最後兩點，即教育成本和努力的實際的變化，是一個事實問題——遺憾的是，這種經濟事實是不可靠的。它們都不重要。

杰文斯理論的第二類不確定性，來自埃杰沃斯追隨凱恩斯之後祈求於工業競爭，或者各種職業間的競爭（Ⅰ，第18頁特別重要）。埃杰沃斯的痛苦生產成本理論要求勞動者使所有職業的邊際吸引力均等化，如同他將所有商品的加權邊際效用均等化一樣。不過，眾所周知，沒有人能為兩個主人服務——只有數理經濟學要求有 n 個主人！但是，作為分工條件下的一種幾乎普遍的現象，勞動者只能在一個職業中工作，因而難以見到各種職業的邊際利益（或者它的對應物邊際負效用）能夠均等化。這樣一來，痛苦成本和選擇成本理論就倒塌了。他沒有提供真實答案，只不過暗示說，這個問題可以經由比較各種勞動的負效用來克服。[①]但是，現在已經確知，比較不同人的主觀量甚至在概念上也是不可能的。於是，埃杰沃斯的痛苦成本理論也就留不下什麼東西了。

反效用理論還應用於儲蓄，埃杰沃斯（追隨馬歇爾）認為，均衡條件要求節欲的邊際效用與儲蓄的邊際效用（即利息）相等（Ⅰ，第44頁註），這一點將在下面聯繫分配理論做進一步探討。

選擇成本論，如同應用於生產資源的**供給**的決定一樣，也被應用於生產資源的配置。這一點在埃杰沃斯的著述中，像在馬歇爾的著作中一樣，有強烈的暗示，但是幾乎沒有提出明確的說明。在如上所述的負效用理論中，埃杰沃斯暗示說，邊際負效用將相等，因為假定類似的勞動者會有類似的效用表。與土地類似，「耕作邊際」對用於各種用途的土地應該是相同的（Ⅱ，第78、80、219頁）。他將比穆勒所說更廣的範圍歸因於土地的各種競爭性用途：發現「在獲利性上沒有可比性用途的土地，這是一項非同尋常的條件」（Ⅱ，第219頁）。埃杰沃斯事實上認可了工業競爭的趨勢，這相當於確認資源在各種用途之間移動，直到在每一種用途上獲得相等的報酬（Ⅰ，第18頁極為重要；Ⅱ，第5頁，第78頁極為重要）。

[①]「……價值和分配理論涉及不同職業的純收益相等，這種理論至少認為，如果它不要求比較不同個人之間的福利。」（Ⅱ，第475頁）

報酬法則

埃杰沃斯的報酬法則分析是他對經濟理論最重要的貢獻之一。在他於1911年做出報酬分析之前，經濟文獻關於這些法則的討論實際上是很混亂的（Ⅰ，第61頁特別重要，又見第151-157頁）。來自不同生產要素的產品成比例增長和按比率增長被看成是增量增長的同義語，即使馬歇爾和維克塞爾這樣謹慎的專業經濟學家也不例外。為數不多的能幹的理論家看來都在熱心於使用各種可能的方法，而這些方法卻誤用了各種普通的關係。

埃杰沃斯認可兩種基本的報酬遞減概念和定義。第一個概念是邊際收益，它更多地同**最大化**理論直接相關；第二個概念是平均收益。自從真正「發現」報酬遞減法則以來，這些概念一直被用作同義語，儘管稍加考慮就會揭示兩者的區別。①

報酬法則最初的定義基本上是這樣的：「當連續應用兩份等量劑（dose）的生產力時，由於第一劑帶來的增量少於第二劑帶來的增量，說明存在報酬遞增法則；相反的情況則是報酬遞減，即第一劑帶來的增量多於第二劑帶來的增量。」②（Ⅰ，第63頁）

表2③　　　　　應用於一定土地的不同數量勞動和設備的報酬

每日勞動 （以班組和工具）	總收成 （蒲式耳）	由後續劑帶來的增量
2	0	0
5	50	50
10	150	100
15	270	120
20	380	110
25	450	70
30	510	60

---

① E. 威斯特爵士相信，這兩個定義是一樣的（Ⅰ，第70頁註）。埃杰沃斯在寫他的論文以前也是一直混同這兩個定義的。參看：政治經濟學中的數學方法［M］//帕爾格雷夫政治經濟學辭典. 倫敦，1923；Ⅱ，711；論文集，Ⅱ，第65頁。

② 埃杰沃斯應當一直在約定：各個單位的生產力是同質的。

③ 《論文集》，Ⅰ，第63頁。

報酬遞減開始起作用的那一點（根據埃杰沃斯的說法）由表 2 有下劃線的數字表示，即第 3 劑 5 單位①的增量之後。②

這個法則的第二種形式即平均形式更為普遍：「……當所使用的單位生產力的**平均**產品增加時，報酬遞增法則起作用……；報酬遞減法則出現在相反的場合。」（Ⅰ，第 67 頁）這個定義與最初的概念是不符合的，這可以從表 3（也是根據埃杰沃斯的說法）看出來。表 2 中的劑量較大，而表 3 將其分成了單位增量。若使用增量概念，報酬遞減出現在第 16 劑的資本和勞動；若使用平均概念，則出現在第 21 劑。表 2 由於每一劑所包含的單位數較多，按照任何一種定義的報酬遞減均出現在相同的地方。

表 3③　以小劑量應用於一定土地的不同數量的勞動和設備的報酬

每日勞動 （以班組和工具）	總收成 （蒲式耳）	歸於後續劑的 增量	每日勞動的 蒲式耳
……	……	……	……
12	195	23	16.25
13	219	24	16.85
14	244	25	17.43
15	270	26	18.00
16	295	25	18.44
17	319	24	18.74
18	341	22	18.94
19	361	20	19.00
20	380	19	19.00
21	398	18	18.95
……	……	……	……

在第一或最初意義上，該法則可概括為對下述場合的陳述，在這種場合，各個後續劑的數量大小不等（Ⅰ，第 66-67 頁）。一般來說，「……成本的最

---

① 一劑包含 5 單位。第一劑增量是 5，第二劑是 10，第三劑是 15。（譯者註）

② 可解析如下：y 是產品，x 是變動的生產力數額，報酬遞減可由下列條件定義：$\frac{dy}{dx} > 0$ 和 $\frac{d^2y}{dx^2} < 0$。

幾何圖式是：總產品曲線凹向 X 軸，即圖 XII 中超過 B 的區域。

③ 為使前後更為一致，這裡對採自埃杰沃斯的數字稍微做了一點調整。

後增量與產品的最後增量的比率,大於成本的倒數第二增量與產品的倒數第二增量的比率時,成本遞增或報酬遞減法則成立……」①(Ⅰ,第66頁註)代數式強調了這個定義。以 x_0、x_1、x_2 表示可變要素的不同數量,而且 $x_0 < x_1 < x_2$。如果 $f(x)$ 是總產品,則當下述不等式成立時,報酬遞減出現在 x_1:

$$\frac{x_2 - x_1}{f(x_2) - f(x_1)} > \frac{x_1 - x_0}{f(x_1) - f(x_0)}$$

如果 x_0 和 $f(x_0)$ 設定為零,則第一個定義就可包含第二個定義,不過,「程度的差別相當於種類的差別」。我們可以稍微推遲一下埃杰沃斯對第一種定義優點的證明②,先順便指出一個非主要之點。

請注意,表2和表3可以很容易地從實物單位轉換為通貨單位(Ⅰ,第68-69頁)。如果產品和生產資源的價格不變,那麼這只涉及兩個變量(產品和勞動-資本)與不變價格的乘積。圖7顯示了這種場合的均衡。OBCD 現在描繪了以貨幣表示的成本③;OA 表示收入。在競爭條件下,資本-勞動將被雇傭到這一產量,在這個產量上和總成本的切線與收入線(OA)相平行,或者,用更現代的術語,在這一點上邊際成本等於邊際收入。

埃杰沃斯認為第一個定義的優點主要在於它「是最大化的標準」。第二個報酬遞減法則定義並不總是一種誤導;在一些重要場合,第二種標準也不會偏離第一種標準。他指出這些場合是:

(1)第一種意義的報酬遞減可能分佈在生產曲線的所有各點上;第二種即平均意義的報酬遞減也出現在所有各點上(Ⅰ,第70頁)。④ 不過這種情形

---

① 作者還提供了另一個幾乎完全一樣的定義:「……在使用兩劑生產力(一般來說並不相等)時,由於使用這兩劑而帶來的產品的增量僅使用第一劑所帶來的產品增量之比,大於這兩劑之數額同第一劑之比率,則報酬遞增成立;反之,如果前一比率**小於**後一比率,則出現報酬遞減」(Ⅰ,第66頁)。這兩個定義的不一致,可以用正文中使用的符號重新表述這定義來說明。也就是說,報酬遞減出現在 x_1,當:

$$\frac{x_2 - x_0}{f(x_2) - f(x_0)} > \frac{x_1 - x_0}{f(x_1) - f(x_0)}$$

不等式左邊的數字不同,但是會得出相同的數量結論。這來自這個事實:$x_0 = x_1 - \Delta x$。於是不等式左邊的數字可寫成:$\frac{x_2 - x_1 + \Delta x}{f(x_2) - f(x_1) + \Delta f(x)}$。與 $\frac{x_2 - x_1}{f(x_2) - f(x_1)}$ 相比,報酬遞減時,前者將更大,因為 $\frac{\Delta x}{\Delta f(x)}$ 較大;反之,就是報酬遞增;報酬不變時,兩者相等。

② 儘管幾乎所有的美國當代經濟學家都讚成平均概念,如瓦爾克、布洛克、卡弗和塞利格曼。
③ 即:縱軸乘以變動要素的價格。忽略了固定成本,不過,它們的加入不會影響產量。
④ 這種場合要求總生產曲線從原點開始。

不總是真實的（見下文）。

（2）在完全競爭條件下，這個變動的資源量將被使用到報酬遞減的兩種形式都有效時為止，即使在開始時出現過報酬遞增。圖 7 橫軸表示產出單位，縱軸表示可變要素單位，B 點表示第一種意義的成本遞增，而第二種意義的成本遞增則在 C 點。如果價格已定（即 OA 的斜率已定），可以想像得到 B 和 C 之間的一點可以有一個切點與總收入或價格相平行。「但是，這個條件將被發現暗示著生產總收益小於總損失；這在正常情況下和長期內是不合理的。」①（Ⅰ，第 71 頁）

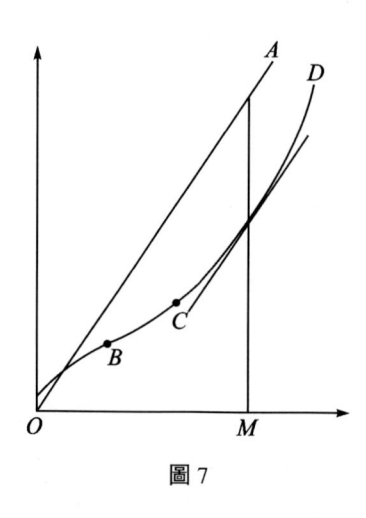

圖 7

（3）在壟斷條件下，它可能在 B 和 C 之間的某一點上起作用，而且第二種定義「變得更加重要了」。政府可能補貼一家運河公司的「一般開支」，或者極度競爭的鐵路可能「被迫為生存而努力，而對以往的建設費用不予考慮」（Ⅰ，第 72 頁特別重要）。埃杰沃斯在這一點上是不明確的。在短期之內，經常性或固定的開支不影響邊際成本。但是在長期內，所有成本肯定會發生變化。隨後我們將對這個問題作一般性討論。

然而，基於幾方面理由，可以說增量定義有其優越之處。即使在第三種即賣者壟斷場合，第二種定義在數量上也沒有偏離最初的定義，因而，把平均收益作為壟斷產量的標準是錯誤的。②（Ⅰ，第 72 頁）在多種生產要素的例證

---

① 沒有給出明確的證據，但可以簡單加以說明。在圖 7 中 B 和 C 之間（相當於但不等於表 2 中的 15 劑和 20 劑之間），平均成本大於增量成本，因而等於與 $OBCD$ 沿著這個區域的切點的價格（等於增量成本）將不能涵蓋平均成本；廠商將虧本經營。

② 埃杰沃斯還把最初的定義列為優先，因為國家壟斷在追求「集體消費者剩餘」最大化。

中，兩個定義可能給出數量上不同的答案，儘管分別相對於每種要素來說，產量顯示了報酬遞減（在第一個定義的意義上）。①

埃杰沃斯對兩個定義的陳述基本上是正確的，但他的解釋太令人不可思議了。儘管他做了很多暗示，但他從未堅定地斷言平均報酬不應被用於短期分析。因為他從未提供一個簡單的證據，說明這樣使用平均報酬分析將總會導致資源的錯誤配置。他在語言（而不是分析）上的模棱兩可，可能意在調和，因為當時絕大多數經濟學家都在使用這個平均概念。

報酬遞增和遞減法則的適用性是埃杰沃斯討論的第二個論題。他正確地指出，在一定的限制條件下，遞減法則適用於所有的工業，而不僅僅限於農業——而後面這種看法在當時還是很流行的（Ⅰ，第79-80頁）。但是，埃杰沃斯又質疑這個理論的普遍性。埃杰沃斯斷言，這個原理是自明之理，這一點沒有得到認同；人們必須做出進一步的限制，即「我們完全可以採取大額的劑量」（Ⅰ，第80-81頁）。不過，要素的不可分性被暗示為出現遞增報酬的基本原因，但他沒有繼續追蹤這個思想，卻轉而論述了遞增報酬的許多場合（Ⅰ，第81-84頁）：

（1）「……有些東西的生產必須是大規模的，例如鐵路。生產任何報酬所要求的巨額最低限度費用，竟可被視為沒有生產回報……」

（2）「……規模有利於增加各個部分，從而促進『合作』……（或）『組織』……」

（3）各種要素相互比較，它們的變化是不連續的。②

（4）亞當·斯密提出了分工的三大優點。

---

① 可以用生產函數來說明這個論證：
$$z=9x-5y-3x^2+4xy-y^2$$
這裡，$\dfrac{\partial^2 z}{\partial x^2}=-6<0,\quad \dfrac{\partial^2 z}{\partial y^2}=-2<0,$

這樣，對每個要素分別來說，第一種意義的報酬遞減成立。同一個可變要素相類比，第二種意義的報酬遞減對於兩個要素來說顯然也成立。不過，在這個例證中報酬遞增會出現在一定的產量上，如果兩種要素被增加到一定點，但數量不同的話。這是對的，因為第二個條件是最大化的條件，即：
$$\left(\dfrac{\partial^2 z}{\partial x^2}\right)\left(\dfrac{\partial^2 z}{\partial y^2}\right)>\left(\dfrac{\partial^2 z}{\partial x \partial y}\right)^2$$
沒有實現，因為 $(-6)\cdot(-2)<(4)^2$。詳細論證見Ⅰ，第76頁註。

② 在另外一處較詳細地討論了這個不連續變化問題（Ⅰ，第77-78頁），我們會在下面處理這個問題。

(5) 與上述相同來源的許多場合：

a. 水對船的浮力並不能成比例地增加船的承載力。

b. 刺激來自出現了眾多合作工作者。

(6) 當廠商達到足夠規模時的自我保險原理。

沒有打算讓這個表「無所不包」，但它足以讓人提出一個問題：列舉什麼？報酬法則是從一個要素變動而其他要素**不變**來描述報酬的。然而上表只有（1）和（3）適用於既定工廠的經費規模問題，而（1）其實是（3）的特殊場合。其餘各點僅僅適用於**工廠規模**的變動。（2），（4），也許還有（6），只與大規模生產的經濟相關，而同報酬理論無關。[1]

兩個相關場合，（1）和（3），顯然是基於生產要素的不可分割性。在這個假定條件下，對報酬遞增的論證是明確和正確的。埃杰沃斯解釋時所援引的例證，不僅有一部增加的廂式車這樣人們熟悉的例證，[2] 而且有第（r+1）個領班的場合，他是不會讓他手下的名額填滿的。一般來說，在獲得報酬之前就確定了一定數額的個人可變資源，將存在增加報酬的一定區間（Ⅰ，第78頁）。埃杰沃斯說，報酬遞增的區間「對要求啓動經費的許多現代工業來說是典型的」（Ⅰ，第71頁），他明確指的就是這一點。

但是，他沒有明確提到固定費用或經常費用的作用。報酬遞增（在增量意義上）源於取得任何報酬前有必要先行提供一定數額的可變要素，而不是源於固定開支的出現。[3] 在前面引述的場合，他強烈暗示說，在決定遞增成本時，一般來說，考慮了「一般性費用」和「過去的建設費用」。這顯然是錯誤的。不過，在論文最後，他說：

甚至朱庇特，像古代人說的那樣，也沒有關於未來的計劃。就像這位將軍在戰役和戰鬥中沒有嚴格按照事先預想的計劃行動一樣，主管們一直沒有提議投資鐵路，因為它的結果是幾乎得不到高出經營費用的利潤，現在則可能被力薦經營那個不賺錢的鐵路，因為少總勝於無（第一卷，第94頁）。

---

[1] 5，a 屬於上一組場合；5，b 則屬於後一組場合。

[2] 不過，他還謹慎地指出必須對這個條件加以說明，因為增加一部廂式車可能要求增加培訓等（Ⅰ，第93—94頁）。

[3] 例如，可參看：J. 瓦伊納. 成本曲線和供給曲線 [J]. 國民經濟雜誌，Ⅲ（1931—1932）：23-26.

必須用混亂來描述他未能完全區分兩種變動，一個是某工廠產量的變動，另一個則是工廠和工業規模的變動。在後一個問題即工廠規模變動問題上，埃杰沃斯沒有同馬歇爾完全區分開來，這是值得予以特別考慮的。

在埃杰沃斯對報酬法則的討論中，最後一個論題是聯合成本（Ⅰ，第84-91頁，還有第178頁）。「聯合成本」一詞描述的是這樣一種場合，在這種場合中，一種商品產量的增加減少了生產另一種商品的增量成本。「競爭的生產」則是用於相反情況的名稱。討論集中在聯合成本和遞增報酬之間分化的可能性問題上，陶西格認為有這種可能，塞利格曼則予以否認。

埃杰沃斯提出了一個微妙的幾何論證，旨在說明：聯合成本和遞減成本並不一致，但它們一般來說是相關的。可用分析形式將其詳盡分析作一簡述。以 x 和 y 表示兩種產品。以 $z=f(x,y)$ 表示兩者的生產成本。增量收益按照下述條件可增可減：

$$\frac{\partial^2 z}{\partial x^2} \overset{<}{>} 0 \quad 和 \quad \frac{\partial^2 z}{\partial y^2} \overset{<}{>} 0$$

然而，按照下述條件，聯合成本和競爭生產成立：

$$\frac{\partial^2 z}{\partial x \partial y} \overset{<}{>} 0 \ \text{①}$$

這兩組條件並不直接從屬，因此，甚至在兩種產品分別地服從於遞增成本時，在一定範圍內，聯合成本仍可能起作用。②

聯合成本和遞減成本通常是同時發生的。首先，聯合成本經營越強，則每個產品服從成本遞減的可能性就越大③；儘管反證不能成立。不過，這個重要

---

① 還提出了更一般的條件（Ⅰ，86註）：
$$f(x+\Delta x, y+\Delta y) + f(x,y) \overset{<}{>} f(x+\Delta x, y) + f(x, y+\Delta y)$$
應當指出，這個聯合成本定義不涉及下述條件，即 x 和 y 共同的生產成本小於分別生產它們的成本，也不涉及聯合生產所需要的條件。（以上三式中的< 和 >在原文中是上下並列的——譯者）

② 對於第一種意義的遞增成本來說，充分條件包括：
$$\frac{\partial^2 f}{\partial x^2} > 0; \quad \frac{\partial^2 f}{\partial y^2} > ;$$

以及 $$\left(\frac{\partial^2 f}{\partial x^2}\right)\left(\frac{\partial^2 f}{\partial y^2}\right) > \left(\frac{\partial^2 f}{\partial x \partial y}\right)^2$$

因此，$\frac{\partial^2 f}{\partial x \partial y}$ 可能是負數，但是小於這兩個二次求導產品。

③ 前面的腳註加強了這個論證。因為，如果 $\frac{\partial^2 f}{\partial x \partial y}$ 相對於其他二次導數在數量上變得更大，那麼，就會違反遞增成本（在第一種意義上）的第二個條件。

的例證是基於假定生產要素不可分割性，即各種要素數量的變動是不連續的。鐵路工業是又一個重要例證，為運送更多這種貨物所需要的設備，會減少運送另一種新增貨物的成本。埃杰沃斯可以被指責過於依靠從「反復無常的」數學案例來論證聯合成本①，他還極大地誇大了聯合成本在鐵路事業中的意義。運送越來越多的一種貨物可能減少運送另一種貨物的成本，但是，一般來說，僅僅集中於**一種**交通工具可能更便宜。

埃杰沃斯強調邊際成本遞減與競爭不相容，無論是長期還是短期。「……如果任何生產者能夠以不變的或者遞減的成本繼續增加他的供給，他就沒有什麼理由不去排擠競爭者，供給整個市場。」②［Ⅱ，第87頁，又見第88-89，436頁（特別重要）；Ⅲ，第13頁］他事實上發展了一整套現在經濟學分析中使用的成本曲線，不過，由於其中大部分曲線屬於短期問題，加之他沒有將曲線與資源配置或分配問題聯繫起來，所以沒有必要在此詳論。③ 應當注意到，埃杰沃斯接受了馬歇爾的外部經濟理論（Ⅰ，第88頁註，273頁），他還追隨庇古的理論——並接受因此而來的批評——應當對以遞減成本經營的工業予以補助（Ⅱ，第428，429頁；Ⅲ，第187頁）。④

分配理論

埃杰沃斯的卓越論文《分配理論》（Ⅰ，第13-60頁）發表於1904年，這是他關於分配理論的唯一重要著作。在這裡他繼續以往的做法，只處理新古典分配理論中有爭論的問題，而不試圖考慮整個問題。埃杰沃斯在他的作品中，特別是在關於數理經濟學的論文中，還提出了一些富於想像力的建議（遺憾的是，完全是字面上的）。在討論了他關於企業家、土地、勞動和資本的正統論述之後，我們再來考慮這些建議。

不過，我們必須首先指出埃杰沃斯討論的一個突出優點。他對分配與交換的真實關係做了精彩的說明。一開始他就提出了一個論斷：「分配是交換的一

---

① 參看本書第118頁，註2。
② 第12章將討論不變報酬場合。
③ 參看總結：「論庇古教授的某些理論」（Ⅱ，第429-449頁）。
④ 這裡不是詳論關於庇古理論爭論的適當場合；而且埃杰沃斯的立場與庇古的立場過分緊密地交織在一起，以致無法認同其個別陳述。特別參看：埃杰沃斯. 修訂的邊際社會產品理論［J］. 經濟學雜誌，XXXV（1925）：30-39。

個方面，產品通過交換被分配於為其生產做出貢獻的各種參與者之間。」①（Ⅰ，第13頁）他以「白的」和「黑的」市場為例來說明分配機制，但從未提出過明確的令人信服的論述，只有簡略的勾畫。這些一般特點在論文問世之時即為人們所知，無須在此贅述。

企業家

作為一種說明方法，埃杰沃斯在分析企業家時是按照仔細探究定義的思路展開的。考慮了四種關於企業家作用的被接受的概念：古典派的說法即資本家；瓦爾克的觀點即借入資本的經營者；風險承擔者；瓦爾拉斯提出的不為賺錢的企業家。我們將依次加以考察。

在古典理論中，用埃杰沃斯援引穆勒的話來說，資本家是「這樣一些人，他們從自有基金中支付勞動者的工資，或在工作中支持他們；他們提供所需建築物、原料、工具或機器；通過契約條款，產品歸屬他們，並且聽任他們處置」。他們的報酬一般來說被認為等於資本額與利潤率的乘積。但是，這個理論同李嘉圖的地租理論並不是很一致的，因為「正如西季威克所說，沒有適當理由可以期待『管理的報酬』和利息對不同規模的資本會傾向於同一比率」（Ⅰ，第17頁）。②邊際生產率論事實上不適合解釋企業家的活動（在古典派的定義下），因為這些活動不是變動不定的許多單位在市場上的買賣，像該理論所要求的那樣（Ⅰ，第17頁）。儘管古典派理論恰好足以支持從中得出的「實際後果」，但是從理論觀點來看，這種解釋是不適當的。

第二個即瓦爾克的概念是完全不能令人滿意的（Ⅰ，第17-22頁）。因為在對借入的資本支付利息後，存在某種剩餘，它由地租和企業家的純收入所構成，其中歸於企業家的部分要取決於兩種類型的競爭：

(1) 商業競爭，或者追求一種安排，使其在既定行業內的利潤最大化。
(2) 工業競爭，或者選擇最有利可圖的行業。

第一種競爭導致每種要素使用到每單位邊際產品等於其成本之點。埃杰沃

---

① 埃杰沃斯常把國際貿易理論應用於若干資源或資源所有者。不過，對我們來說，現在去追蹤這些應用就離題太遠了。參看：Ⅱ，第19, 376-378頁等。
② 可是他先前的觀點是相反的。見《數學心理學》，第33頁。

斯在這一點上已經接觸到了一般邊際生產率論。在一個腳註中他提出了一個易於導出一般結論的方程式（Ⅰ，20頁註）。令 P 為純產品；$f(a,b,c)$ 為總產品；π 為產品價格；P_a、P_b 和 P_c 分別表示要素 a、b 和 c 的價格；企業家追求最大化：

$$P = \pi f(a,b,c) - a\,p_a - b\,p_b - c\,p_c$$

條件是每個生產要素服從報酬遞減。① 該方程式暗含的答案顯然是：

$$\pi = \frac{p_a}{f_a} = \frac{p_b}{f_b} = \frac{p_c}{f_c}$$

但是，以上論述明確表明，這個理論僅在解釋企業家如何最大化其收益，以及如何將其從總產品中分離出來是有用的；利潤仍然是剩餘。論證的下一步，就是指出企業家的努力是可變的，並將增加到產品增量效用等於其努力的增量反效用的那一點。

一旦引進第二種形式的競爭即工業競爭，則不同行業的吸引力將平均化。企業家取得的報酬類似於勞動報酬，「從一定的觀點來看，它無疑也適用於政治評論家和哲學家」（Ⅰ，第20頁）。但是，埃杰沃斯讚同地援引陶西格的觀點，認為對企業家的分配機制，從實用的目的來說差異太大，難以像其他份額那樣處理利潤。因此，這個第二種思路是更不能令人滿意的，於是被排除了。

還考慮了一些次要議題（Ⅰ，第21-22頁）。如果工業之間的競爭是不完全的，那麼，處於更有利可圖的工業的企業家將會得到額外的收益，這一部分收益的性質與地租相似。如果資本家的努力沒有同企業規模成比例增加，但通過商業競爭，他的努力的邊際負效用可等於其收益的效用。如果嚴格遵循最後這個思路，那麼，為「代表性企業」辯護的大部分理由都將化為烏有。

埃杰沃斯對第三個觀點即認為企業家是風險承擔者做了總結性陳述（Ⅰ，第22-24頁）。股份持有者是這種類型企業家主要的和最有標誌性的例證，他們的投資要確保回報率等於其邊際生產率，外加風險補償費。風險承擔者是否獨立生產要素，這是一個有待回答的問題，但是，他的最後觀點（1925年）強烈暗示，如同庇古早先的《財富和福利》一樣，這個觀點是適當的（Ⅰ，第59-60頁）。

最後一個定義是瓦爾拉斯（還有巴羅內、帕累托、克拉克和熊彼特等人）

---

① 即：$f_{aa}<0$, $f_{bb}<0$, $f_{cc}<0$，以及通常的第二個條件，其下標表示關於 $f(a,b,c)$ 的變量是有差異的。

提出的，他認為企業家是不營利的（Ⅰ，第24頁極為重要；又見Ⅱ，第311，378-381，469頁）。埃杰沃斯拒絕接受這個觀點。表面的理由（在所有當代經濟學家中，這些理由在埃杰沃斯那裡是最自相矛盾的）是：自我決定（或者寧可說消費者決定）生產的思想，是一個過分誇大的解釋，沒有任何現實意義。當他讚同地引述曼格爾茲的下述論斷時，他所想的必定是「工業的首領」：「我們必須假定企業家收益的存在，否則，企業家經營的目的何在?」埃杰沃斯宣稱：「一個人謀得巨額收入，並力求使之更多，卻被描繪為既不贏也不虧，這種說法是奇怪的。」（Ⅰ，第25頁）他簡直不能想像在靜止和完全競爭經濟中企業家的作用，更恰當地說，沒有企業家，經濟會怎樣。他像古典經濟學家和馬歇爾一樣，總是把當代英國工業首領與這個概念（按指企業家-譯者）聯繫起來。不過，埃杰沃斯認為，爭論多半是基於假定條件的差異。他指出：「我一直想說，我們之間並沒有實質的分歧，我們看到的是同一個盾牌的不同方面，我看到的是它的塗金的一面，而他（帕累托）是沒有任何貴金屬的那一面」（Ⅱ，第381頁）。這個隱喻不是很公允，但是，如果我們接受了它，那麼，反駁也是明顯的：黃金無論在商業還是經濟流通中都不再是唯一重要的通貨了。對於理論分析來說，埃杰沃斯關於企業家的觀點比瓦爾拉斯的觀點顯得遜色。

然而，在長篇考察（Ⅰ，第26-30頁，又可參看Ⅱ，第336-339頁）之後，埃杰沃斯接受了巴羅內的理論：企業家獲得的是他的邊際產品，也就是說，管理能力的報酬基本上是一種工資。[1] 但這個理論不能完全成立，因為沒有理由「把企業家的報酬看作劑的數量（即工作小時數）的產品，看作一劑的邊際生產率（乘以系數，而系數取決於生產過程的長度）」（Ⅰ，第28頁）。這個論證類似於對源於單位的不可分割性的潛在工資的論證（見下文）。但是，在管理者被股份持有者（第三個定義）雇傭的重要的特殊場合，邊際生產率解釋是可以成立的。管理者為職位的競爭將使他們無人能夠獲得多於他們為公司產品所增加的數額。埃杰沃斯就這樣得到了（為了實用目的）「新的分配規律的證明」，達到了一般邊際生產率理論。此後對其他生產要素的討論應當被理解為對這個規律的補充，而不是相反。

---

[1] 參看：巴羅內，見本書第12章。

土地

在討論土地租金時，埃杰沃斯是緊跟馬歇爾的：「……**土地**交易的最顯著特徵，是土地數量（至少是空間）有限，不能由人類的努力而增加」〔Ⅰ，第32頁；還可參看Ⅱ，第85,133,141,143註,192頁（極為重要）〕。① 簡潔的論述也完全是馬歇爾式的。土地對企業家（儘管不是對社會）來說是資本的一種形式；租金稅不應干擾生產——要服從於各種微妙的限制條件（參看Ⅱ，第187頁極為重要）；旨在確保無償增加價值的稅收改革應當謹慎對待現存的公正（Ⅰ，第32-34頁；Ⅱ，第126-226頁各處）。埃杰沃斯與馬歇爾的唯一區別在於他更強調了對現有「土地」的資本投資〔Ⅱ，第200註,204頁（特別重要）〕。

勞動

對工資的討論同樣很簡略。這一節的相當一部分用於批判龐巴維克的「邊際對偶」概念（Ⅰ，第37-39頁）。一般工資理論反倒很少被提及。他接受了杰文斯關於工資的邊際效用等於勞動的邊際負效用的概念（Ⅰ，第35頁），這個比率同時還決定於這個條件：勞動者所增加的產品必須等於他的工資（Ⅰ，第36頁；Ⅱ，第384頁）。

埃杰沃斯還注意到工資契約的決定問題。② 他在關於工資的論文中指出，如果雇主只雇用一個人，在工資率和勞動的反效用之間就不存在必然的關係。這種形式的不確定性是「一般勞動市場的例外」，它可由以較小劑量（以小時而不是以日計算）售賣勞動來加以克服。在早先的《數學心理學》中，他間接地提到了這個問題，主要是聯繫勞動者聯合與雇主聯合之間的契約。③ 埃杰沃斯的討論主要集中在珍稀之物上，但我們就不必在此滯留了。④

資本

埃杰沃斯對資本理論的零碎觀察不能被看成是一個完整的毫不含糊的解說。

---

① 不過，人們被告知，在靜止狀態下，允許將土地和資本物品組合在一起；參看Ⅲ，第100頁，又見：馬歇爾紀念文集 [M]．倫敦，1925：68．
② 可比較：希克斯．埃杰沃斯、馬歇爾和工資決定 [J]．經濟學雜誌，XL（1930）：215-231．
③ 前引書，第2部分各處．
④ 不過，應當提到對土地和勞動所做的區別（Ⅰ，第47-48頁）．

他的討論受到龐巴維克的強烈影響①，並且相當強調生產階段（Ⅰ，第42-45頁）。其暗含的意義是強烈的：資本的生產性與延長生產期間是同義語，正如埃杰沃斯所說：「……生產者距離（生產的）最終階段越遠，將傳送給每個生產者的份額越大。」（Ⅰ，第43頁）但他沒有完全接受龐巴維克的理論。例如，埃杰沃斯基本上接受了馬歇爾在「預期性」和「生產性」之間所做的調和。因此，資本品價值的增長（經過時間）被歸結為兩個因素：「未來歡樂被低估，以及生產由於『迂迴方法』而增加。」②（Ⅰ，第44頁註）他跟這位奧地利人一樣，認為低估未來的快樂在利息的生產性解釋中不起作用。埃杰沃斯不相信增加資本必然引起生產期間的延長，他的結論是：「沒有生產工藝的相應改進，就可能使（生產）培訓的期間大為增加，這可能是有疑問的；正如西季威克所觀察到的那樣，發明不一定引起資本的增加。」（Ⅰ，第50頁）也許更準確地總結應該是說：埃杰沃斯基本上接受了馬歇爾的觀點，但為接受生產期間的概念留下了更多空間。

邊際生產率論的早期陳述

聰明的埃杰沃斯在其最早的論著中就已經表述了一般邊際生產率論的核心。他在1889年首次提出了該理論的一個概要（Ⅱ，第298頁）③。如以 $f(c, h)$ 表示總產品，此處 c 是資本，h 是土地；又以 z 表示利率，r 表示每英畝的租金，個人追求最大化 $f(c, h) -zc-rh$，由此，$\frac{\partial f}{\partial c} = z$ 和 $\frac{\partial f}{\partial h} = r$。這同李嘉圖的地租論是不矛盾的，後者可以寫成：$rh=f(c, h) -zc$。埃杰沃斯僅僅替換了 z 和 r，以保證一般生產率論的簡化陳述。在一個高度濃縮的腳註中④（Ⅲ，54），埃杰沃斯暗示了一般邊際生產率論。假定兩個產品是 u 和 v，兩個要素是 x 和 y，其中 x_1 和 y_1 進入 u，x_2 和 y_2 進入 v。令 p_1 和 p_2 分別表示 u 和 v 的價格，π_1 和 π_2 分別表示 x 和 y 的價格。有10個未知數，u, v, x_1, x_2, y_1, y_2, p_1, p_2, π_1, π_2，可從10方程式求解：

（1） $x_1+x_2=\varphi(\pi_1)$，要素 x 的供給函數。

---

① 他說：「為將價值的持續擴展表現為從現在成熟到未來，龐巴維克教授快樂地使用了一系列同心圓。」（Ⅰ，第43頁）

② 關於前一點，還可參看Ⅱ，第101頁；Ⅲ，第23頁。

③ 符號稍有改變。馬歇爾以附錄形式援引了這個發展；參看：馬歇爾. 經濟學原理［M］. 8版. 倫敦，1920：848.

④ 再次對符號稍做改變，並改正了方程式8和方程式9中的印刷錯誤。

(2) $y_1+y_2=\psi(\pi_2)$，要素 y 的供給函數。

(3) $u=f_1(x_1, y_1)$，產品 u 的生產函數。

(4) $v=f_2(x_2, y_2)$，產品 v 的生產函數。

(5) $u=F_1(p_1)$，產品 u 的需求函數。

(6) $v=F_2(p_2)$，產品 v 的需求函數。

(7) $\dfrac{\partial f_1}{\partial x_1} \cdot p_1 = \pi_1$，「因為 x 將被使用到新增收益恰好被新增成本所抵消的那一點，」以下同樣：

(8) $\dfrac{\partial f_1}{\partial y_1} \cdot p_1 = \pi_2$，

(9) $\dfrac{\partial f_2}{\partial x_2} \cdot p_2 = \pi_1$，

(10) $\dfrac{\partial f_2}{\partial y_2} \cdot p_2 = \pi_2$。

在對一般均衡論的這個出色的總結中，明確地包含了邊際生產率論，因為從方程式 7 到方程式 10 表示邊際產品與生產要素價格相等。但這個理論仍然沒有得到進一步闡述。

第六章　卡爾‧門格爾[①]

　　長久以來，卡爾‧門格爾在盎格魯撒克遜國家中一直是一位著名的然而其著作又鮮為人知的經濟學家。[②] 經濟思想史家總是將他同杰文斯和瓦爾拉斯一起稱為（至少是榮譽地褒獎為）主觀價值論的重新發現者和普及者。但是，語言的障礙，加之內容難懂，使眾多操英語的經濟學研究者對其著作知之甚少。門格爾的著作一直沒有被翻譯過來，他的杰作《國民經濟學原理》[③] 也絕版已久。事實上，門格爾的名聲多半得益於他的兩位著名學生維塞爾和龐巴維克。這是極不公平的。在一些重要方面，他的理論結構遠優於其追隨者。

　　一開始將門格爾和杰文斯做個比較是有意義的。後者在《經濟學原理》問世的同年（1871 年）發表了他的《政治經濟學理論》。這兩人之間有若干相似之處。同瓦爾拉斯相比，他們基本上使用非數學方法；他們寫作了經濟理論的某些部分，還都打算寫出內容廣泛的論著，但這些論著都沒有出版[④]；他們都尖銳地對抗古典政治經濟學。但是，門格爾的理論遠遠勝過杰文斯：它系統而深刻；它避而不用那些彆腳和不必要的數理經濟學方法；特別是它將價

---

　　① 本章曾以「卡爾‧門格爾的經濟學」為題，以基本上現在的形式發表於《政治經濟學雜誌》，XLB（1937 年），第 229-250 頁。我感謝《政治經濟學雜誌》編者應允我引用該資料。

　　② 關於門格爾生平著作一般概論，請參看：哈耶克為《原理》重印本〔收入倫敦經濟學院《珍稀論著重印系列》（1934 年）〕所寫的序言；關於當時的文化環境，熊彼特有精湛的論述，見：熊彼特. 卡爾‧門格爾 [J]. 經濟和政治雜誌，I（1921）：197-206.

　　③ 維也納，1871 年。以下所有引語均出自該書，除非另有說明。

　　④ 大家知道，杰文斯的《經濟學原理》（由若干片斷組成）是他身後問世的（倫敦，1905 年）；門格爾在他《經濟學原理》第一版的書名頁上加了「首先，一般部分」，極像馬歇爾 19 年後的做法。門格爾打算增加三部分：分配，貨幣和信貸；生產和商業；一般經濟政策。參看《經濟學原理》再版序言（1923 年），第 vi 頁。這個身後問世的第二版是由他的兒子 K. 門格爾編輯出版的。這個版本比過去的修訂版有所擴充，特別在效用理論上，但分配理論沒有多少變化，這裡對此不必考察。參看：F. X. 威斯. 門格爾《經濟學原理》再版 [J]. 經濟和政治雜誌，IV（1924）：134-154.

值理論一般化，包含了健全分配論的基礎，儘管還只是一種萌芽。

他們對現代經濟思想的影響也大不相同。杰文斯實際上沒有直接的後繼者。緊跟古典學派，令人生厭的數學公式，理論結構的空缺，恐怕是沒有出現「杰文斯學派」的部分原因。

門格爾就幸運多了。有一批能幹的經濟學家跟隨著他，這些人固守他的一般思路，甚至常常接受《經濟學原理》的細節和術語，以致發展成了所謂「奧地利學派」。維塞爾和龐巴維克是19世紀的追隨者中的傑出代表者，此外還有許多人，其中包括薩克斯、康莫林斯基、瑪塔加、格魯斯和邁伊爾。杰文斯的失敗更彰顯了門格爾的成功。門格爾所面臨的不是既定的理論傳統，而是沒有什麼理論的具有強烈反古典傾向的德國經濟學。門格爾的論述通俗易懂，系統，內容廣泛；就兩人的地位和名望而言，門格爾的經濟理論是優秀的。

有必要首先考察門格爾的主觀價值論，因為他直接用這一理論評估生產性服務。然後再分析他的生產組織理論，歸屬理論，以及他對各種特殊的分配份額的觀點。

主觀價值論

門格爾在開始時指出，一物是從必須同時具備的四個條件獲得財貨性質的（第3頁）。這些條件是：①必須存在人的需求。②物品必須具備能夠滿足這種需求的性質。③人們必須認識到物品具有滿足人的需求的能力。④人們必須能夠支配滿足需求之物。具備前兩個條件者是「有用的物品」；具備所有四個要求的才是「財貨」，缺少或損失其中任何一個條件者就喪失了一物的財貨性質。門格爾的後兩個條件不過是形式的。其他條件的經濟意義應予詳盡闡述。

人類的需求不一定都是合理的；化妝品，像物品一樣，具有財貨性質（第4-5頁）——儘管門格爾十分樂觀地相信，隨著文明的進步，不合理的需求會變得越來越不重要。同樣，如果相信某物具有滿足需要的能力原來是虛假的（例如假藥），這也不影響其財貨性質。最後，「物品」一詞是含糊不清的——門格爾極力爭辯說，如同有用的物質產品一樣，有用的人類活動也屬於財貨範疇（第5-7頁）。

對非物質物品的強調——它被適當地擴大到包括例如壟斷、善意和專利

（第 6-7 頁）是對經濟思想的一個真正的儘管又是被忽視的貢獻。古典理論將經濟分析局限於物質產品（例如，「生產性勞動」與「非生產性勞動」的對照），這種做法旨在得到（而且仍然如此）某些最基本的經濟學概念，例如收入、生產和資本。我們將會看到，門格爾緊隨古典派的後塵，沒有在涉及時間長短的基礎上，區別**物品**和**來自物品的服務**。

門格爾直截了當地提出了一個明顯的問題：不能直接消費的生產資源沒有財貨性質嗎？顯然不是。因為，儘管它們不能直接滿足需求，但它們能夠轉變成滿足需求的財貨，而且人類的大部分經濟活動都同這種轉變相關（第 8 頁特別重要）。這些生產資源確實是財貨，可用「更高級財貨」的說法將它們同直接消費物品（「第一級財貨」）加以區別。如果麵包是第一級財貨，那麼麵粉、鹽、燃料和麵包師的服務就是第二級財貨，小麥就是第三級財貨，等等。

門格爾區分生產資源和消費財貨僅僅是依據接近消費的程度，這樣做所導致的後果對經濟理論是重要的。為什麼不能將用於解釋消費財貨的同一理論也用於解釋「不成熟的」消費財貨呢？很顯然是可以的，而且門格爾將這一價值論用於生產性財貨，導致了對邊際生產率分配論的正確的（即使不是完全適當的）陳述。

然而，財貨分級本身的價值是不確定的。同一財貨，例如煤炭，即使在單一經濟中，既可作為第一級財貨使用（家庭燃料），也可作為第九級財貨使用（冶煉礦石）。在高度發達的現代經濟中，即使試圖追蹤生產一個簡單商品——例如一支普通的筆的各個生產階段的細節，其工作量絕不亞於細緻描繪經濟生活及其歷史。換言之，分級概念是過於精確了，無論對我們的分析能力還是分析需要來說都是如此。門格爾本人對分級概念的使用莫過於區分消費財貨和生產財貨；他說這一概念的主要用途是為「深究」財貨和滿足需求之間的「因果關係」創造條件（第 10 頁）。門格爾借此分級所強調的思想是：被消費的只是服務（即第一級財貨），所有耐久財貨都是更高級的財貨。

門格爾指出，高級財貨的特性是：如果沒有其他相同等級的「補充」財貨的合作，它通常是不能生產出低級財貨的（第 11 頁極為重要）。[1] 由此可

---

[1] 門格爾看到了現代一些理論家有時忽視的一點：在只有一種生產要素和一種產品的地方，那個要素在經濟上幾乎總是同其產品同一的，因為在缺乏其他要素的情況下，在這個要素上什麼變化都沒有發生。如果設想存在這種史詩般的結構，那麼談論成本、收益或分配通常就是荒謬的。

見，如果沒有高級的補充財貨①，那麼，這個「物品」就不能（即使是間接地）滿足需求，它就是無用的；它不再是一種物品。

高級財貨的第二個特徵是：它自己滿足需求的能力取決於其最終的第一級產品滿足需求的能力（第 17-21 頁）。這是「歸屬」——即生產要素的價值是從其產品的價值派生出來的——分配理論的種子。

現在已經很明確，尚待滿足的人類需求的存在是任何一個和每一個財貨性質的前提條件，這證實了下述原理：一旦它們先前滿足的需求消失了，這些財貨也就失去了它們的財貨性質。不管財貨能被直接用於先前的同滿足需求的關係，還是它要通過同滿足人類需求或多或少的中間因果關係才能取得財貨性質，都是如此。（第 18 頁）

對高級財貨的需求是以我們對第一級財貨的需求為前提條件的……（第 35 頁）

可見，尚待滿足的人類需求是財貨性質的終極基礎。如果人們喪失了他們對菸草的感覺和體驗，那麼雪茄、香菸以及菸斗、菸草股票、進口商的服務、工廠，甚至菸草種植園——所有這一切也都喪失了它們的財貨性質。應當指出，尚待滿足的需求是將自由「物品」排除在「財貨」範疇之外的。但是，門格爾在這個術語的使用上並不一致（主要參看第 57 頁）。

高級財貨的最後一個特點是它的使用總是要求時間（第 21-26 頁）。由於缺乏完全的知識，又不能完全控制自然，所以未來是不確定的。因此，預期的需求，即在生產過程結束時由某種高級財貨滿足的需求，將決定其財貨性質。我們將在討論門格爾的分配論的一節再來考慮高級財貨問題。

到此為止，門格爾的論述僅限於涉及事物性質的因果關係的範疇之內。可將其數量方面概述如下：①*Bedarf* 或一定時間內滿足個人需要的每種物品的數量（第 34 頁）；②供給，或在同一時間內用於滿足這些需求的各種財貨的數量（主要參看第 45 頁）。門格爾的 *Bedarf* 概念在英語中沒有一個精確的對應

---

① 補充財貨的定義被擴大了，超過了它原先的含義（第 14 頁），包括了將現在的高級財貨轉變為最終產品所需要的所有高級財貨。這樣做是為了避免出現一種情況，例如，所有必要的第三級補充財貨可以生產一種第二級物品，然而，這個第二級物品卻缺少將其轉變為最終產品所必需的第二級補充財貨。

詞。他的定義和陳述表明，個人的 *Bedarf* 是指完全滿足個人需求所必需的物品量（參看第 34 頁及註，第 38、41 頁）。① 他承認人類需求確實是無限發展的能力，但這是一種歷史現象；在一個很有限的時間內，*Bedarf* 是一個固定的量（第 38 頁）。門格爾沒有認識到對一種商品的 *Bedarf* 有賴於可得到的其他商品量。

門格爾作了長篇精細論述（第 35-50 頁），證明需求和供給這兩類信息能夠被正當地看成分析中的已知數，而不是分析的結果（例如價格）。這種做法是非常重要的，因為古典經濟學家所用的分析方法要比當時德國經濟學的方法先進，他們並沒有把生產資源假定為一個固定不變的量。② 同時，門格爾明確地將高級財貨或資源包括在固定財貨之內（第 45-51 頁）。門格爾必須被視為將「靜態」假定這種不可缺少的方法引進經濟分析的第一批經濟學家之一。從今天的角度來說，他的陳述是原始的和過於簡單化了，但在當時確實是一項傑出的創新。他在這方面比瓦爾拉斯（儘管不夠嚴謹）更有影響，又肯定勝過杰文斯。③

具備了需求和供給這兩方面的資料（每單位時間的），現在就可以提出一個基本經濟問題了：如何分配才能確保獲得最大可能的需求滿足？④（主要參看第 51 頁）需求和可得財貨處於彼此可能的三種關係之一：或者大於另一個，或者相等。

首先，需求可能超過可支配的財貨量——大多數財貨都處於這種關係。在這種情況下，相當一部分財貨的缺失將引起已知的部分需求得不到滿足。於是，「人們將盡力……合理使用每一個既定單位處於這種數量關係的現有財貨，以取得最大可能的結果，或者以最小可能的此種財貨取得一定的結果」⑤（第 52-53 頁）。個人將把這些財貨用於「更重要的需求」。處於這種關係

---

① 可見，*Bedarf* 與瓦爾拉斯的「外延的效用」密切相關；參看《純粹經濟學要義》（洛桑，1926 年），第 72 頁極為重要。

② 奈特教授指出：「這些古典學者所說的靜態是一種**自然的**靜態或經濟條件，那是進步的目標……而不是作為一種方法論的要求、通過任意抽象而形成的靜態」（奈特. 風險、不確定性和利潤 [M]. 牛津，1921：143 頁註.）又可參看：羅濱遜. 論靜態均衡概念中的一些含糊不清之處 [J]. 經濟學雜誌，XL（1930）：194-214.

③ 杰文斯僅僅提出了一個建議（杰文斯. 政治經濟學理論 [M]. 4 版，倫敦，1911：267）；瓦爾拉斯真正的進展（從多數經濟學家的觀點來看）反而被其數學的裝扮弄得模糊不清了（前引書，特別是第 175 頁極為重要）。

④ 現在的討論限於第一級財貨。

⑤ 將 *Teilquantität* 譯作「單位」。參考下文第 146 張（對折兩頁）。

（即其數量少於需求量）的財貨是「經濟財貨」，人們將按照上面提到的原理持有、保存和使用它們。而任何一種成本本身皆與這個問題無關，無論一物是經濟的還是非經濟的財貨。（第61頁註）

第二種可能的關係是可支配量超過需求量（主要參看第57頁）。在這種情況下，不存在某種動力去節約這種財貨，或者保存其有用的屬性，或者考慮它們能夠滿足的需求的相對重要性，或者，一般地說，以某種經濟方式去對待該物。簡言之，它們是「非經濟」財貨。

時間和條件的改變可能使「非經濟財貨」轉變為「經濟財貨」，或者相反（第60頁特別重要）。影響供求關係變化的因素包括：人口的變動，人類需求的變化，發現了財貨滿足需求的新能力，當然，還有資源的短缺。不過，這是歷史變化，對門格爾的理論本體來說是外在的因素，因而無須予以深究。供需之間第三種可能的關係是相等，這種關係意義甚小，因此一帶而過。

我們現在來到了決定主觀價值量的門檻。有必要事先對需求按其重要性的分級做一初步說明。「如果我們已經正確指出了財貨價值的性質，那麼，我們就可以斷定，僅僅是我們需求的最後一份滿足對我們是有意義的，而且，所有的財貨顯然也是通過這個意義向它們的轉移才能獲得它們的價值，因此，我們在生活中所獲得的不同財貨的在價值上的**差別**，只能基於被處理的這些財貨所能滿足的需求的意義有大小不等的差別。」（第87頁）不同的需求對我們的意義顯然有很大的差別：食物、衣服和住宅是不可缺少的；其他財貨只是增添舒適和快樂，例如菸草和棋類。（第88頁特別重要）不僅我們各種特殊的需求及其滿足有不同的意義，而且我們某種特殊需求的滿足也會隨著可支配量的大小而發生或大或小的變動。（第90頁）少量的食物維持生命，更多食物帶來健康①，進一步的增量會增添舒適，但這是在遞減的程度上②，直至達到滿足的那一點。（第91頁）

門格爾以一個算術例證來說明各種不同需求滿足意義的差別，以及每種需求的意義隨著滿足該需求的財貨數量的增加而遞減的情形。（第93頁）下面這張表對原表做了少許刪節：

---

① 不過這個增量食物會有不同類型。門格爾說的是需求的粗略分級，而不是對特殊財貨的需求分級。遺憾的是他一直沒有對此含糊不清之處做出澄清。

② 「……超出這個範圍的滿足具有一種越來越微不足道的意義。」（第92頁）

I	II	III	IV	……	X
10	9	8	7	……	1
9	8	7	……	……	0
8	7	……	1		
7	……	1	0		
……	1	0			
1	0				
0					

I-X欄表示需求的不同種類，按其重要性排列；每一欄的阿拉伯數字表示後續的需求滿足，用現代術語來說，「邊際效用」，它來自滿足該需求的財貨的單位增量。第I欄可以表示食物；第IV欄表示菸草、10單位食物表示個人對食物的需求。

門格爾可能並不想說第一個單位菸草所帶來的滿足等於第四個單位食物所帶來的滿足，那不過只表示重要性的等級而已；但遺憾的是他沒有精確說明各項數字的含義。他指出「經濟化」的個人力求使所有這些邊際相等，以使其需求滿足最大化。「……個人將盡力……使其對菸草和糧食的需求趨於均衡。」（第94頁）的確，像這樣「……衡量各種需求的不同意義，在無須滿足的需求和**根據可支配資料**能夠滿足的需求之間做出選擇，並且決定這後一種需求被滿足到什麼程度」，解釋了人的經濟行為最一貫和最有影響的動機。（第94-95頁）

今天，下述認識已經成為一種常識了：只有通過收入分配使所有需求的邊際滿足相等，才能使慾望滿足最大化。門格爾的「可支配資料」分配理論似乎也正是這個思路。① 不太明確的是，門格爾是否看到了完整的一般購買力的作用，因為他在後面論述中說的是特殊財貨的數量與其有限的可能用途的關係，例如，農場主的玉米可用於食物、種子、牛飼料，等等。（第95頁極為重要）

他在別處指出，「大多數財貨都具有滿足一種（一欄）以上需求的能力」（第112頁註）。他沒有令人滿意地區分滿足一種需求的財貨和能夠滿足數種

---

① 如果要進行收入分配，要相等的當然不是邊際效用，而是用價格或相等的價值單位來除的邊際效用。

不同需求的財貨。① 但是，對於後一種場合，門格爾的解決辦法是明確的和正確的：

> 如果一種物品能滿足各種不同的需求，並且每種需求滿足都會隨著需求被滿足的程度而具有遞減的意義時，經濟人將直接把他支配的物品首先用於滿足最重要的需求，而不管其種類如何。剩餘之物將用於具體的重要性較低的需求滿足，從而使較不重要的需求被滿足。這樣進行的結果，所有這些具體的未被滿足的需求中最重要的需求，對於所有種類的需求都將具有相等的意義。所有具體的需求通常被滿足到具有相等水準的意義。（第 98 頁註）

不過，這還不是全部答案，因為還有任何一個特殊物品不可能滿足的無數需求。奇怪的是，在整個論證中最重要的步驟之一居然只在腳註中才能看到。門格爾沒有一般地發展出一種個人最大化滿足需求的方法，這是其價值論的一個突出弱點。

一筆財貨的價值直接來自經濟行為原理以及需求重要性的變動。假定某人有 5 單位財貨可供滿足需求 I 和 II。他將會將這筆財貨用於 I 的三個最重要級別，得到滿足 10、9 和 8；用於 II 的兩個最重要級別，獲得滿足 9 和 8。最後一個單位（後來叫做「邊際的」使用）所滿足的需求的意義是 8。因為根據定義，所有單位是同一的，所以所有單位均估價為 8。於是我們就有了如下價值原理：「一單位可支配財貨對每個人的價值，等於該物品總量中一單位物品所帶來的最不重要的需求滿足的意義。」（第 99 頁，又見第 107-108 頁等）需求——等同於杰文斯的效用和供給的重要性是相互關聯的，所以，儘管我們對空氣的需求巨大（比如說，可以第 I 欄表示），但其供給甚至更大，所以空氣沒有價值。對鑽石的需求甚小（也許這裡排在第 VIII 欄），但其供給如此之小，以致其價值很高。古典派所謂效用和價值的「反論」終於被破解了。

能否將「邊際的」或「增量的」效用價值論歸於門格爾？這是一個有趣的問題，在此略加考察。門格爾總是用 *Teilquantität* 這個詞，字面意義是「分數」或「部分」。不過，他在許多地方對這個詞是有限制的：「實際上有意義

---

① 看來門格爾沒有認識到做此區別所涉及的基本困難——這種困難在它成功地阻止了為商品發展出一個令人滿意的定義上已經顯露無遺。不過，儘管這個基本問題仍然沒有解決（可能仍將如此），門格爾的發揮同現代的陳述相比也是初步的。

的部分」「剛可以被覺察的部分」①。看來很明顯,門格爾所想的是微小的有限的數量變化,而不是無限的。與其他兩位效用原理的共同發現者杰文斯和瓦爾拉斯不同,門格爾可能因為沒有接受數學訓練,所以他用的是一種普通的方法,而不是連續性和導數這樣方便的分析概念。當然,微小的有限的變化更現實。以數學方法來處理會引起一點不確定的答案:由撤除一個單位而發現的價值會大於增加一個單位所發現的價值。但是,如果假定消費者的辨別力有限,如同埃杰沃斯所說的「最低限度的感覺」,那麼,現實的數學家也會面對同樣的(不確定性)問題。②門格爾看來一直明確提出的是「邊際的」效用理論(儘管他像杰文斯一樣,很少注意到總效用)。

生產組織:資源配置

門格爾為一種正確的生產組織理論即資源配置決定論奠定了基礎。然而,最終的發展即選擇成本理論,卻直到維塞爾才有了明確表述。③門格爾理論體系的這一巨大缺漏是很難解釋的,特別是因為正確的資源配置觀點已經在前述價值論時涉及的一個相關腳註中提出來了。④人們想必還記得,門格爾認為,一物若能滿足各種需求,則對它的最經濟的使用,是使其對所有需求具有相等的「邊際的」意義。這個意味深長的觀點直接包含著選擇成本價值論和分配論的核心。然而這個觀點沒有被進一步加工,也沒有被直接用於生產資源的配置問題。

門格爾一門心思地直接專注於消費財貨可能是造成其價值基本的缺陷——完全忽視成本——的一個原因;但是,更重要的解釋是他沒有認識到生產的連續性,即沒有認識到物品的價格必須足以補償其成本(它是其資源可能在別處生產的產品),如果該工業掌握著它所使用的生產資源的話。這個缺陷最明顯地表現在他對成本價值論的批判上(特別是第 119-122 頁)。正如門格爾所說,歷史的成本與價值無關;一顆鑽石,無論是偶然被發現的,或是「一千個勞動日」的產物,它都具有同樣的價值。「經驗還告訴我們,許多物品(例

---

① 參看第 52, 77(兩處), 83, 102, 103 頁等處。
② 參看《數學心理學》(倫敦,1881 年)中的評論,第 7, 60, 99-100 頁。
③ 維塞爾. 經濟價值的起源和性質 [M]. 維也納,1884:146-170. 維塞爾提出了選擇成本論的基本點,然而維塞爾本人並沒有將這一理論正確地應用於分配問題。參看下一章。
④ 參看:《經濟學原理》第 98 頁註;本書第 145 頁。

如不再時興的服裝、陳舊的機器，等等）再生產所必需的生產要素的價值要遠大於其產品的價值，而在其他許多場合，它們的價值又小於其產品的價值。」（第121頁）但是，不能由此推理說，成本不影響價值，而門格爾卻令人遺憾地這樣做了（第119頁極為重要）。他沒有認識到，儘管成本絕對不會直接影響價值，然而，「在長期內」，它們至少是價值決定的共同原因，而在成本不變的有限場合，它們是完全支配的原因。只有在極短的時間內，某種商品（假定它是易腐爛的）的供給曲線同其需求曲線相比如此缺乏彈性，以致前者在價格決定中可以被忽視。當時間延長，可以調整生產規模時，供給曲線就會變得更有彈性了，因為資源可以在各個工業之間更多地流動，供給對價格的影響起初變得與需求相等，然後就遠遠地超過了。在一定的假定條件下，諸如激烈競爭、資源非專業化、為充分調整生產組織而無時間限制等，不變的成本就會流行起來，而且，在大體近似的條件下，需求決定的僅僅是一種商品的數量，而不是它的價格。因此，門格爾的理論僅僅適用於很短期的「市場」價格。他沒有認識到，隨著時間的延長，資源流動性的增加通常會使他對成本價值論的否定歸於無效。這一點也適用於他對古典地租論、工資論和利息論的批判（第143–152頁），稍後再論及此。

然而，門格爾對生產理論有一個特殊貢獻，其意義怎麼強調也不過分。這個貢獻在於他認識到，為取得某些產品而將各種生產力相結合的比例是可變的——後來稱此為「比例」法則或「替代」法則：

我們只有通過一定補足量的高級財貨才能支配一定量的低級財貨，這是完全正確的。但是，同樣確定無疑的是，個人高級財貨並不是按照一個固定的數量組合在一起的，就像化學化合作用所顯示的那樣……最一般的經驗告訴我們，以非常不同的各種比例相組合的高級財貨也能取得一定量的低級財貨。（第139頁，又見140頁）

把比例變動原理表述為一個支配所有資源的一般法則，這是門格爾最偉大的成就之一，而且還不必與杰文斯和瓦爾拉斯分享。① 當然，古典理論認識到

---

① 瓦爾拉斯早在1876年就認識到這個原理（社會財富的數學理論 [M]. 1883: 65-66），但是，在其《純粹經濟學要義》第三版（1896年）問世前，他不曾將邊際生產率論增加到他的原創性的固定係數方法中去。比較本書第9章。

用於一定量土地上的資本-勞動比例變動的可能性，這還是李嘉圖地租論的基礎。但是，勞動和資本的比例通常被假定為固定不變的，而比例變動在被接受的古典理論中肯定是不起作用的。

比例變動原理的意義是顯而易見的。首先，它直接導致了邊際生產率分配論（參看下一節）。其次，在比例原理被充分發揮之前，資源配置問題的令人滿意的答案是不可能出現的。最後，只要討論是依照各種生產要素之間的固定比例進行的（或者只要忽視這個問題），那麼，單個廠商就不可能被用作分析的目標。單個廠商會要求所有要素同產量的比例保持固定，只有社會即通過一般均衡分析才可能確定單個要素的價值。維塞爾和龐巴維克（後者以極其粗魯的方式）回到固定系數的假定，這是經濟發展的真正障礙。

門格爾甚至沒有明確提及報酬遞減（來自任何要素在一種組合中的遞增比例）的技術原理，沒有認識到這個原理對其分配理論的意義，這是非常令人驚奇的。如果任何要素被假定服從於報酬遞增甚至報酬不變，那麼，邊際生產率理論就會導致荒謬的結果。但是，這樣一個假定本身顯得更為荒謬，因為資源配置問題就不會被提出來了。然而，邊際生產率論的反對者（例如霍布森）在「反駁」時就不時地使用報酬遞增的例證。

門格爾簡短的生產論中最後一個值得注意之點是：完全缺乏古典派「神聖的三位一體」：土地、勞動和資本。生產要素就是簡單的高級財貨；勞動、土地和資本的服務立足於同樣的基礎。（第139頁）事實上，在門格爾的陳述中，各種特殊的生產要素從不曾被隨意納入缺乏經濟意義的範疇。結果，他的歸屬論（現在就要討論）就遇到了只要古典派三分法主宰經濟討論就會增添的困難。

歸屬理論

主觀價值論對經濟理論分析的最大貢獻在於發展了一種健全的分配理論。這意味著把分配視為在協作參與生產的各種資源中配置總產品要經過歸屬的評價。在門格爾之前沒有形成令人滿意的分配理論。古典派的觀點是在社會階級之間分配收入的觀點之一。斯密及其追隨者絕對不會面對這樣一個問題：怎樣把一定量產品歸算到合作生產它的各種資源上去？他們絕不會把分配理論看成是一個價值問題，或者去討論生產服務的價格形成。門格爾是提出這個問題並

提出回答它的適當方式的第一位經濟學家。

我們已經指出了歸屬（*Zurechnung*①）論的梗概即生產物品的價值基於它們對其產品價值的貢獻。生產物品——高級財貨取得價值只是因為它們能夠通過生產消費品間接地滿足需求（第 67-70, 123-126 頁等）。這導致了歸屬論的一般命題：「高級財貨的價值毫無例外地總是決定於它們參與生產的低級財貨的預期價值。」（第 124 頁）前已指出，預期的因素來自這樣一個事實：生產需要時間。

個別高級財貨的價值論是隨著歸屬論和比例變動論而來的：「（一定量高級財貨）的價值等於我們所支配的相關高級財貨所提供的需求滿足的意義與在相反情況下從我們所佔有的高級財貨總量（即剩餘的這種或那種資源）的最經濟地使用所獲得的需求滿足的意義之差額。」（第 142 頁）這部分正文（第 139-140 頁）清楚地（儘管不一定像可能期望的那樣明確）表明，門格爾在這裡，如同在別處一樣，說的是撤除一單位資源對總產品的影響。這個邊際產品決定了資源的價值。

它區分了兩種情況。當撤除一單位要素而迫使合作要素以在較低贏利線上使用時（這是比例固定場合），該可變要素的價值等於產品的總損失減去其他工業利用各種補足要素所取得的產品。②但是，更一般的情況是各種要素結合的比例是可變的，撤除一個要素的同時，伴隨而來的便是剩餘要素的重組③，產品的數量和質量決定了被撤除單位的價值。

就一般標準而言，它基本上是正確的。它無疑勝過此前對生產要素價值決定的任何解釋，杜能可能是個例外。④ 真正的批評也都是說它不夠適當：門格爾沒有發展報酬遞減這個必不可少的前提條件；沒有明確提出被撤除的單位必須是小的；沒有提出這種評估要素價值的方法是否意味著分盡總產品的問題。

前已指出，門格爾沒有在任何等級的耐久物品和它們的服務之間做出區分，這是籠罩在他對價值論解釋上的一個總的弱點，而這種區分對於一種健全的利息論和地租論來說是基本的要求。一個物品不管是用於生產還是用於消費，在「存活期間」（如果它可以評估的話）其價值是小於其服務的總價值的。門格

---

① 「歸屬」（*Zurechnung*）一詞與「邊際」（*Grenze*）一詞均出自維塞爾之手。
② 原文如此。似應為「被撤除單位的價值等於產品總損失，即其他工業利用各種補足要素所取得的產品減去該工業的產品之差額」（譯者）。
③ 這個必要的要素重組有強烈的暗示（特別是第 140 頁），但是沒有個別地加以考慮。
④ 門格爾看來不知道杜能。戈森和古爾諾是另外兩位重要經濟學家，也不為門格爾所知。

爾從未明確認識到這個事實。我們將看到這對他的資本論的影響是很嚴重的。

分配份額：門格爾論古典理論

在值得注意的一節（題為「論土地和資本使用的價值，特別是土地服務的價值」，第 142-152 頁）中，門格爾尖刻地批判了古典派關於生產要素的劃分。李嘉圖一直（正確地）認為，土地價值不能歸結為花費在土地上的勞動；而且將這個事實與其勞動價值論融合起來，他認定土地是財貨中單獨的一種。門格爾的批判是尖銳的，但不是決定性的：

這種論述方法的謬誤是顯而易見的。大量的和重要的各類現象不能同關注這些現象的科學的一般規模相吻合，就是這門科學需要改革的證明。然而，那也不是把一類現象同其餘的在一般性質上完全類似的現象區分開來的理由──那不過是為一種可疑的權宜之計的方法作辯護──那也不是為這兩類現象各自樹立特殊的最高原理的理由。（第 144-145 頁）

門格爾的批判是有根據的，但是，他沒有確認土地和資本的其他形式的基本經濟同一性，而他的批判必須建立在這種認識的基礎上。承認古典價值論的這種二元論，促使一些經濟學家（被提到的有加納德、卡里、巴斯夏、烏思和羅思勒）試圖把土地價值回追到勞動支出。門格爾試圖以正確但不得要領的陳述來反駁這種觀點，說歷史的成本與現今的價值無關。（第 145 頁）

李嘉圖的地租論被明確但不恰當地理解為古典分配論的一種特殊場合。門格爾沒有看到，「地塊的不同品質和位置」並非古典理論的基本特徵；地租同樣可以用密集的邊際加以衡量。結果，他錯誤地說：「如果所有地塊都有相同的品質和同樣有利的位置，那麼，根據李嘉圖理論，它們就不會引起任何地租……」（第 146 頁）令人遺憾的是，他過於認可下述事實：通常只能得到具有確定數量的土地，「不易增加」，以及土地的不可移動性使其具有經濟意義。在門格爾暗含的靜態假定條件下，資本和勞動在數量上也是固定不變的。然而在歷史上，所有這三個要素都經歷過巨額的增長。另外，不可移動性是一個技術性特點。土地在不同用途之間的移動性，從價格理論的角度來說（通常抽象了轉移成本），遠比空間上的不可移動性重要得多。

門格爾把實際工資與維持勞動者的必需品之間可覺察的差距，當成明確否認生活資料工資論的充分基礎，他認為工資事實上僅僅取決於勞動產品的價值（第50-151頁）。對古典理論的這個批判也不是決定性的，這是因為，在工資支配人口的限度內，工資處於生活資料的水準，在理論上可能調節著勞動供給。但是，如同地租的場合一樣，門格爾相信工資應以一般價值論加以說明，這還是對的。

資本理論

門格爾分配論體系的最大缺漏無疑是實際缺少任何資本理論。① 沒有區分財貨和來自財貨的服務是這裡的一個基本弱點。他在一開始堅持認為，增加資本只能通過（不確定的）生產期間的擴大（第127頁），而這種擴大會提高既定資本量的生產率（第136頁註）。可見，門格爾概述了龐巴維克後來發揮的東西。

門格爾發現了通過擴大生產期間增加生產的兩種限制：①必須維持不遠的將來的（廣義的）生活；②對現在滿足的偏好不合理地超過對未來滿足的偏好（第126-128頁）。門格爾在再版時把後面這個因素刪掉了，以免被人解釋為支持龐巴維克的利息論。②

最後，一個含糊不清和不能令人滿意的資本定義被提了出來：「參與分享與使用更高級財貨而得到的經濟利益的可能性……取決於個人今天為了未來所支配的高級財貨的數量，換句話說，取決於保有一定量的**資本**。」（第130頁，又見第127-133頁）於是，資本被定義為在生產期間保有的高級財貨。這顯然是一個不適當的定義，它不能為利息論提供基礎，儘管這些資本服務（如門格爾所說）必須得到補償（第133-136頁）。

除了《國民經濟學原理》之外，門格爾關於經濟理論本身的唯一著作，就是前已提及的論文《關於資本的理論》，1888年發表於《康拉德年鑑》上③。這裡還是沒有提出實證的資本理論，不過包含了兩點重要的原理。首

---

① 門格爾基於他通常的理由，否認節欲利息論的正確性，認為利息沒有主觀成本，即資本價值通常是在資本家沒有任何自我犧牲的情況下形成的，就像霸占自然資源一樣。（第133頁註）

② 參看第2版序言（維也納，1923年），第 xiv 頁。

③ 重印於《著作集》第Ⅲ卷（倫敦經濟學院《珍稀論著重印系列》第19本，1935年），第133-183頁。

先，對古典派著重於資本的技術特徵而不是經濟特徵進行了尖銳批判。對於視土地和勞動為「原始」要素，視資本為第二位或派生要素的做法，門格爾作了評論，但是對這個主題本身卻言之甚少。

該論文的第二個主題是以貨幣進行經濟分析（企業家就是這樣處理資本問題的）之必要性問題。「資本的真實概念包括生產的財產，這些財產無論具有怎樣的技術性質，就其貨幣價值來說，它們是我們經濟統計的對象，就是說，它作為一定貨幣額的生產量出現在我們的帳簿中。」① 這是深奧的真理；我們感到遺憾的只是門格爾沒有在此基礎上進行建設。沒有討論投資過程，而正是通過這個過程才能利用生產服務來生產產品，也沒有令人滿意地討論上述過程反過來會引出一種純粹的持續不斷的服務流（收入）。

---

① 同上書，第174頁。

第七章　弗利德利希・馮・維塞爾

　　弗利德利希・馮・維塞爾在分配理論史上的地位是不明確的。[①] 一般的做法是把在主觀價值論形成中起過卓越作用的所有奧地利經濟學家統稱為「奧地利學派」，但這種做法在這方面對維塞爾特別不合適。維塞爾的「生產貢獻」理論更接近於瓦爾拉斯的早期著作，而不是更接近門格爾和龐巴維克。其次，值得注意的是，在維塞爾力求與門格爾分道揚鑣的分配論上，他的理論是最虛弱的。[②]

　　但是，維塞爾在經濟學史上佔有無可爭議的重要地位。在奧地利經濟學家中，他是注意到資源配置和自由企業經濟組織問題的第一人。他的分析是可靠的，而且除去混淆了生產要素的不同比率和邊際生產率這兩個概念之外，他的論證是完整的。他的論述（也許是對企業經濟組織的第一個令人滿意的非數學解說）將門格爾的分析向前大大推進了一步，並對「奧地利人」的理論體系提供了一個廣泛的和統一的解釋。這些成就本身就是維塞爾在這個時期歷史上佔有崇高地位的明證。

早期觀點

　　維塞爾1876年在克尼斯的研究班上發表了一篇題為《論成本與價值的關

---

　　① 關於維塞爾的生平詳情，可參看哈耶克為維塞爾《論文集》（杜平根，1929年）所寫的序言。

　　② 在價值論上也是如此。例如，維塞爾的令人費解的「自然價值」理論，旨在克服門格爾由於未考慮貨幣邊際效用對各人的不同而出現的純粹想像的困難。維塞爾堅持把效用看成「絕對的」，還認為可以在個人之間進行比較，這些觀點都是杰文斯所指責的。

係》的報告。① 這篇早期報告預示了他的主要著作的許多基本點，但它畢竟是緊隨門格爾《國民經濟學原理》之後的一篇不成熟的模仿之作。不過，可以依據這篇作品將獨立發現一般選擇成本論歸功於維塞爾。② 以下兩段引語可以說明他在這個問題上的早期觀點：

　　如果一個人遵循想要改善其福利所要求的原理，又假定已知他的慾望，還假定他可能不會離開那些沒有損失的企業，那麼他會完全決定生產的安排：如果物品只能滿足較不重要的需求，那麼將不會生產這種物品；他可能生產其消費能給他帶來更大享樂的其他物品。
　　一個生產要素的價值決定於用它生產的任何特定商品的最後一個單位的價值，而且這個價值還會反應在所有其他各種商品上。③

　　不能說這篇早期作品具有多麼重大的意義。單個生產服務的價值原理不過重申了門格爾的「損失原理」④。維塞爾用以說明資源配置的算術例證是很粗糙的，而且完全是一種誤導，因為他沒有考慮與成本相關的效用。⑤ 再說，這篇報告在 1929 年前一直沒有公開出版，大概對當時的思想界沒有產生什麼影響。

競爭條件下的生產組織

　　維塞爾的第一部著作《經濟價值的起源》（1884 年）分析了選擇成本論的基本方面，概述了這種成本論對資源配置所暗含的意義，以及成本與價值的關係。《自然價值》（1889 年）⑥ 對這些思想和觀點做了進一步提煉和精細加工，但觀點沒有什麼大的變化。最後，維塞爾在《社會經濟學》（1913 年）⑦

---

　　① 重印於《論文集》，第 377-404 頁。
　　② 瓦爾拉斯實際上也已提出了同樣的理論；參看本書第 9 章。
　　③ 《論文集》，第 380、394 頁。
　　④ 同上書，第 397 頁，特別是第 381 頁。「一單位生產要素的價值決定於在該生產要素數量減少一個單位時未被滿足的那個慾望的大小。」
　　⑤ 同上書，第 378-380 頁。結果，他的資源配置不能使報酬最大化。不過，在另一點上，他又承認有必要用成本來衡量效用（第 388 頁）。
　　⑥ 這裡用的是 A. 馬洛克翻譯的英譯本《自然價值》（1893 年）。
　　⑦ 1927 年譯為英文。

中試圖將所有這些經濟理論加以綜合，但是在分配理論方面，同《自然價值》相比，沒有引進什麼重要的變更。因此，《自然價值》是我們現在研究維塞爾理論的主要依據。

可以對維塞爾的競爭經濟組織理論做一簡要總結。從對一個經濟的下列暗含假定條件開始：資源數量固定；已知需求，技術既定。維塞爾認為，在這些條件下，一個經濟會這樣分配它的經濟資源：使所有職業的一單位任何既定資源的報酬相等。換言之，通過使所有產業的邊際產品相等而來自既定資源的總報酬最大化。①

既定的同質資源的數量越大，則以其滿足需求的意義就越小。維塞爾忽視了報酬遞減，他認為報酬遞減只在農業中起作用——「這在老國家是一個普遍規律」②（第 100-101, 103 頁特別重要）。因而，遞減的效應通常被歸因於能用大量資財生產的物品之邊際效用遞減。③ 資源的生產性貢獻（按照維塞爾的觀點，它不等於現代理論的邊際產品）決定了一單位某種資源的價值，而且，這個邊際單位的價值在資源配置中是決定性的。對該項資源的所有使用都一定要生產出這個邊際產品。④

成本規律來自這些考慮：一些單位的同源產品（即這些產品至少有一個共同的生產要素）將相互（就這個要素）進行交換，因為它（該要素）的數量對每種產品的每個單位的生產來說都是不可缺少的（第 172 頁）。例如，如果分別用 1 單位和 2 單位的某種要素生產兩種商品 A 和 B，那麼，要生產 1 單位 B 就得犧牲 2 單位 A。因此，只有 1 單位 B 至少值 2 單位 A 時，這個選擇才是合算的。換言之，「如果能夠做到決不用在生產其他物品上能帶來更高邊際效用的生產性財貨來生產邊際效用較低的財貨，那麼所有的經濟需求就得到了滿足」。⑤（第 98 頁）

這個原理在資源只用於生產一種產品的場合是不起作用的。這裡不存在各種產品之間的競爭，產品的價值決定資源的價值，也就是說，報酬是真正的地

---

① 讀者應當注意維塞爾的「邊際產品」具有非同尋常的含義。
② 引自《自然價值》（紐約，1930 年），除非另有說明。感謝斯特奇特出版公司應允我引用該書。
③ 《經濟價值的起源》（維也納，1884 年），第 64-66, 100, 166-170 頁。
④ 這個分析化解了成本和效用之間的衝突。效用決定一單位某種資源的價值；這個價值在生產預料具有效用的任何商品時又是成本。參看第 5 篇第 6 章；《經濟價值的起源》，第 146、161 頁。
⑤ 「（生產者的）犧牲包括排除或限制了可能生產其他產品，原料不能用於特定的產品。」（社會經濟學 [M]. 紐約, 1927: 99.）

租。①（第175頁）

維塞爾就選擇成本理論所做的一般陳述是令人滿意的，但在一些重要方面有重要的缺點。維塞爾說到成本在一些例外場合對價值的直接影響，這是一個貌似有理的不合邏輯的說明，只是因為他假定需求曲線不是連續的。②（第177-178頁）他對特殊類型成本性質的分析也沒有什麼價值。下面這句話表明了他的觀點的性質，同他通常在成本問題上的明確觀點形成了尖銳對照：「只是『社會必要的』成本，所需之最小成本，決定價值……」③（第182頁）最後，他的邊際產品概念是一個真正的邊際分析和固定生產系數的混合體，使人無法對邊際相等性質做出明確的觀察。

一般分配理論

維塞爾緊跟門格爾關於生產性物品結合體的價值理論。由生產要素生產的商品的預期價值決定這些要素的價值。他強調只對生產中被考察的稀缺財貨進行經濟的歸屬，而不是物質的歸屬。在論證這一點時，維塞爾提出了著名的與法律歸罪相類似的論述：

> 法官……在其有限的職責範圍內，只關心**法律的罪責**，他們只限於發現在法律上應負責任的因素——事實上也就是發現應受法律懲罰的那個人……在分割來自生產的收益時，我們同樣不是去說明全部的因果關係，而是說明適當限制的歸屬——所不同的只是從經濟的觀點而不是從法律的觀點。（第76頁）

這個觀點並不完全對。除非能在分析上將單個生產服務的（邊際）物質產品區分開來，否則就不可能區分其價值產品的份額。因此，經濟學家必須瞭解物質生產函數以及相關的價格，況且維塞爾本人也以這樣的函數為假定條件。

維塞爾爭辯說，在決定合作生產消費品的單個生產要素的價格時，一般的

---

① 在《社會經濟學》中，這些單一目的的生產性物品被稱為特殊的生產資料，與可轉移資源或成本工具相對照（第81頁）。

② 「如果一個物品有使用價值10（指一個單位；第二個單位只值1），成本價值6，它就必須被估價為6，只要它能再生產。」（第177頁）同樣的論述在龐巴維克理論中是很有力的。

③ 這種說法所暗含的含義是：必須使用所能得到的最好技術。

歸屬命題是沒有價值的。現在我們來考察他對這個問題的答案。

在提出他自己的分配論之前，維塞爾首先指出了門格爾論述中的一些所謂缺點，他認為這些缺點使門格爾不能對「整個答案做出完整的說明」（第3篇第4章）。問題的關鍵在於應用門格爾的損失法（即用撤除一單位某個要素對總產品的影響來衡量應歸於該要素的份額）的結果會使分配額大於總產品。維塞爾舉例如下：三個生產要素以最有效率的結合將帶來10單位產品；如果將它們用於其他用途，則每個單位要素能帶來3單位產品。① 因此，從最有利的組合撤除任何一個要素將會損失4單位產品。② 如使用損失法計算，則三個要素的總報酬是12個單位產品，而總產品只有10個單位。錯誤的結論說明了門格爾理論的錯誤。維塞爾將這一錯誤歸因於沒有認識到撤除一種要素會減少其餘要素的生產率。在維塞爾對門格爾的批評中還暗含著一個主題，即要素之間的比例並不是連續可變的。

不必對維塞爾就門格爾理論所做的這些反駁做更精細的分析。其作為論證依據的粗淺例證迴避了整個問題的實質。如果總產品和各種（同質的）要素的生產率沒有這種離散的變化，如果假定存在一次生產函數，那就不可能提出產品分配過頭的問題。其次，即使接受該例證的原理，它所表現的依然是一種非均衡狀態；資源將會被轉移到這個最有利可圖的選擇上來，直到它不再比其他工業更有利時為止。

在轉向維塞爾關於分配問題的解決方案之前，有必要對其著作中關於要素比例變動的不同概念做出說明。他在許多地方看來明確承認了生產任何產品的要素比例發生變動的可能性（第72-73，77-78，82，117，160，200頁）。③ 然而，可以毫無困難地發現他在許多地方又相信生產一種商品所使用的各種要素的比例是固定的（第86-88，90註，103，108，200頁），④ 而且這個概念是他的分配論的基礎。我相信這種模稜兩可的說法應當歸因於他關於生產要素

---

① 分開使用這些資源將會提高「三組中每組報酬……3單位」（第83頁），這裡事先假定這個未考察的工業中的要素比例是可變的。

② 因為按照假定，其他的組合不是最有效率的，所以這裡假定分開以後每個要素能帶來的產品只有3個單位；又因為撤除了一要素以後，可以通過剩下的兩個要素的新組合帶來6個單位的產品，所以撤除一單位要素的損失是4單位產品——譯者註。

③ 《起源》，第45，175，176頁。

④ 同上書，特別是第175頁：「但多數生產要素在嚴格意義上講是互補的，不會出現缺少了一種要素組合，其他的要素組合就完全失去效力（缺一不可）的情況……」

比例變動的概念是混亂的。維塞爾幾乎必然認為，在其他要素既定條件下，改變合作生產中一個要素的數量一般來說是可能的，但他顯然又相信比例變化會帶來一種新的不同的產品。下面這段引語只是對這種解釋的明確支持，但是從他的思想的一般進程中也得到了進一步的證明：

但是，不管交換多麼專業化，生產組合的種類無疑比生產財貨的種類還是要多。像生鐵和煤炭這樣的財貨（甚至是一種截然不同來源或品質的財貨）可能參與組合的類別就數不勝數，對非熟練勞動或散工勞動，也可以這樣說。同一塊土地用輪作法便可種植各種不同的莊稼。於是出現這樣一種情況：單是改變一個組合中同一類財貨的數量就足以產生一個新的方程式（即一種新產品）。（第 90 頁註，又可參看第 176 頁）

維塞爾提出了一種「經過改進的」分配理論，以補救門格爾論述的所謂缺點。維塞爾的理論基於「生產的貢獻」這個概念。所謂「生產的貢獻」，是指「單個生產要素的工作報酬在總生產報酬中的比例」。（第 88 頁）「生產的貢獻」和損失原理所說的份額之間的區別，就是「貢獻」與「合作」之間的辯證區別，維塞爾承認這個區別顯得是「矛盾的」和「人為的」，事實上也的確如此（第 3 篇第 6 章各處）。生產的貢獻的性質最好還是通過對維塞爾理論的細緻分析來加以說明。

維塞爾為他的歸屬論提出了兩個假定條件：①生產要素的價值等於其產品的價值（第 88、91 頁等）；②生產要素結合的比例是固定的，但在各個工業之間是變化的（第 3 篇第 5 章）。

這些條件以下列方程式表示，其中 x、y 和 z 分別表示生產要素 X、Y 和 Z 一單位的價值，等式右邊的價值表示三種產品的不同單位的價格：

$$x + y = 100 \qquad (1)$$
$$2x + 3z = 290 \qquad (2)$$
$$4y + 5z = 590 \qquad (3)$$

同時解這些方程，便可得生產要素的單位價值。它們分別是：x 是 40，

y 是 60，z 是 70。這就是這些生產要素的「生產的貢獻」①。

　　有趣的是，奈特教授②提議，可以用維塞爾自己的方程式證明「損失原理」的份額與「生產貢獻」的份額一樣的。從維塞爾的方程式可以看出，這三個工業利用可獲得的資源，能生產出這三種商品各一個單位，生產要素 X、Y 和 Z 的數量必定分別是 3、5 和 8 個單位。讓我們抽掉一個單位的 X（留下 2 個單位），觀察一下它對資源在各商品之間新配置的生產的影響，以 a、b 和 c 標示方程式（1）、（2）和（3）中的商品。於是方程式變成：

$$A\,(x+y) = 100\,A \quad (1.1)$$
$$B\,(2x+3z) = 290\,B \quad (2.1)$$
$$C\,(4y+5z) = 590\,C \quad (3.1)$$

這裡 A、B 和 C 是表現資源新配置的係數（它們當然全都等於撤除一單位 X 以前的單位數）。為發現撤除一個單位 X 後資源的重新配置，可將方程式改寫如下：

$$Ax + B2x = 2x \quad (4)$$
$$Ay + C4y = 5y \quad (5)$$
$$B3z + C5z = 8z \quad (6)$$

消去 x、y 和 z，可從這個方程式體系得出 A、B 和 C 的價值，它們分別是 $A=0.454,56$，$B=0.772,72$，$C=1.136,36$。現在可以從方程式（1.1）、（2.1）和（3.1）右邊的數字計算出總產品量，它是 939.998，比撤除一單位 X 之前的總產品（980）少 40.002 個單位，它幾乎正好等於用最初的方程式衡量的生產貢獻（稍有出入是由於數字四捨五入所致）！

　　還可以看出，同樣的結論具有普遍性，不管是最初的方程式還是撤除了可

---

　　① 在《社會經濟學》中，「特殊的要素」（參看第 162 頁註 2〔指單一目的生產要素〕）被看作剩餘要求者，即使在單一產品生產中可能存在若干要素也是這樣。當在一種產品生產中使用的特殊要素不止一個時，它們的份額是分不開的。

　　② 奈特. 對克拉克教授關於邊際生產率解說的一個註釋〔J〕. 政治經濟學雜誌，XXXIII（1925）：550–553.

变要素后的方程式。① 如果给定一系列最终产品的价格，又给定一系列固定技术系数，则生产要素的价值不受其绝对或相对供给量的影响。这种分析在经济问题上是无用的，这是自明之理；维克塞尔对维塞尔的著名批判看来是完全正确的：他指出这些方程式只能证明生产要素的价格在整个工业中是统一的。②

应当注意到，维塞尔的理论在20世纪被一些经济学家所接受。F. M. 泰勒给他的边际生产率论增添了一个几乎完全相同的结构，因为在许多工业中现存的比例的固定性被认为是对变动原理的一种限制，从而使补充的（或者不同等的）固定系数体系具有「很大意义」。③ J. R. 希克斯也概述了一个同维塞尔体系相类似的体系。④ 不过，希克斯的理论表述得非常简略，他不过要说明，即使生产系数是固定的，也要决定工资率和资源配置。W. 弗鲁格尔也许是维塞尔的无条件的追随者。⑤

有几点批评可被用来反对使用固定生产系数方法决定产品分配：⑥

首先，这种分析暗含的假定是：最终产品的价格是既定的，而且在此条件下，其需求函数的弹性是无限的。泰勒明确指出了这一点⑦，其他人则忽视了这一点（希克斯除外）。很显然，如果任何产品的需求弹性不是无限的，价格就成了产量的函数，而且总销售价格不再等于一个常数（即方程式〔1〕中的100倍的产量）。无限弹性的假定对单个企业可能是真的，但用于任何产品的总需求，它就是荒谬的了。在后面这个场合（也就是这些作者处理的场合），

---

① 参看本章最后的数学注释。
② 维克塞尔. 价值、资本和地租 [M]. 耶纳, 1893, 第 xii 页：「有一点很清楚，即不管如何夸大方程式的意义，人们通过这一过程瞭解的情况也不会比预先知道的多。就是说，在自由竞争条件下，同一种『生产资料』的报酬或利润份额在所有的工业中都是基本相同的。很显然，上述方程式恰恰说明了这一点。」
③ 泰勒. 经济学原理 [M]. 8版. 纽约, 1923；第30章。唯一值得注意的区别是：泰勒相信在生产某些产品时生产要素的结合可能不止一种，而组合方法的选择则取决于所用要素的价格。这个让步确实放弃了比例固定的所有场合，因为，按照推理，如果有两种组合是可能的，为什么就不能存在也能生产相同产品的其他组合插入其间呢？事实上，泰勒的讨论强烈暗示了比例的连续变动。
④ 希克斯. 边际生产率和变动原理 [J]. 经济学, XII (1932): 79-89；工资理论 [M]. 伦敦, 1932: 11-19.
⑤ 为了强调「维塞尔公式的实用性和重要性」，弗鲁格尔把维塞尔的体系扩大到包括8个未知数的6个方程式！弗鲁格尔. 论庞巴维克和维塞尔对经济归属问题的解答 [M] // 格尼斯堡研究协会文集. 1930年；241-277.
⑥ 埃杰沃斯对《自然价值》的评论有欠公允。他以报酬递增为假定条件，指出维塞尔的方法是荒谬的；但是用他这样的假定同样可以得出荒谬的结论。参看：埃杰沃斯. 有关政治经济学论文集 [M]. 伦敦, 1925：Ⅲ, 53.
⑦ 同上书，第389-390页。

不求助於其他表明對最終產品需求的方程組，就不可能取得分配問題的確定無疑的答案。這正是瓦爾拉斯所做的事情①，並為卡塞爾和希克斯所繼承。

其次，為了通過聯立方程式來衡量生產貢獻，必須使統一的生產係數（方程式）與生產要素（未知數）一樣多。維塞爾承認這一點，但是他對這個問題的回答是幼稚可笑和不能令人滿意的。他指出了各種不同生產要素的數量無疑是不確定的這個事實，但是，他又認為存在數量更多的方程式（若干套技術係數），因為同一要素可被用於生產許多不同的產品②（第89頁註）會使該體系過於武斷，而且使穩定的均衡成為不可能。這是一個令人不悅的結論，我們在這個場合倒是非常樂於遵循古爾諾的討人喜歡的做法，拒絕將這個不確定的答案看成是正確的。更無可置疑的是，這個體系必須是確定的，因為，用維塞爾的方程式所做的實驗表明，他的體系可被看成是傳統邊際生產率理論對一個既定靜態均衡點的重新表述。

主要的評論就是這些。由邊際生產率原理所達到的一個靜態均衡點可以用固定生產係數重新加以表述。但是，這種表述非但於事無補，反而犧牲了對經濟生活的適用性，也丟掉了報酬遞減的重要原理（維塞爾的要素邊際生產率是不變的）。實際上，維塞爾的方程式是同質的和一次的，符合尤勒定理的要求。因此它們應當面對這些批評，即這些方程式不具有經濟有效性（隨後考察這些批評），而且也幾乎不能像其他相同一般類型的方程式那樣為經濟分析服務。③

各種特定份額

作為一般分配論的補充，維塞爾還分析了「神聖的三位一體」——土地、勞動和資本的報酬。④ 對前兩個即土地和勞動報酬無須多談，因為維塞爾的理論對經濟思想的發展沒有什麼貢獻；他對資本進行了非常透徹的論述，而且通

---

① 參看本書第9章。
② 他暗示說（第89，101頁），改變一種要素的供給將只需要重新計算它參與其中的那些方程式。這當然是不對的。必須決定整個的新均衡。
③ 參看本書第12章。
④ 對生產要素的這種分類，除了方便以外，維塞爾並沒有給它增加什麼意義，對此他很少提及。參看第89頁註，第94頁；《社會經濟學》，第11頁；《起源》，第171頁。

常人們的注意力也集中在這個主題上。他實際上沒有注意到純利潤問題。①

地租理論

對維塞爾地租論的任何批判分析一定是否定的，就像維塞爾自己對李嘉圖的態度一樣（參看第 3 篇第 II 部分，自然地租；又見第 5 篇第 12 章，作為成本要素的土地地租）。一些所謂基本錯誤被加到李嘉圖的地租論上，但這些「錯誤」事實上不過是維塞爾對古典理論吹毛求疵和胡亂解釋的結果。②

不過，維塞爾地租論的一個方面應當加以仔細考慮。他是主張傳統地租論也能適用於解釋土地以外的生產要素報酬的第一批作者之一。他認為這個理論適用於所有的要素：「愈肥沃的土地，愈接近需求地域的土地，愈熟練的勞動，愈有效率的機器，不僅代價更高，而且由於它們質量更好，報酬中歸屬於它們的份額也更大——的確，這就是它們得到較高報酬的原因。」（第 113 頁，還可參看第 3 篇第 13 章，以及 119 頁註、122 頁註）維塞爾實際上把李嘉圖理論提高到「極差歸屬的普遍規律」的高度，並且特別把它用於解釋具體資本的報酬（第 128 頁）。這就含蓄地承認了古典派的地租論同所有報酬一般化的解釋是不矛盾的。這是維塞爾的一個貢獻，儘管他對調和這兩種思路的做法完全沒有做出解釋。

工資理論

像門格爾一樣，維塞爾也是勞動價值論的嚴厲批判者（第 3 篇第 3 章；第 4 篇第 4 章等）。在列舉了理論要點（通常也是不重要之點）以後，維塞爾指出了他所分析的問題同共產主義國家的關係。從下面的引語可以看出他的觀點：「只有勞動理論試圖這樣做（以成本解釋價值），但是它由此——正如我們將要說明的那樣——給理論政治經濟學引進了一個最大的錯誤，這個錯誤一

---

① 在《起源》中提出了一種利潤論：「只要生產是新的，這種吸收過程就進行。在人們瞭解新的生產方式之前，這種生產資料根本就沒有或者只有一點點價值。瞭解新程序會引起價值的闖入或者說上漲，常常引起異常大的增值。這是經常產生大得驚人的生產利潤的源泉。」（第 145 頁）這顯然是一種「動態的」研究利潤的方法，但是沒有分析的價值；在實際生活中，產品價格下跌通常要比價格上升重要得多。

② 例如，維塞爾暗示說（第 119-120 頁），李嘉圖不懂得他的理論要求最好的土地、資本和勞動的數量是有限的；維塞爾還認為（第 120 頁極為重要），李嘉圖的理論只適用於無租土地，等等。

直充斥著這個領域。」①（第185頁）

維塞爾對勞動服務的看法同對分配中其他要素服務的看法完全一樣。勞動和其他要素的唯一區別是，沒有討論自由勞動者的價值，因為未來的收益不可能被資本化（第161頁）。維塞爾理論的一個有趣的方面是他拒絕生活資料工資論的死板形式（第5篇第7章）。他提出了兩個不太令人信服的理由。第一，只有一些勞動者階級拿的是最低工資，而性本能不是同樣在所有階級中起作用嗎？第二，當一些經濟學家同意說一種習慣的生活標準可能是工人力求保持的最低生活標準時，他們暗示工資是穩定的，而這在經驗上是錯誤的。

資本和利息理論

在論述維塞爾的資本理論前，有必要明確指出這個理論的幾個前提條件：

（1）資本包括不耐久的物品（但不包括勞動者的生活資料），而且它們在生產過程中被完全消耗掉。②

（2）資本再生產的總產品，其價值會超過生產過程中消耗掉的資本價值。③

（3）在整個討論中，資本的供給暗中假定固定不變。

他對前兩個條件進行了仔細檢查，第二條是確切值，第一條只是近似值。④ 分析資本生產率——維塞爾把這個詞嚴格限制為超過補償的純收益（第126頁）——主要是為了反駁勞動價值論，但是也形成了一些基本點，說明資本的廣泛使用正是其生產性的實際證明。至於耐久資本，維塞爾認為，利息率（連同不耐久資本已被決定了）被用於對固定資本的未來收益折扣，因而也就決定了收益來源的價值。固定資本「實際上對資本的估價原理是無關緊要的」（第152頁）。

---

① 在指出一些社會主義者力求把流動資本歸結到勞動之後，維塞爾說：「至於結論，我覺得這樣一來，對經濟學的任務和方法的誤解已經登峰造極。」（《起源》，第113頁）

② 「我把『資本』這個名詞理解為不耐久的或可移動的生產資料」（第124頁註）；「我並不包括必須在手邊為勞動者準備好的生產資料。這些是生產的條件，但不是它的原因」（第125頁註，又見第190頁）。最後這一點清楚地表明，把主觀價值理論家統稱為「奧地利學派」是危險的：在杰文斯和龐巴維克看來，勞動者的生活資料只是資本的一種形式。

③ 「在總收益中一定能找到新生產的全部被消耗的資本，此外還一定有某種剩餘。」（第125頁）維塞爾顯然假定資本物品在生產過程中被完全消耗掉了。他的資本範疇包括機器等。

④ 在第4篇第6章才提出耐久資本問題。

讓我們回到維塞爾的資本理論。三個條件既定，決定利息率就相對簡單了。資本的總歸屬報酬由兩部分構成：資本再生產和純收益（再生產和維持費用合一，因為資本物品被全部消耗掉了）。資本不可能對這個純收益提出要求：「如果從105的價值中，把5放在一旁作為可能被消費的成果，而又不妨礙該資本全部更新，那就只有剩下的100能被算作資本價值。」①（第141頁）維塞爾在回答龐巴維克對杜能的批判時指出，只要存在資本的純物質生產力，就絕不能把這個純收益合併到資本價值中去。② 利率決定於純收益與資本價值的比率；「利息代表歸給資本的純增加值，或是資本的成果」③（第144頁；又見第4篇第3章各處）。當增加額對資本的百分比「存在於大量相關場合時」，它就變成了利息率。利息率在各種職業間的平均化當然是競爭的結果。

關於消費借款的利率，維塞爾得出了近似於費雪爾後來的「收入流」概念（第4篇第8章）。「偶然和私人的情況」決定了個人究竟想要現在的收入還是未來的收入，對後者的偏好並不是不合理的。這暗示說，偏好在個人之間的變動致使其對他們的實際效果相互抵銷。然而，因為貸款者總能得到生產的利率，所以消費借款的利率必須等於生產貸款利率（第153頁，第4篇第2章）。

維塞爾資本理論還有一個重要方面應當提到。在資本問題上對社會主義者的重炮猛轟（雖然《自然價值》充斥著這種攻擊）集中在他們試圖把資本還原為勞動上，他稱這種努力是一種「理論上的異想天開」（第5篇第10章）。他批判了用於支持社會主義者上述論題的兩種根據。第一，儘管資本常常真的排擠勞動，像他們說的那樣，但是，情況往往不是這樣（例如初級原料場合），甚至完全相反。④ 第二條論證的路線倒退到資本的起源。社會主義者說，資本歸根到底是通過勞動獲得的。反駁是強有力的，儘管是不相干的：

---

① 維塞爾看來有這樣一個粗淺的概念：產品是在生產過程結束時得到的，即資本物品的生命是突然終結的。

② 維塞爾承認（第126頁）：「我們理論的任務最終是要證實資本的價值生產力」，但是，絕不能孤立地看待價值方面。這種做法與其分配論有著內在的一致性。這是因為，如果遞增使用資本並不帶來遞減報酬，如果最終產品的價格保持不變，那麼，物質的價值的生產力將總是成比例的。事實上，對單個企業家來說，只有第二個假定條件對得出這個結論才是需要的。龐巴維克做出了同樣的假定。

③ 參看《社會經濟學》，第138頁：「利息率是資本邊際生產率的表現，不多也不少。」

④ 生產要素比率變動的概念就是在論證的這一點上順便提出來的（第200頁）。

讓讀者來判斷吧！首先，對勞動的經濟估價是用勞動的特殊性質，即勞動的使用必然要求有個人犧牲來說明的。而資本在被承認是物化勞動，勞動也被承認已被變成非人格的東西之後，卻要資本服從於同樣的估價：這種處理不可能是合理的。（第 200-201 頁）

維塞爾的資本理論具有一種特殊的混合性質。通過完全撤資這種不合理的假定，維塞爾的資本理論同杰文斯的概念聯繫起來，但它沒有包含生產時期等因素。假定資本供給固定的實際效果是把這個理論還原為一種純粹的生產率利息論，但它不可能被說成是邊際生產率論，因為它基於錯誤的歸屬概念。① 沒有考察投資期間的資本利息是另一個缺點。② 最後，假定產品價格不變是維塞爾分配理論的基礎，這個假定自動取消了物質生產率和價值生產率的關係問題，從而也就取消了要素供給變動對它們的相對產品份額的影響問題。

但是，從另一方面來看，可以毫不誇張地說，維塞爾的資本論是到當時為止所出現的最好的資本理論之一。也許這個可疑的讚揚有點太響亮了。他認為資本實質上是永恆不變的〔因為純生產率是在提供了資本全部維持費用之後才衡量的（第 133 頁）〕③，他的這個論斷的意義並沒有因為他假定資本具有完全的流動性而受到損害。後面這個假定是為簡化分析而採取的一種方法，並未觸及問題的核心。其次，維塞爾著重於資本的需求（這同著重於新儲蓄的供給形成了對照），這是一個真正的進展。事實上，從經驗上來看，每年來自現存資本的如此小的一部分新儲蓄對利率的影響是微不足道的，即使在「相當長」的時期也是如此。最後，維塞爾（杰文斯也是如此）對認為人們按其本性總是傾向於相對於未來而高估現在的論斷也提出了很好的反對意見。④ 我們將在下一章討論龐巴維克時再來研究資本理論的這個方面。

---

① 他承認這種依賴性（第 127 頁）。這一點實際上是一種本質的批判。在不影響維塞爾資本理論的條件下，也完全可能通過邊際生產率分析得到純產品。
② 維塞爾的論述以即時投資為假定。當然，投資隨時間而增加的情況除外。
③ 《社會經濟學》第 65 頁。
④ 同上書，第 38 頁：「因此，一個人可以說，在所有正常發展的人們中，以同樣的方式讚揚現在和未來是一個合理的格言。」還可參看《自然價值》第 19 頁註；第 4 篇第 11 章。

數學註釋

據方程 (1.1)、(2.1) 和 (3.1)①，可將總價值產品 (T.V.P.) 寫成：

(Ⅰ)　　$T.V.P. = 100A + 290B + 590C$

方程 (4)、(5) 和 (6) 可以寫成：

(Ⅱ)　　$A + 2B = X$
(Ⅲ)　　$A + 4c = Y$
(Ⅳ)　　$3B + 5C = Z$

此處 X、Y 和 Z 是生產要素總供給。如果根據 X、Y 和 Z 解這些方程式，可得 A、B 和 C 值如下：

$$A = \frac{6}{11}X + \frac{5}{11}Y - \frac{4}{11}Z$$

$$B = \frac{5}{22}X - \frac{5}{22}Y + \frac{2}{11}Z$$

$$C = \frac{1}{11}Z - \frac{3}{22}X + \frac{3}{22}Y$$

如把這些值代入方程 (Ⅰ)，結果可以簡化為：

(Ⅱ)　　$T.V.P. = 40X + 60Y + 70Z$

如果任何生產要素的量被減少一個單位（或者任何其他單位數，因為這是線性方程），減少的產品量恰好就是它的「生產貢獻」量。

---

① 參看前文第 167 頁。

第八章 歐根·馮·龐巴維克

　　歐根·馮·龐巴維克是奧地利學派最著名和影響最大的奠基者。① 像維塞爾一樣，龐巴維克也是從門格爾主觀價值論的基礎出發的，並將這個理論拓展到生產和分配領域。但門格爾這兩位最重要的學生對《國民經濟學原理》的解釋和發展卻不盡相同。

　　龐巴維克的卓越地位當然是很有根據的。在**方法論爭論**後期，當德國經濟理論家只能（像熊彼特所說）假定讀者「常常有十分危險的誤解傾向」② 的時候，龐巴維克卻在勇敢地為理論的權利而鬥爭。儘管在那場多半無所助益的方法論爭論中，龐巴維克不曾深涉其事，但他積極分享當時爭論成果的情況表明，他帶著自信和徹底性做出了自己的理論貢獻，這種自信和徹底性在與反對理論分析偏見的決裂中，其作用要比更溫和以及自我批評（如馬歇爾所做的那樣）更有效。而且，在國外特別是在英國和美國，龐巴維克擁有比門格爾和維塞爾更廣泛的讀者。他的著作的早期譯本在這方面起了重要作用③，他在英美經濟學雜誌上的出擊，特別是與克拉克和埃杰沃斯的對立也起了很大作用。當然，龐巴維克還對主觀價值方法做了廣泛的一般化，這種方法在操英語的國家一直是由杰文斯提供的，而在克拉克（在美國）和威斯迪德（在英國）以前，一直缺乏本土的作品。

---

　　① 對龐巴維克的影響的描繪，可參看：熊彼特. 龐巴維克的生平和事業 [J]. 國民經濟、社會政策和行政管理, XXIII (1914)：454-528. 熊彼特對龐巴維克理論的分析一般來說是有用的，不過他的觀點在我看來有些過分。F. X. 威茲對《全集》（維也納, 1924 年, 第 iii-xv）的序言也是令人感興趣的。

　　② 同上文, 第 459 頁。

　　③ 門格爾的《國民經濟學原理》在重印於倫敦學院的叢書（1934 年）問世以前一直沒有翻譯出版, 成了難得的珍品；維塞爾的《自然價值》（1893 年）是在龐巴維克《資本和資本利息》英譯本問世 2 年後才翻譯出版的。

龐巴維克的理論著作集中於資本和利息問題。不過這只是他研究內容的一部分，實際上他在發展自己理論的過程中，不僅研究了價格和分配問題，而且通過他的資本論提供了關於一般經濟結構的概念。但是，價格論和資本主義生產論多半是相互獨立的。龐巴維克在生產論中論述了分配，他的生產論來自維塞爾的選擇成本論。相反，他的資本論以及生產和動機理論卻主要基於對**時間**在經濟生活中的作用的研究，此後的研究大都沿著這種兩分法進行。

最後就龐巴維克的方法論再說幾句話。他在這方面並不是高度統一的：在制定各項極端大膽的假定條件時他不覺得勉強，但在相對次要問題上他卻常常要做出許多限制以符合經驗觀察。這可用其效用論說明之。一方面，他認為效用甚至可以在**基數的意義**上進行衡量，並在個人之間加以比較；但是，另一方面，他又決不贊同假定效用的連續性，也不贊同需求函數（其實這種函數只在很小程度上缺乏現實性，但對分析來說卻是極為重要的）。龐巴維克理論的更重要弱點是他不理解當代經濟理論的一些最重要的要素，不理解相互決定概念和均衡概念（通過使用聯立方程理論而得到了發展）①；相互決定的觀念被他一腳踢開，他卻秉持著傳統的因果概念②，儘管他常常不自覺地使用了現代方法。龐巴維克在方法論上的迷誤也許最明顯地反應在他批判費雪爾利息論的過程中：

……存在因果關係的地方，同樣可以用數學方法（它總是從已知數得出未知數）從後果找出原因，就像從原因得出後果一樣……唯一的結論與因果問題的關係是中性的；它與因果關係無關。

因此，一個「問題」的唯一的結論絕不意味著手上已經握有該問題的正確因果答案了，特別是它並不表示一定擺脫了循環論證。甚至從數學上來決定問題時也可能陷入循環論證。③

---

① 龐巴維克沒有經過專業的數學訓練。參看《資本實證論》，倫敦，1891 年，第 396 頁註；德文《資本實證論》，第 4 版，耶納，1921 年，Ⅰ，第 426 頁註。
② 參看《資本實證論》第 4 版，Ⅱ，第 173-174 頁。
③ 同上書，第 315 頁。

短期理論

資源配置①

龐巴維克對資源配置問題答案的陳述，就其基本方面來說，與維塞爾的相類似，並以後者的理論為基礎，儘管維塞爾的論述是相當清楚易懂的。

主觀價值是經濟價值的唯一的最終的決定因素。所有生產物品（第二級或更高級物品）的價值均來自它們的最終產品的價值。② 不過，「成本規律」在價值決定中還起著部分的次要的作用。一定量既定資源的邊際產品的價值（一種類型的資源可用於生產不同的商品）決定著價格，那是任何工業都必須為一單位該資源付出的價格。③ 所有的產品，如果其價值過低，不足以支付這種邊際產品的價值，就將被從這種資源的使用中排除出去。所有的工業，如果其價值可以為該項資源支付更高價格，那它就會在非同尋常利潤的刺激下得到擴張，直至達到一個均衡點，在這個均衡點上，由增加每單位該資源所增加的邊際效用在所有工業中都是相等的。④

資源配置的這種一般框架同維塞爾的觀點是一致的，但在一個重要方面龐巴維克的具體解釋有所不同。奧地利人通常假定生產資源（或者更適當地說，生產服務）的數量完全固定，這仍是他分析的一個明確部分。⑤ 不過，龐巴維克在兩點上脫離了這個假定。第一個例外涉及資本，他對資本供給的變動做了

---

① 這些內容可以在《資本實證論》第3~4篇看到，這些章節是對他原先的一篇文章稍做壓縮而成的，該文題為《經濟物品理論的基本原理》，載《康拉德國民經濟和統計雜誌》，XIII（1886年），第1-66，477-541頁；後又重印於倫敦學院珍本叢書（第11本）；《資本實證論》第2~3版也有少許改動（這裡用的第4版是在作者身後重印的第3版）。《價值的最終標準》，載《美國學院年鑒》，V（1894—1895年），第149-208頁，也應參考。感謝麥克米倫公司應允我引用《資本實證論》。

② 「……這一點是自明的，生產性物品，像其他物品一樣，只有當我們認識到它的有無同我們能否獲得某一效用和使某一需要得到滿足時，它對我們才有價值。」（《資本實證論》，第180頁特別重要）與此相關，龐巴維克指出，由於利息的出現，在生產要素價值及其產品價值之間有了區別，不過他把對這種價值之間的邊際的考察推到包含其利息論的章節中。

③ 「生產性單位的價值，是和該單位在經濟上所能使用的一切產品中具有最小邊際效用的那個單位的邊際效用和價值相適應的。」（第186頁）

④ 如果某人擁有能用於生產各種商品的資源，那麼，「（每種商品的）生產量將這樣被規定，使得在每一種類中，同樣重要的需求將依賴於這一種類的最後一件物品，而每一件物品的邊際效用將因此大致相等。」（第185頁）又見第228頁）這個說法勉強被證明適用於（龐巴維克類型的）不連續性效用案例和需求曲線。對這個不連續性假定的維護（在我看來是完全不成功的）以對抗熊彼特的尖銳批判，《資本實證論》（第4版），II，第163-17頁。

⑤ 《資本實證論》，第229頁。

長篇論述，這一點將在下面討論。

第二個例外（龐巴維克否認它在數量上有任何意義）是勞動的反效用通過限制勞動供給而間接影響物品價值。① 勞動者將（當他有可能時）改變其勞動時間和勞動強度，直到勞動的邊際反效用等於從該勞動取得的產品的邊際效用相等為止。這同杰文斯是一致的，「對它的正確性提不出批評意見」②。

很顯然，完全接受杰文斯的理論，有效地為龐巴維克比其他任何人都更賣力地宣傳的理論奠定了基礎，這種理論認為產品的效用是價值的最終的唯一決定因素（除非考慮到閒暇的效用，或者不同種類工作的相對反效用）；還認為估價一個單位的產品只能依據其邊際產品的價值；龐巴維克提出了若干理由來支持這種理論。

第一個理由基於這個事實：單個工人不可能改變他的勞動量（每日勞動持續時間），因為多數工業組織不會接受或者不可能接受工人的特殊要求。③ 人們看到了這一點並承認這是一個困難，但不為杰文斯、威斯迪德和大多數經濟學家所重視，這些經濟學家以選擇成本決定個人的勞動供給（和其他資源）。反效用只有通過影響該資源提供的生產服務量，或者通過影響這些資源在各種行業之間的配置，才能影響相對供給和商品的價格。龐巴維克否認前一種解釋的經驗意義，他對後一種解釋的否認將在下面考察。

當然，對限制變動工作時間的數量意義是可以討論的。埃杰沃斯極力縮小它的意義，他認為工種、職業選擇、養育子女成本以及工作時間的實際變動，都是影響杰文斯理論一般適用性的因素。④ 相反地，龐巴維克則認為這種限制很重要，以致在價值的最終決定因素中，反效用只起（據說是）二十分之一的作用，其餘的決定因素則是效用。⑤ 這個觀點是難以解釋的。無論反效用通過上述一種還是兩種方式起作用，效用都不是「唯一的」決定因素，或者它

---

① 這個例外出現在他的《基本原理》一文中（倫敦學院重印本），第 42-45 頁。在《資本實證論》中刪去了；但後來又出現在《資本實證論》第 4 版第 3 篇第 1 部分第 8 章「價值和勞動」中。離題的論述 IX，參考資料：《反效用在勞動理論體系中的地位》（同上書，第 II 卷）；《價值的最終標準》的長篇討論（同前文，第 166-180 頁）也值得參考。

② 《資本實證論》（第 4 版），II，第 194 頁。

③ 「只是在我們現行分工合作的生產條件下，進行如此聯合的抽象可能性很難變成具體的現實。」（同上書，第 4 版，I，第 225-226 頁）龐巴維克沒有考慮曠工對勞動量變動的影響。

④ 《與政治經濟學相關的論文集》（倫敦，1925 年），III，第 59-64 頁。

⑤ 《價值的最終標準》，第 200 頁。

不可能對相對價值有任何影響。①

另外兩個理由是針對效用的「最終性」提出來的。在幾乎所有物品生產中都會使用熟練勞動，而「熟練勞動……並不比一般勞動更痛苦……」②。但是熟練勞動的報酬更高，可見痛苦或反效用不可能決定價值。這構成了對反效用會影響相對價值的第二種可能方式（即影響生產服務在這種行業或用途之間的配置）的反駁。勞動者無力使各可選擇職業之間的貨幣收入趨於相等，這並不損害反效用理論。但是，為了說明反效用對產品的相對價值沒有影響，龐巴維克還必須進一步說明，例如，熟練勞動在各職業之間的配置不會受到這些職業的相對反效用的影響，但他卻沒有考慮這種可能性。

最後，甚至撇開對上述反效用的限制不談，龐巴維克仍然認為邊際效用是決定價值的最終基礎。③ 這個結論的基礎是龐巴維克陳舊的因果論觀點（上面已經指出過），但依據馬歇爾基於同樣假定的相互決定論，龐巴維克的論點完全是似是而非的悖論。他爭辯說，即使當邊際效用必須等於邊際反效用時，**知道**前者（邊際效用）決定價值就夠了。可以承認這一點，但是，因為個人勞動服務（從而商品）的供給取決於邊際效用曲線和邊際反效用曲線的交點，所以，邊際效用本身的決定也要取決於反效用。龐巴維克完全無視這種依賴關係。

然而，討論的所有這些內容顯然與價值的「最終」決定問題基本無關。如果生產函數加入價值決定，如果由既定資源（更準確地說是既定的一組資源）所生產的兩種產品的單位數被技術條件在功能上所固定——龐巴維克是同意這一切的——那麼，成本就是價值的一個獨立的決定因素。④ 如果「最

---

① 馬歇爾也反對龐巴維克的觀點：「如果一個人在他願意時即可停工，那麼，當繼續工作所得之利看來不再超過不利時，他就停工；如果他必須和別人一道工作，他的工作日長度常常是固定的；在一些行業中，他在一年的工作日數實際上也是規定了的。但是嚴格規定其工作量的行業極為罕見。如果他不能或不願提供當地流行的最低標準，他一般能在其他標準較低的地方找到工作；而各地的標準是由當地工業人口權衡各種不同強度的工作的利弊而建立起來的。因此，一個人的個人抉擇在決定其一年工作量方面不起作用的場合，像下述場合一樣例外，即一個人必須居住一所大小非其所願的房子，因為他沒有其他房子可住……因此，龐巴維克提出的這個論點是沒有適當根據的……」（《經濟學原理》，第 8 版，倫敦，1920 年，第 527 頁註）。

② 《價值的最終標準》，第 176 頁。

③ 《資本實證論》（第 4 版），Ⅱ，第 196-197 頁。

④ 因此，埃杰沃斯下面的說法顯然是過譽了：「我承認，由龐巴維克教授解釋的……通常可被稱為一般李嘉圖主義關於固定勞動量的假定是正確的，即價值的最終標準是效用，而不是反效用。」（《論文集》，Ⅲ，第 62 頁）

終」並不意味著「獨立」，那麼整個討論也就失去了意義。①

分配理論

龐巴維克的歸屬論是他對奧地利人的價格論唯一重要的貢獻。它表面上是以門格爾的理論為基礎的②，但是，對門格爾理論如此重要的生產要素結合比率可變動原理，在龐巴維克理論中卻完全闕如。龐巴維克的歸屬論是聯繫到補全物品（無論是第一級還是高級，即無論是消費者還是生產性物品）提出來的③，他區分了四種情況。

如果一組聯合要素中的任一成分沒有其他聯合成分的合作就不能使用，如果又沒有哪個成分能夠被替代的話，「那麼，其中一個單獨的成分就具有這一組產品的全部價值，其他成分便全無價值」④。完成一種組合所需要的最後這個成分（*Schlußstück*）取得該組合的全部價值。

這第一個場合實際上是龐巴維克理論的基石⑤，有必要立即加以考察。這是個壞理論。龐巴維克沒有處理經濟問題：在各種成分的比例嚴格固定的場合（他以一雙手套為例），各成分的總和是**一個**商品，單個的彼此脫離的成分沒有經濟意義。特別是在生產性物品場合，歸屬在這種情況下是不可能的。每個成分的所有者能夠而且顯然要求要素組合的全部產品，而且沒有能夠解決這一爭端的經濟原理。通過與要素成分獲取報酬的條件（即組合能夠取得全部產品價值）不相干的情況來決定分配是完全不能令人滿意的。在實際經濟生活中（也是龐巴維克力圖描繪的），如果「各種條件」對一個要素規定了一種可

---

① 在寫成上文後，有人向我提出對龐巴維克立場的另一種解釋。這種解釋基於兩點事實：第一，龐巴維克假定，資源供給和生產函數不變；第二，他假定效用表是可以變化的。由此可見，依據他的思維習慣，邊際效用是價值的「原因」或最終決定因素。這個解釋似乎有理，但龐巴維克自己的討論在我看來寧可說是上文做出的解釋。這一點當然是不重要的，因為問題在於他是否錯了，或者他是否在為一種毫無意義的同義反復進行「辯解」。

② 龐巴維克說他的分配論是「門格爾基本原理的進一步發展」（《資本實證論》〔第 4 版〕，Ⅱ，第 132 頁）。漢斯·邁耶爾是將這兩人的理論相混淆的典型；參看：歸屬 [M] // 政治科學辭典. 4 版, 1928：Ⅷ, 1212.

③ 《資本實證論》，第 3 篇第 9 章。這部分論述在第 4 版中沒有變化；在討論各種批評觀點時（同上書，Ⅱ，附錄Ⅶ，歸屬理論），龐巴維克也沒有修改。特別參看上引著作第 151 頁。

④ 同上書，第 171 頁。指出這一點是有意義的：這個場合與戈森提出的場合相一致。戈森像龐巴維克一樣，假定生產系數固定，於是得出了實質上相同的結論，即一個要素的份額「將視情況而異」。參看：人類交換規律與人類行為準則的發展 [M]. 柏林，1927：25-27.

⑤ 他自己也承認這一點。參看《資本實證論》（第 4 版），Ⅱ，第 156 頁。

變的報酬，那麼混亂將不可避免——最為明顯的就是幾乎所有的經濟活動都會投身於改變這種「條件」。

第二種場合與第一種的區別只有一個方面：物品組中的個別成分（仍然不可替換）在它們的聯合使用之外，還具有較小的效用。這個成分較低的「單獨的」價值①構成它的最低報酬；它的最高價值則等於總產品減去這個最低價值或合作成分單獨的價值。假定 A、B 和 C 三種成分的單獨價值分別是 10、20 和 30，它們的聯合產品價值 100。A 的最大價值是 100 減去 20+30，即 50；它的最低價值是 10。最大的總價值是 180，這裡出現了過度分配，「各種條件」再次占了上風。

第三種場合，據說也是最普遍的場合，與前兩種的不同之處在於它的某些（不是全部）成分可以替換。這些可替換的成分的價值（龐巴維克謂之可替換的價值）決定於「代替品在那些其他使用部分能提供的效用所給予的價值」②，（而且，由於競爭，只有這些價值）被支付給聯合使用的成分。這些可替換成分的價值歸屬於所屬的成分，剩餘的聯合產品則由不能替換的成分按照第一個和第二個原理進行分配。這些不可替代的成分被假定與實際生活中的土地相一致。這個假定一般來說顯然是錯誤的。③

第四種場合即最後一種場合是所有的成分可以自由替換。聯合產品的價值等於可替換或可代替的成本。可以注意的是，龐巴維克錯誤地認為，聯合產品的邊際效用會大於替換成本額，而這種情況不會影響價格。④

漢斯・邁耶爾對龐巴維克歸屬理論的基本弱點有很好的說明：

......（龐巴維克）開始時假定，已經存在組織完善的生產體系，通常也已完全瞭解單個生產要素的邊際組合，而且他試圖以這些組合在事後確定生產要素的價值。但這些價值是在生產結構被決定的同時形成的，而如果不瞭解取決於這些生產要素的效用，這些生產結構（即資源配置）是不可能合理進行的。⑤

---

① 顯然是由第一種場合的應用決定的。
② 《資本實證論》，第 173 頁。非常明顯，這些價值在龐巴維克的理論中一定是由前兩種場合的應用決定的。
③ 同上書，第 176 頁。
④ 同上書，第 170-171 頁。
⑤ 「歸屬」，同前書，第 1218 頁。

重複地說，生產要素服務的價值取決於它們的產品價值，而在經濟上有利地使用的程度又轉過來取決於生產要素服務的價值。單有要素是不足以解決資源配置問題的，而龐巴維克否認可應用於經濟現象的相互決定才是唯一可以接受的方法，也是唯一可以避免循環論證的方法。

　　龐巴維克公開否認一種產品的價值等於其生產要素最大化價值的必然性①，他稱這個最大化總值「純粹是一個空洞的、純算術的數字」②。他區分了給予要素份額的「歸屬」（Zurechnung）和實際上「分配」（Verteilung）給它的份額。③ 實際的份額主要基於歸屬的份額，但是，「只有在完全自由和自動競爭條件下，才能出現歸屬的份額和實際分配的份額**大致相同的趨勢**」④。還有影響這兩種份額差別的第二個典型的要素。「有一系列特殊的導致估價生產要素具體行動的條件（Lebenssituation）會堅定地確認一系列事實，估價就是為其提供服務的，而我的公式對這一系列事實提供了精確的獨一無二的解答。」⑤ 維塞爾的下述偏見既不可能也不必要：所有要素將擁有確定的歸屬給它們的份額，以及（這是一回事）分配給它們的份額，這種份額不會受到任何條件的直接影響。⑥

　　龐巴維克的分析絕沒有解決產品在其合作生產要素中的分配問題。一個人如果假定生產要素的比例是可變的，那麼通過分析工業有可能解決分配問題；這種方法會導致邊際生產率理論。一個人也可以假定固定的生產系數，那麼，對單個工業來說就沒有答案；有若干未知數，但方程式只有一個。在後面這種生產系數固定的情況下，必須將經濟看成是一個整體，就像瓦爾拉斯和維塞爾所做的那樣（後者是不自覺的）。他們的解答沒有邏輯缺陷，但他們所依據的假定的性質卻與在實際生活中使問題得以解決的條件相反。龐巴維克哪一種方法也沒有用，他也不可能解決分配問題，或者，就此來說，不能解決（生產）

---

① 《資本實證論》（第4版），II，第132-138頁，特別是第138頁。該論證的要點是，**組合的價值是可選擇的**，即任何一個要素都可能具有這個價值，但是只有一個要素在當時可能是完成組合的成分，從而取得其最大的報酬。

② 同上書，第136頁。

③ 同上書，第146-148頁。

④ 同上書，第147頁註。

⑤ 同上書，第150頁。

⑥ 同上書，第156頁。

消費中的補足性問題。①

生產要素

在本研究考察的奧地利經濟學家中，只有龐巴維克認為古典的生產要素三分法（土地、勞動和資本）具有一定的真實意義。他完全接受這種三分法，他的維護卻沒有獨到之處。②

土地與資本的經濟區別在於供給的固定性（在他的靜態方法中，所有要素都具有這種特點）、不可移動性、沒有成本以及收入性質的差別。他還列舉了非經濟的區別：土地在生產中具有一種特殊作用；土地所有者的社會經濟條件不同於資本家。③ 這些區別無須在此討論，引述它們也只是為了表明龐巴維克所持的古典的和幼稚的立場。④

上面已經指出，與龐巴維克的成本論相關，他假定「土地」是不可替換的要素，即該要素不能在各個工業之間轉移。這一點無須反駁；甚至在 40 年前最典型的古典派 J. S. 穆勒就已經指出，各種不同用途可能競相爭奪同一塊土地。

龐巴維克對資本和勞動的區分也不怎麼成功。勞動只有在「勞動者不被

---

① 在他的最後一篇論文《控制或經濟規律》，J. R. 梅茲英譯，尤金，奧利岡，1931 年，油印本；《論文集》，第 230-300 頁中，龐巴維克口頭上接受了邊際生產率論。上述英譯本，第 18 頁（特別重要），36 頁（特別重要）；《論文集》，第 251 頁（特別重要），272 頁（特別重要）。但同時他仍然堅持自己的理論（英譯本，第 27 頁特別重要；《論文集》，第 261 頁特別重要），技術性錯誤顯示出他對邊際生產率論缺乏理解。下面這段話是很典型的：「在一定時間內雇用的最後一個勞動者增加邊際產品；每一個先前雇用的工人所增加的產品較少……現在，如果工資增加到超出邊際產品，企業家將因雇用最後一個工人或最後一批工人而遭受損失。然而，這在一定程度上又會由得自先前工人的收益所抵銷。」（英譯本，第 51 頁；又可看看第 46 頁；《論文集》，第 289 頁，又可參看第 283 頁）龐巴維克在另一篇文章中也表示了類似的態度，即接受克拉克的特殊的邊際生產率論。這篇文章是《再論資本和利息；Ⅱ，再論生產率論》，載於《經濟學季刊》，V，XXI（1906—1907），第 248-249，272 頁。龐巴維克並不真正理解可變的比例。

② 在龐巴維克的幾乎每本著作中都能看到古典的三分法。也許最明確的表述是《資本實證論》，第 1 篇第 5 章，「資本概念的比較」。

③ 《資本實證論》，第 55 頁。

④ 當門格爾（《資本的理論》）指出，把所有的土地都叫做「土地」，不管在土地上花費了多少資本和勞動，同時又把另一種性質的東西——果實、野樹等算作花費在土地上的資本和勞動，這是不統一的說法時，龐巴維克承認這裡有邏輯上的弱點。但是，不統一是「不可避免的和健康的」，而且，儘管「在最嚴格的統一的意義上，今天難得有一種純粹的自然要素」，但資本和土地的一般區別還是重要得不能放棄的。參看《資本實證論》（第 4 版），Ⅰ，第 66 頁註。龐巴維克事實上把持續投資在土地上的資本從他的資本範疇中排除出去了（同上書，第 65 頁）。

看作旨在持續經營工商業的文明社會的成員,而被看作勞動的物質機器」時,才能被包括在資本之內。① 這裡討論的中心問題是勞動的維持和更新費用,而且,這些成本的性質也的確不是經濟的。這不是一個重要區別。更重要的區別在於可否出賣。在現有法律制度下,自由勞動者是不能將其收入有效資本化的。

時間在經濟理論中的作用:資本理論

龐巴維克的資本和利息理論(他的名聲基於此)也包括一般生產論和零碎的工資論。必須立即指出,他在這個中心問題上的基本方法是二元的,他對利息提出了兩種互不相干的論述。② 一種利息論強調利息是對未來的折扣,這是利息「渴望」論和時間「偏好」論的重要來源,同費雪爾和費特的理論一樣。另一種利息論則基於生產時期長度的邊際生產率。後面這個說法顯然有古典的來源,而且杰文斯已經預示了它的許多方面,一些方面也早由李嘉圖提出來過,對該理論的最明確的論述則來自龐巴維克自己最知名的學生維克塞爾。

---

① 《資本實證論》,第68頁。
② 龐巴維克最能幹的追隨者維克塞爾在其最後一篇文章的緒論中對這種二元論所做的說明,在腳註中予以引述看來是適當的:

「1911年秋,在維也納,我有幸親見龐巴維克,這是我第一次也是唯一一次會見他本人。我問他為什麼他的《資本實證論》給人(至少對我來說)留下了這樣的印象,即該書不是從一個思路,而寧可說是從好幾條平行的思路發展而來的……

「不過,我認為,首先,對基本上是同一個問題即生產資本的利息形成問題所做的有所不同的論述是容易理解的,只有《第三點理由》爭議頗多;而《論市場交換利率》這一章,其精美的結構和令人信服的說服力可以表明幾乎無人能提出異議。

「他對我的問題不覺得意外,而他的回答卻使我大為吃驚。他直截了當地說,因為外部環境使他對自己著作第一版的問世感到擔心,以致在他尚未完成後一半時就將前半部分書稿交給了出版商。事實上,在這後一部分中,在他寫作的最後時刻,他已經面對著若干理論性困難。例如,在前已提及的那張表《市場交換利率》中,數字應當翻番,以便同他感覺應有的水準一樣高,直至這個關於生產的所謂『令人難以置信的』幸運思想將一切都安排停當。

「如果我正確理解了他的論述並將其加以復述,可能要花很大的篇幅,因為用這種方法將不可避免地要抹去這裡或那裡出現的矛盾或分歧,而這是違背作者意願的。不過,一切情況都說明從一開始龐巴維克就未曾想將他著作的初版看作最終版;即使在第二版(未做修改)的簡短前言中,他還說他計劃將來『繼續努力』,把《資本實證論》搞成一部包括外觀在內的前後統一的著作,他聲稱他將堅持這個計劃。

「但是,什麼也沒有發生。多年從政使他無暇顧及理論著述,大家知道,第二版就只是第一版的重印。當他晚年著手修訂他的文稿時,他的著作成為科學討論的實際中心已經很久了,以致是否修改或者只修改其中那些最需要修改的地方,我想這已是一件名譽攸關之事,倒不如是好是壞任人評說了。」參見:利息論[M] // 當代經濟理論,維也納,1928; Ⅲ, 199-200.

將龐巴維克處理利息問題的這兩種方法截然分開是不合適的，取代的辦法是將其分為四節：收入和資本；生產組織；對未來的折扣；利率決定。①

收入和資本

龐巴維克的收入定義基本上就是古典經濟學家給財富下的定義，將收入這個概念限定於物質物品，而排除了任何無形服務。

一所住宅，一匹出租的馬，一座流動圖書館，可以為其所有者生息，卻同新財富的生產毫無干系……僅僅這一點就足以說明生息資本本身不是資本生產力的表現。②

龐巴維克對這個概念的窄化③（同門格爾適當強調收入概念的主要方面是有用性而不是物質性形成了對照），導致了龐巴維克資本概念的一個重大疏漏，即排除了耐久性消費品。④

正式的資本概念也是非常正統的：

一般說來，我們把那些用來作為獲得財貨的手段的產品叫做資本。在這個一般概念下，我們把社會資本這個概念作為狹義的概念。……我們把那些被指定用於再生產的產品，簡言之即中間產品叫做社會資本……社會資本還可被恰當地和簡略地叫做生產資本。⑤

獲利資本和私人資本概念的含義較廣，其定義不僅包括所有的生產性物品，而且包括耐久消費品和企業家支付給勞動者的生活資料。⑥ 交易者手中的

---

① 《資本與利息理論的歷史及批判》（因斯布魯克，1884年），斯馬特英譯本書名《資本與利息》（倫敦，1890年），該書所顯示的推理在經濟學史上是獨一無二的。它深受兩大缺陷之害：對前人的誤解（例如西尼爾和門格爾）對死馬（故去者）的攻擊。由於它極少積極的貢獻，故而本書對它不予深論。

② 《資本實證論》，第2頁，又見第10、346頁。

③ 在《資本實證論》第4版，龐巴維克花了很大篇幅批判了費雪爾的收入和資本概念。龐巴維克基本上認為，資本不需要帶來收入，而收入也不需要來自資本（參看同上書，I，第54—59，72—73頁）。特別責難馬歇爾將耐久消費品包括在他的資本概念之中（同上書，第72—74頁）。

④ 《資本實證論》，第65—66頁。

⑤ 同上書，第38頁；又見第1篇第3—6章各處。

⑥ 同上書，第71頁。

消費品在兩種意義上是資本，如果它們為消費者所有並被出租出去，它們就是私人資本。① 龐巴維克認為社會資本適用於生產理論，私人資本適用於分配理論。可是，我們馬上就會看到，他實際上並不把這些細微的繞圈子式的區別當作一回事。②

如果龐巴維克不把他的收入概念限於物質產品，他本可不必區別生產性物品和私人資本。這個定義還重複了古典派的一個錯誤（杰文斯已經批評過），即把所有權作為資本的一個標準，然而事實上這個方面是完全無關的。龐巴維克從他的這個定義得出了利息生產力論不可取的結論，或者更準確地說，正是為了得出這個結論才這樣為收入下定義的。利息不是由資本的生產力帶來的，因為耐久消費品固然不是生產的（在這個意義上），但它卻能帶來利息。③

同他的資本概念相關，龐巴維克還發展出一種「原始生產要素」的特殊學說：土地和勞動是原始的或最初的要素，而資本是第二位的或中間的要素。

我們拿出自己的勞動以各種巧妙的方式同自然過程結合起來。所以我們在生產中所得到的一切是兩種（只有兩種）基本的生產力——**自然和勞動**——的結果。這是生產理論中最確定不移的見解之一……沒有任何第三種基本來源的立足之地。④

這種異乎尋常的區分來自龐巴維克方法論的兩個缺陷：完全混淆技術層面和經濟層面的考慮；從魯濱孫式經濟過快地轉向企業經濟。這裡只需對「原始要素」概念的缺陷做個小結就夠了。⑤ 從歷史上來說，這種區分是錯誤

---

① 同上書，第 66 頁。
② 龐巴維克還接受古典派對固定資本和流動資本的區別，標準是某種資本品在生產時期流動的困難程度。但這種區分是無用的，無須在此解釋。參看：資本 [M] //國家經濟辭典. 3 版，V，780-781. 重印於《短文集》（維也納，1926 年），第 9-11 頁。
③ 《資本實證論》，第 2、346 頁。
④ 同上書，第 79 頁。
⑤ 瓦爾克是這一觀點的最早批判者之一：「資本作為一種生產要素，無論它是派生的和第二位的，還是初始的和獨立的，都不影響對資本利息來源的研究……每一種生產要素都會要求並獲得一定份額的產品。做出這種區分的目的一點也不是要把這些（生產）力之一在其來源上同其他（生產）力區別開來。」參看：龐巴維克博士的利息理論 [J]. 經濟學季刊，VI（1891—1892）：406, 408. 還可比較門格爾《資本理論》，同上各處；F. H. 奈特《風險、不確定性和利潤》（劍橋，1921 年），第 123 頁等。F. 馬克羅普提供了一份相當完整的近期關於資本性質的文獻的目錄；奈特教授和「生產時期」[J]. 政治經濟學雜誌，XLIII，第 577 頁註，以及卡爾多. 近期關於資本理論的爭論 [J]. 計量經濟學，V（1937）：201 頁註。

的——我們知道沒有一個社會（哪怕是原始社會）不擁有資本物品，連想像這樣一個社會也困難。當今時代有巨額資本投資到這兩個「原始」的要素即勞動和土地上，但是，這種歷史的考慮總的來說同經濟理論無關，它們對合理的經濟行為沒有影響。今天的商品有其可以追溯到文明曙光期的經濟史，但在理論經濟學上它必須被看成具有相關意義的一定生產要素的中間產品。在生產理論上沒有古董收藏者的地位。

這種原初要素學說的部分目的在於再次攻擊生產力利息論。① 假如資本不過是兩種原始生產力的結合，怎麼能說它會帶來一種出自獨立來源的特殊類型的收入（利息）呢？然而，龐巴維克的攻擊並不妨礙他把利息歸結為資本主義生產方法的生產力，就像我們將會看到的那樣。「原初」要素概念的另一個作用是同「生產時期」相關的，我們也將在下面討論。

我們可以很簡略地將龐巴維克關於資本形成的理論概括如下。② 基本上是兩步。第一步，必須有儲蓄：「……在資本能被實際形成之前，生產資本所需要的生產力必須通過侵佔現時的消費而儲蓄起來。」第二步是投資：「……必須在儲蓄這個消極因素之上，再加上把儲存下來的財貨作為中間產品投入到生產中去這個積極因素。」為了同原始要素論保持一致，龐巴維克又說，儲蓄「不是在生產**手段**之中，而是在生產**動機**之中」——這個說法至少是含糊不清的。同儲蓄的形式相對照，儲蓄的性質將在對未來打折扣的相關章節加以考察。

在龐巴維克的資本理論中還剩下最後一個部分需要研究，這個部分在他的利息理論中是重要的。它基本上是這樣一個命題：資本（生產性物品）在經濟上是未來的可消費商品。③ 論證是簡單的：機器、工廠、工具等，不能被直接消費，只能在它們被轉變成最終消費品之後才能被消費，而這個過程需要時間。與這個觀點密切相關的是這樣一個論斷：所有的「財富」都是生活資料。「在任何一個經濟社會裡，現有的可以預付出去的生產資料的供給量是由該社會的（土地以外的）全部財富——有一個無關緊要的例外——所代表的。」④ 因此，所有的財富都是由可預付給勞動者的現在和未來的生活資料構成的——

---

① 參看：《資本實證論》，第 94—99 頁；《資本和利息》，第 423 頁。
② 《資本實證論》，第 2 篇第 4 章各處。
③ 同上書，第 6 篇第 2 章、第 5 章。
④ 同上書第 319 頁。所謂「無關緊要的例外」包括「所有者自己消費的部分」（同上書，第 321 頁）。

為了簡單起見，省略了土地所有者和資本家。① 這裡的「財富」（沒有下定義）與利息理論中的「資本」實質上是一樣的，在最後這個範疇內的更明確的區分也被忽略了。②

龐巴維克在這裡提出並回答了一種反駁意見：很多資本不是作為可供直接消費的物品而存在的。這是真的，但是勞動者並不需要一次預付他們的**全部**工資。他們希望給他們的預付能被均勻地隨著時間推移加以分配，就像所需要的物品的分配一樣。③ 這個討論直接導致生產時期概念，我們現在就來研究這個問題。

資本在生產中的作用

資本在生產中的基本作用就是允許施行迂迴的生產方法，它比直接的或非資本主義方法有更高的生產率。「迂迴的方式比直接的方式能得到更大的成果，這是整個生產理論中最重要和最基本的命題之一。」④ 為什麼？「必須強調說明，這一命題的唯一依據是實際生活的經驗。經濟學理論不說明，也不能演繹地說明它必然是這樣的。但是，所有生產技術一致的經驗，說明它是這樣的。」⑤ 龐巴維克以此來維護迂迴方法有更大生產率這個基本假定，而且從方法論來說這也就夠了，儘管這個命題原來是一種誤解或錯誤，因為這裡或其他地方的暗示表明，實際的證據卻在於這樣的事實：如果這樣的方法沒有更大的生產率，那麼這種方法就不能使用。⑥

但是，這對他的理論來說是不夠的。龐巴維克又進一步增加了幾個重要假定（assumption）：①每次明智地有選擇地擴大生產時期（以及增加產品的耐久性），就會增加從既定的資源量（資本除外）取得的產品；②生產時期每有擴大就會要求更多的資本；③增加的資本只能被用於擴大生產時期（和增加產品耐久性）。對這些基本假定必須仔細加以說明。

---

① 同上書，第 320 頁註。
② 參看上書，第 6 篇和第 7 篇各處。
③ 這個論證與其未來物品折扣的觀點極不協調。這個論證也沒有回答耐久財富的問題，這些財富在最近的將來不能完全「成熟」為消費品。關於這一點，可比較維克塞爾，本書第 273 頁特別重要。
④ 《資本實證論》，第 20 頁。
⑤ 同上。
⑥ 參看上書，第 99、355 頁；《資本實證論》（第 4 版），Ⅱ，第 22 頁。

首先，每次明智選擇擴大生產時期會增加總產品。「總體上可以說，不僅（迂迴過程的）最初幾級是更生產的，而且迂迴過程每有延長都會伴以技術成果的進一步增加；但當生產過程延長時，產量通常以較小的比例增長。」① 這個命題（proposition）的基礎又是「經驗，而且只是經驗」。《資本實證論》第一版的證據（proof）只是一些貌似有理的假設性例證②，而且他承認，「在一個例外場合」，迂迴方法可能更快。③ 為了支持這個命題，《資本實證論》第4版增加了兩個理論論據（argument）④。

第一個證據（proof）基本上是三段論：⑤

(1) 資本是過去使用的勞動；無論何時，如果資本更多——其他情況不變——則勞動（它構成必須使用的資本）返回的平均時間就更長。⑥

(2) 一個勞動者使用的資本越多，他的產品越多。

(3) 增加每個勞動者的資本，等於延長生產時期，同時取得更多產品。

總之，增加每個勞動者的資本就會增加產品，但是，每個勞動者資本的增加還必然暗含著最初花費的勞動返回到更遠的過去，即生產時期更長、生產率更高。

這個論據不是決定性的，它實質上迴避了問題。即使在龐巴維克的理論中，資本也不是過去的勞動，自然資源（土地）的服務也要進入資本。還有一個必須考慮的限制條件是，隨著資本規模的擴大，過去使用的勞動在資本中

---

① 《資本實證論》，第84頁。在第4版強調「明智地選擇」擴大（生產時期）（而在第一版多半是暗示），以回答批評（著名的批評有歐文·費雪爾. 利息率 [M]. 紐約，1907：353-354；《資本實證論》（第4版），Ⅰ，第16、115、123註；Ⅱ，第2-3、9-10、76-77頁等）。

② 《資本實證論》第1篇第2章各處。下述論證就是一例：「……任何迂迴的方式都意味著利用比人類的手更有力或更靈巧的自然力來為我們服務；迂迴方式的每一次擴大都意味著有更多的力量來為人類服務，也意味著把生產的某部分負擔從有限而昂貴的人類勞動轉移到豐富的自然力上去」（同上書，第22頁；又見第82頁）。

③ 同上書，第83頁。

④ 其中第一個論證最早出現在《資本理論的一些爭論問題》中（1899年），重印於《短文集》，第144-148頁。兩個論證都基於「平均生產時期」這個概念，該概念後來被放棄了。維克塞爾最早提到這些證據，見其《財政理論研究》（耶納，1898年）。

⑤ 《資本實證論》（第4版），Ⅱ，第29-32頁，附錄Ⅴ。

⑥ 例如，如果年工資是300美元，而每個勞動者的資本50美元最多在兩個月前作為生活資料被開銷，那麼每個勞動者300美元最多在一年前被開銷。

所占的比例是相同的或是更大的。① 但是，更重要的是，有什麼權利可以假定，更大的資本量暗示著構成它所必須花費的勞動要返回到更遠的過去？因為，實質上，包含著它所尋求的結論即更多的資本只有在延長的生產時期才能花費（勞動供給既定）這個前提（premise），就是龐巴維克關於生產的第三個命題，而這個命題又反過來以它「證實」的第一個命題為基礎。

第一個命題的最後證據基本上又是演繹的：

（1）每個勞動者的增量資本只能以遞減的效率被使用，就是說，在沒有新投資的情況下，它帶來較低的利息率。

（2）只有改變生產過程才能由現有的勞動使用更多的資本（因為被排除的新商品是不重要的），而且這種改變**必須**是擴大生產時期，因為較短的生產過程在利息率下跌之前已經是有利可圖的。

（3）因此，資本的增加（伴隨著每個勞動者生產率的增進）只有通過擴大生產時期才能實現。②

這個論據與前面的「證據」密切相關：前面的分析是回望資本增加的歷史，現在的論據則展望它們的應用。在這個論據中又存在著兩個內在的缺陷。排除新產品不是一個合理的經驗性假定，肯定不是沒有缺陷的。但更重要的是，次要的前提也不合理，因為它忽略了發展短期投資的可能性，因為其成本會因利率下跌而減少。如果生產時期概念是有效的——這將被否定——那它就既有其外延的邊際也有其內涵的邊際，就像龐巴維克自己在另一處所承認的那樣。③

然而，對龐巴維克的生產時期公式還有更基本的批評。這些證據是基於「原始要素」理論，而且，為了簡單起見，甚至還排除了土地！如果資本設備按其實際意義被視為合作的生產要素，那麼作為一個經濟概念的生產時期也就消失了，正如我們現在將要看到的那樣。

生產時期，或者迂迴生產的長度，首先需要一個定義：「……消費品的生產時期，嚴格說來必須從最初著手製造其第一件中間產品的時刻算起，一直到

---

① 龐巴維克放棄了這一點（已被費特提出），以為它無關緊要（《資本實證論》〔第4版〕，Ⅱ，第95頁）。可以注意的是，這第一個證據基於這樣的假定：用新奧地利學派的術語來說，資本的「勞動容積」不變。參看：V. 埃德伯格. 李嘉圖的利潤論 [J]. 經濟學，Ⅲ（1933）：51-74.

② 《資本實證論》（第4版），Ⅱ，第33-39頁。

③ 《資本實證論》，第403-406頁。

成品出現為止。」① 但是，龐巴維克承認，「如果嚴格推算起來」，按照這個定義，「幾乎任何消費品」的生產時期早在幾個世紀前就開始了——小學生的削筆刀可能就包含著來自愷撒時代開採的礦山的鐵。②

這顯然是荒謬的，於是龐巴維克求助於**平均**生產時期的概念，因為先前的勞動花費將只形成「一個極微小的部分——即使可能也不值得計算」③。這個平均——在他的數字例證中使用算術方法來衡量——不過提供了一種克服確定一個商品生產過程開端的困難的方法。但這顯然是錯誤的，因為除了「上個世紀」的投資用時間來衡量，因而對平均值大有影響之外④，這個統計概念絕對沒有經濟意義⑤。

最後這個指責同樣適用於總的生產時期。首先，它是一個技術現象，那是無償給予的。⑥ 更重要的是，那是一個並不存在的技術現象，除非一個人希望把所有生產時期的開端確定在人類歷史的開端。

克拉克是最早指出從經濟觀點來看生產和消費「同步」的經濟學家之一。生產和消費是同時進行的，只有無所事事的好奇心會驅使一個人去研究一個實物單位的產品從一種工業過程中形成的時間，即便這是不可能的。龐巴維克所做的實際上就是這個：

……在一個靜態經濟中，一切都能順利運行，因為處於不同完成階段的各種具體資本物品的生產時期和諧地相互連接在一起……在某個時間段，某個具體生產時期的結束正好就是另外一個生產時期的開始。任何時間所完成的最終產品的數量恰好能使每個生產者以他自己的初級產品直接交換另一個勞動的最終產品。因此，一個人如果願意，他可以想像（儘管這在理論上不太準確，但在實踐上不受懲罰），由於真實資本的神祕性質，各種生產時期會在世界上

---

① 同上書，第88頁。
② 克拉克說：「生產時期開始於文明時代，而且絕沒有終點。**量度它的長度是不可能的……**」龐巴維克回答說：「一個人可以論及『絕對時期』……克拉克教授說的就是這種意義的生產時期……」〔利息的起源［J］. 經濟學季刊，IX（1894—1895）：383-384〕；還可比較《短文集》，第135頁。
③ 《資本實證論》，第88頁，又見第89頁。
④ 「原始要素」理論在這個自我欺騙中是重要的：如果所有的資本能被追溯到勞動，近代的土地花費已經過去，因而早先的花費可以忽略不計。
⑤ 龐巴維克用了很多篇幅回答費雪爾的問題（《利息率》，同前書，第56-57，351-353頁）：「為什麼龐巴維克所用的特殊平均方法被設想為一種正確的方法」，龐巴維克的回答（《資本實證論》第4版，Ⅱ，附錄Ⅲ）是無力的詭辯和逃避：那不過是對費雪爾**提出問題的方式**的攻擊。他所提出的算術衡量方法沒有合理性。
⑥ 《資本實證論》，第79，82頁。

完全消失……①

但是,他在動態經濟中發現了避難所:「……在那裡,具體資本品好像改變了它們的層次,而且生產時期不再勾連在一個循環中,真實資本是否具有賦予它們力量以及消滅生產時期的力量,都顯得成了問題。」② 龐巴維克在這裡轉移了陣地,因為他的理論是一個靜態利息論③,這裡的生產時期被認為只具有學術研究的意義,他的理論肯定不是也不意味著是對動態變化的描寫。在動態經濟中,問題不在於生產時期,而在於再調整所必需的**時間**——這與生產時期概念迥然不同。

生產時期的延長會增加產品,但與生產時期的相對增加相比,產品「以較小的比例」增加。④ 如果生產時期在初始「投資」時不是無限擴大的,報酬遞減就是必然的。龐巴維克說的是比例的或比率的報酬遞減;對資源配置來說,這是一個不合適的標準。⑤

在《資本實證論》第一版中,龐巴維克討論的只是**建設**時期,並事先假定最終產品的利用是瞬間的。在(第三版和)第四版,他承認了一個「相類似的重要現象」,即消費物品耐久性的增加⑥:「……通過耐久消費物品的更持

---

① 資本實證論及其批判 [J]. 經濟學季刊, IX (1894—1895):127.
② 資本實證論及其批判 [J]. 經濟學季刊, IX (1894—1895):127.
③ 在同一卷書中,龐巴維克說,在「利息的起源」中,「我完全同意克拉克教授的觀點:利息是一種『靜態收入』,而且它起源於『靜態原因』;創造新的資本並不是取得利息的過程的一部分」。(同上書,第 383 頁)
④ 參看《資本實證論》,第 84-85、91、377 頁(特別重要)。在其中一點(同上書,第 307-308 頁),龐巴維克用了一個算術例證,假定報酬遞增,但這顯然是一個失誤。報酬遞減規律的比率形式和增量形式之間的區別還沒有考察呢。比較《文集》,第 194 頁特別重要。
⑤ 龐巴維克否認來自擴大生產時期的報酬遞減與來自更集約地使用相關要素的報酬遞減是一回事。參看:資本實證論及其批判 [J]. 經濟學季刊, X (1895—1896),第 148 頁特別重要。龐巴維克在他的最後論文之一 (《對一些老問題的並非新的考察》,重印於《文集》第 188-204 頁)中,以一個有趣的數學證據來支持古典的「土地」報酬遞減理論。以 H 代表 1 單位土地,以 K 代表 1 單位資本和勞動,P 代表產品,並假定 $1H+100K=100P$,按照他的公式,$1H+200K<200P$。因為 $1H+200K<200P$,那麼,$2(\frac{1}{2}H+100K)<200P$,或 $\frac{1}{2}H+100K<100P$。這個規律的內涵是:用 1 單位土地以及 100 單位資本和勞動,能比用半個單位土地以及 100 單位資本和勞動生產得更多,這個規律被說成是「不說自明之理」。這個結論當然是對的,但是「證據」所依據的恰是報酬遞減的假定。T. N. 卡弗先前已經用過類似的證據。
⑥ 《資本實證論》,第 4 版,I,第 2 篇第 2 章:「一個資本主義迂迴生產的類似現象」。又見上書,II,第 12-13 頁。由於龐巴維克的收入定義排除了耐久消費品服務,所以這些物品的耐久性也就與生產無關,正如他承認的那樣(同上書,I,第 126 頁)。他首次承認增加耐久性的可能性是在《爭論問題》中(1899 年),重印於《短文集》,第 163-164 頁。

久和更堅固的建設，該物的耐久性及其效用總量常常以比其費用更大的比例增加。」① 生產理論的這個因素〔由雷（Rae）首先提出並進行了深入研究〕並不是一個不變的「法則」，而且把握了它在「異常多的場合」的作用。其次，這個新因素類似於最初的生產概念，因為耐久性的增加事實上延長了投資被實現前的「等待時間」。② 但是，建設時期和使用時期是分開的，不延長那一個就可以延長這一個。兩個概念不能攪和在一起。但是，在他討論現在物品對未來物品具有技術上的優越性時，為了成全利息論，卻假定它們實質上是一致的。③ 在討論利息率時，耐久性的變化只在一個腳註中考慮到它，因為不涉及新的原理。④

耐久性的這個新因素具有生產時期所沒有的直接經濟意義。耐久性不僅僅是一個技術性因素，因為耐久性的增加暗含著資本品的維護和更新成本的減少。但是，卻不能像龐巴維克所設想的那樣，輕易地將持久的收入源泉完全引進他的利息論中。這個問題將在討論維克塞爾時加以注意。龐巴維克絕對沒有發展出一種適合於耐久消費品（或者耐久生產物品）的一般利息論。他所使用的利息是從他的建設時期一般理論得來的，對所有的持久收入源泉都打了折扣（因為它們都是所謂未來物品-譯者）。⑤

以上是對龐巴維克第一個命題的分析。他關於生產的第二個命題⑥是：生產時期每有擴大都會要求增加資本投資。與此密切相關的第三個命題是：更多的資本只能被用於擴大生產時期。

……當前的生產力一般將會而且必須按照現有的財富所能供應的時期的長短，用到久遠的生產目的中去（換言之，將用於較長的生產時期中去）……一個社會的平均生產時期和它的財富存量是恰好吻合的，而且是完全以它為

---

① 《資本實證論》（第4版），I，第121頁。
② 「Wartezeit」或「資本主義的程度」，是「持續不斷地支出勞動、使用土地直到獲得最終產品之間的平均時期」（《資本實證論》，第90頁）。在統一投資場合，它等於生產時期的一半，不計先前支出的利息。還可比較《短文集》，第137頁註。
③ 《資本實證論》（第4版），I，第352-354頁。
④ 「通過延長實際生產時期以提高生產率，實際上與延長平均等待時間而增加效用服務是完全一致的……我……相信與下面討論的（建設時期和利息率）相關的一般參考（文獻）……應該是令人滿意的。」（同上書，第444頁註）
⑤ 參看《資本實證論》，第4篇第7章、第8章。
⑥ 參看上文，第201頁。

條件的。①

　　第二個命題是簡單的。如果生產時期概念有任何意義的話，這個命題就是真的。它其實就是說，平均投資量（資本乘以時間）會隨著既定量資本投資的時期（時間）而增加。例如，從一年制農作物轉變為兩年制，就需要對勞動的預付加倍。這個結論是對整個生產時期具有統一的投資率的特殊場合而言的②，還用了幾個算術例證③。因為這個論據很簡單④，只需要引述一下結論：「財富存量必須足夠滿足生產時期的一半，再加上通常階段的一半。」⑤ 但是，如果反過來說，資本增加必然導致平均生產時期的擴大就不對了。這是一個毫無根據的論斷。⑥ 這個觀點顯然是從龐巴維克對生產過程的時間方面的格外關注得出的，然而它只是支配一個經濟吸引資本的許多技術條件之一，它的相對意義還是一個未知數。肯定沒有理由相信那是一個支配的因素。⑦

　　最後，再就「社會生產時期」即一個經濟的平均生產時期說幾句話。⑧ 這個概念根本不明確，而且在討論利息時也迴避了定義問題，轉而假定所有工業

---

① 《資本實證論》，第 325 頁。
② 龐巴維克再次忽略了先前支出的利息。
③ 《資本實證論》，第 327 頁（特別重要），425-426 頁。
④ 如果存在 N 個相同長度的階段，每個階段的投資是 C（在這裡，一個階段就是一個技術過程，在龐巴維克理論中通常是一年），那麼，

　　　　　　　　在階段 x_1，C 要投資 N 個階段，
　　　　　　　　在階段 x_2，C 要投資 $N-1$ 個階段，
等等，直至　　　在階段 x_n，C 要投資 1 個階段。

於是，總生產時期是 Σx，總資本是 NC，投資的階段總數等於 $\frac{N^2+N}{2}$，以及為 $\frac{N+1}{2}$ 時期（平均投資時期）投資的 C，結論見正文。

⑤ 《資本實證論》，第 327 頁。
⑥ 參看上書，第 319 頁。在《資本實證論》第 4 版，Ⅱ，4；又見《短文集》，第 185-187 頁中，龐巴維克明確地說，他的理論並沒有說資本生產率的提高**只**能通過延長生產時期；如果這是在大多數場合的方法就夠了。然而，除非把延長時期作為唯一使用更多勞動的方法，否則他的理論就是不完整的，因為它僅僅解釋了有利的投資機會邊際**之一**。在後面這個場合，他的理論同大多數生產率利息論並無二致，而他對這種利息論進行了激烈的攻擊。如果資本能被看作勞動與平均生產時期的乘積（參看第 203 頁腳註 2 的「勞動容量」），正文中的結論當然是正確的：增加資本，而勞動量不變，將會要求延長生產時期。
⑦ 龐巴維克在一處提出了旨在支持最後這個命題的論據（《資本實證論》，第 324-325 頁）。他說，增加的資本不會用於本年度的生產，這是因為：第一，直接的方法的生產率較低；第二，現貨市場已經備妥。但是，這些理由要麼迴避了問題（為什麼現在的生產方法和市場次於未來的處於均衡狀態的市場？），要麼就不過是對假定的復述。
⑧ 同上書，第 6 篇第 5 章，特別是第 315、325 頁。龐巴維克關於投資對生產時期的影響的所有討論〔《資本實證論》（第 4 版），Ⅱ，特別是附錄Ⅰ和附錄Ⅱ〕都明確地以社會平均生產時期為前提。

都有相同的生產函數。如果可比的話，社會生產時期這個概念本身甚至比生產時期更可疑，因為它在各種工業的意義能被權衡之前，就要求一個利息率。

對現在物品的偏好超過未來物品①

龐巴維克發現，對利息的基本解釋在於人們對同數量同質量的現在物品而不是對未來物品的偏好。上述生產論是利息論的重要依據，但它只有通過對現在物品和未來物品的主觀評價才能起作用。這種時間偏好基於三個獨立的因素：需求和供應之間的差別；不合理的焦慮；現在物品的技術優越性。讓我們逐一加以考察。

「現在物品和未來物品之間價值上的差別，其首要原因是需要和供應之間的情況在現在和未來是不同的。」② 所引用的兩種典型場合是：「急病和急需的場合」；「有理由指望經濟情況好轉，生活更舒適的」人的場合。人們會直截了當地反駁說，這些不過是個別場合，而在靜態社會中，它們可能或多或少地被相反的情況抵銷掉。龐巴維克試圖用一種特殊的論據來回答這些批評：

(1) 所有未來境況將會相對好轉的人，都會重視現在物品。

(2) 所有未來境況不如現在好的人，將會儲存耐久物品（即貨幣），而不是重視未來物品而不重視現在物品。③

因此，對整個社會來說，其純粹的效果就是對現在物品的評價高於對同數量同質量的未來物品的評價。

龐巴維克對抵銷各種個人條件的可能性的回答是不能令人信服的。持有未來偏好的人不可能去**儲存**在大多數場合都需要的物品，即食品和衣物，除非付出代價。當鮑爾特基維茨提出這個反駁④時，龐巴維克把他的第一個理由限定在**貨幣**經濟⑤，但是，即使是貨幣也不能無代價地儲存。這會引導我們去瞭解貨幣理論（龐巴維克沒有討論），以便分析未被投資的（即儲藏的）貨幣儲蓄的一般後果。這裡只需指出，沒有必要為儲藏而儲藏。一般來說，對未來具有

---

① 《資本實證論》，第5篇，各處。
② 同上書，第249頁。
③ 同上書，第250頁特別重要。
④ 龐巴維克利息論的基數論錯誤［J］.法律、管理和經濟雜誌，XXX (1906)：946-947.
⑤ 《資本實證論》，第4版，Ⅰ，第331頁註。

高需求的人，為什麼不會完全不索取純利息而借給現在急需之人（在現在消費信貸場合）？①

高估現在的第二個根據是：「對於被預定用來滿足未來需要的物品，我們給它一個實際上小於這些物品未來邊際效用的真正強度的價值。」② 這是一種看法的錯誤，是一種不合理的經濟行為。可以指出，龐巴維克引進他的「經濟人」的理由就只是這種不合理性。為了證明這個「毫無疑問」的「事實」，他提出了三點理由③：人們缺乏想像力，因為他們低估了未來的需要（但不是未來的供給）。其次，人們的意志力有限，他們抵擋不住現時的奢侈，即使他們知道未來的需要更大。最後，生命本身短促無常。這個因素只對相對久遠的未來物品有效，但是，套利活動會使對未來物品的折扣隨著時間推移而直接和持續不斷地進行。④ 還可注意的是，遠景暗淡會**加重**由於需要和供應情況的差別而低估未來。⑤

這種非理性的因素就這樣被假定下來，而且拿了一些看似有理實則與人類意志薄弱無關的例證作為支撐。這種對現在物品的非理性偏好在許多人那裡的確是存在的，但更多的是被一些人多半不理性地（非經濟地）偏好未來而不是現在物品的行為所抵銷，這些人在進行儲蓄時看來也可能是意志薄弱的。社會對儲蓄的認同是現代西方文明的一個重要特徵，富裕的人為了名聲而省吃儉用，人人都想節約，因為「那就是要做的事情」。這一次，龐巴維克所列舉的饑荒例證肯定又要失之荒謬了；沒有人希望三頓飯都在早餐吃，而不是在類似更長的時期內分成早餐、午餐和晚餐。龐巴維克的基本錯誤在於他的假定：只能在**完全現在和完全以後**之間做出選擇，而實際上這裡的基礎是對全部時間的統一分配。⑥

---

① 當然抽象了風險和管理費用。
② 《資本實證論》，第253頁。
③ 同上書，第254頁。
④ 在龐巴維克看來，這是三個因素中最弱的一個，而且它會由於人們關注遺產繼承而變得更弱。
⑤ 《資本實證論》，第258-259頁。
⑥ 後來就不太注意這個理由了，因為受到了有力的批判。參看奈特《風險、不確定性和利潤》，同上，第130頁特別重要。鮑爾特基維茨指出了（同前書，第948-949頁）它的前後不一致：第一個理由只適用於貨幣經濟；第二個理由也不能被認為得到了證實，除非所觀察的經濟中不存在利息，否則，這種「打折扣」的做法不過正是由於認識到了現在的投資將帶來利息。

龐巴維克所謂人們偏好現在物品的第三個理由①是現在物品對未來物品具有技術上的優越性。學者們對這個理由已經發表了大量有高度批判性的文獻。他的前兩個因素可能是（在我看來肯定是）荒謬的，但它們（與利息問題）還是有關的，而這第三個因素即技術優越性與利息問題是否有關係，則一直受到人們詳盡的質疑。②

當平均生產時期增加時，總產品會無限制地增加，但其增加的比例是遞減的。③從其生產理論得出的這個前提，就是龐巴維克的現在物品比未來物品「技術上的優越性」這樣一個與供應和前景無關的要素的基礎。④這個論據可以用表4說明。現在的生產性物品比在未來才能取得的具有更多的價值，因為在任何一個年度（現在或未來），我們從現有能夠直接支配的生產性物品取得的產品，都會多於從後來得到的生產性物品取得的產品。這是導致低估未來物品的第三個獨立要素。

表4　龐巴維克表示現在物品對未來物品的技術優越性的資料

	一個月的勞動投資於下列年份所得的產量			
年份	1888	1889	1890	1891
1888	100	……	……	……
1889	200	100	……	……
1890	280	200	100	……
1891	350	280	200	100
1892	400	350	280	200
……				

不必詳談龐巴維克的申論，也無須仔細分析針對這一點所提出的批評，因為這個「第三點理由」並不重要，儘管龐巴維克相信它重要，還認為它是其

---

① 龐巴維克在《資本實證論》第4版還提出了可能的「第四個理由」，或者也許是第三個理由中最重要的部分：消費物品耐久性的增加，但沒有任何詳細討論。參看上書，I，第352-254頁；II，第25頁註；上文，第208張等。

② 最重要的文獻包括：費雪爾：《利息率》，前引書，第4章和附錄；鮑爾特基維茨：《基數論》，前引文，第942-972頁；維克塞爾：《利息論》，前引書，III，第199-209頁。龐巴維克對前兩篇批判的長篇回答，可見：《資本實證論》，第4版，II，附錄XII。對龐巴維克同情的一般論述，見埃利克·馮·西弗斯：《利息論，龐巴維克對德國人批判的澄清》（耶納，1924年）。

③ 參看《資本實證論》，第260-261，262註，269-270頁等。

④ 同上書，第5篇第4章各處。

利息論中的創新部分。① 由於使用更長生產時期而增進了資本生產率，這是一個（並不存在的）技術資料；軟或硬這樣的其他技術細節不能影響人的估價，上述資料也不能**直接**影響人的估價。更生產性地使用物品的可能性（如果這些物品現在還沒有被消費），只有通過第一條理由（即「需要和供應在現在和未來的情況」的差別）才能依據現在和未來物品的相對價值來實現。實際的問題，正如龐巴維克在同費雪爾和鮑爾特基維茨的冗長和令人煩惱的爭論中所承認的那樣，是「……在既定情況下，加上我的第三條理由……會不會進一步影響現在物品價值的優越性」②。至於其餘的冗長論據，大體上都是其強烈慾望和論辯精神的展示，而且是以數學語言、基於對獨立變量和暗含變量的混淆來進行的。③

可以很簡單地把第三個理由合併到第一個理由之中。④ 更迂迴的生產過程的生產率增加（服從於報酬遞減），使得以相同資源在未來而不是現在可能提供更多的物品。因而，這個要素是第一個理由中低估未來的一個因素，或者寧可說就是它的**因素**，因為它增加了未來的供應。

從表面上看，這個做法可能沒有提供什麼真正的出路。在一個真正的靜態經濟中，可以斷定資本主義生產方法是固定的。因此，當用這種方法從現有資源中取得更多產品時，這種增加是在**所有的時間**得到的。具體來說，讓我們假定一個三年期的生產過程（見表4），它能帶來產量280，與之對照的是一年期的產量100。這樣，我們在1890年可以指望在1892年得到回報280，但是，在1890年我們已經從1888年的投資100中獲得回報280。無論我們在何處打斷一個靜態經濟，供應流都是不變的。這個思路在熊彼特的理論中是重要的，而龐巴維克對此表示強烈反對。⑤

最後這個反駁第三條理由的思路顯然是不妥當的，即使資本供應是絕對固定的，利息也會形成，除非一個經濟不能生產地利用更多的資本。只有在所有

---

① 同上書，第277頁註。
② 《資本實證論》，第4版，II，第283頁。
③ 哈伯勒教授在評論費雪爾的《利息理論》時發現，他企圖用「確定的經濟時期」這個概念來逃避循環論證的指責，認為「確定的經濟時期」引出了基於第三理由的對現在物品的偏好超過對未來物品的偏好。然而，作者認為看不到不用利息率來定義這種時期的可能性，而且這種利息率或是來自前兩個理由，或是來自第3個理由——這樣就陷進了循環論證。參看：歐文・費雪爾的利息理論［J］. 經濟學季刊，XLV（1931）：509-512.
④ 維克塞爾首次提出了這個建議：價值，資本和地租［M］. 耶納，1893：84.
⑤ 參看：一個資本動態理論［J］. 國民經濟、社會政治和管理雜誌，XXII（1913）。比較龐巴維克的觀點，同上文，第1-62，640-656頁；熊彼特的回答，同上文，第599-639頁。

的物品都是自由（免費）物品，即不再可能用資本來替換其他要素時，這種情況才可能出現。在沒有出現這種情況的場合，利息就是為取得資本的經濟配置的必要價格；反過來，只有通過這種價格機制，資本的供求才能相等（在沒有配給的條件下）。

龐巴維克關於未來的精心討論的真正令人驚訝的方面，竟是他自己理論中實際上被忽視的東西！在關於利息率的決定一節中，他假定供應的資本歸那些不懂得未來的人掌握①，而對資本的需求則主要來自企業家。現在物品的技術優勢變成了利息的直接決定者，完全忘記了前面的循環論證。

在這裡考察一下龐巴維克的低估未來分析對儲蓄問題暗含的意義，也許是最合適不過了。這整個分析都是就現在和未來**物品**之間交換，就現在的商品與在未來某個時點的同一商品的比較來進行的。②

在這種比較中有兩大弱點呈現出來：很難想像某個具體物品在不同的時點上相等（說的是一定的貨幣收入）；個人的效用表面上是隨著時間而改變的，比較不同日期之間的效用是困難的，如果不是不可能的話。比較**時間**也是如此：同現在相比的是什麼樣的未來日期或時期呢？正如維克塞爾所說，這裡的「困難顯然來自未來物品的供應和消費時期都是完全不確定的」③。擺脫這些困難的出路在於採取更合適的儲蓄概念，例如現在的既定收入與更大的未來潛在收入的交換，也就是承認儲蓄涉及真正的節欲。

利息率的決定

龐巴維克利息論的基礎已如上述，我們現在可以轉向最後的部分：利息率的決定。在論述這個主題之前，最好是將前面分析的線索以命題的形式做一小結：

（1）在龐巴維克看來，所有的財富（或資本）實際上是由勞動者和（在相對微不足道的程度上）土地所有者和資本家的生活資料構成的，這些財富不是突然獲得的，實際上是在未來隨意獲得的。

（2）從一定量勞動取得的產量會隨著生產時期的擴大而增加，但增加的

---

① 《資本實證論》，第 315-316，330，382 頁。
② 我想，今天的經濟學家們都會同意，與儲蓄相關的「節欲」不是真正的節欲，就是說，沒有最終放棄提供物品的享樂……［「儲蓄函數」，《美國研究院年鑒》，XVⅡ（1901），第 460 頁］。
③ 維克塞爾．政治經濟學講義［M］．紐約，1934：169.

比例遞減。

（3）假定勞動量保持不變，則所有增加的資本一定用在擴大生產時期；反之，生產時期的所有擴大則要求增加資本。

這些命題與古典工資基金學說是非常相似的。重要的區別在於生產時期的可變性。一個經濟的所有財富或資本，事實上就是雇傭勞動在時間消耗過程中可得到的生活基金；這是第一個假定條件。① 勞動的雇傭者——企業家將需要這些生活資料，以便能夠延續報酬更高的生產方法。② 擴大生產時期的生產率為估價這些生活資料的用途提供了一種數量根據。「在生產借款中……重要的事情是得到借款的人所採用的生產方法和得不到借款的人所採取的生產方法在生產率上的差別。」③ 如果利息率十分低，這種生產需求就是無限的：「……至少當生產報酬隨生產過程的延長而增長時，需求量就會繼續增長，而這個限度就是在最富的國家內，也是遠遠超過當時的財富量的。」④ 因此，利息必然出現；否則就會追求很長的要求比現在更多資本的生產過程。⑤ 從這個觀點來看，利息的功能就在於確保生產時期的長度在整個投資領域內被適當調整到可得到的生活資料量。每個工業的生產函數將決定它能夠成功地為之競爭的資本量。

只剩下決定利息率的特殊均衡問題了。⑥ 假定，如龐巴維克所說⑦，資本量是固定的，則利息率的決定是明確的。「利率——根據已做出的假定，受制於並決定於經濟上容許的最後一次延長的生產過程的生產率，以及經濟上不容許的進一步延長的生產過程的生產率。」⑧ 算術例證說明了這種理論的應用（見表5）。這張表有4個假定：勞動是所使用的唯一生產要素⑨；勞動是要在整個生產時期投入的，所以只需為半個生產時期投入總資本就可以了⑩；所有

---

① 還可參看《資本實證論》，第 322，330 頁。
② 同上書，第 332-333 頁。
③ 同上書，第 376 頁。
④ 同上書，第 332 頁。
⑤ 同上書，第 333-335 頁。暫時忽略工資率的決定。
⑥ 同上書，第 7 篇各處。
⑦ 同上書，第 7 篇第 2 章。
⑧ 同上書，第 393 頁。加上最後這一條是為了滿足生產時期延長的不連續性問題，即時期的「邊際對偶」決定利率的問題。「容許的」一詞應當代之以「在競爭條件下所容許的」。
⑨ 同上書，第 381 頁。
⑩ 同上書第 379 頁註。

工業部門的生產率是相同的①；最後，物質生產力和價值生產力是成比例的②。我們還必須知道可得到的資本和勞動總額；龐巴維克選擇的是1,500萬美元和1萬名勞動者。

表5　　　　　　　　為決定工資率和利息率而假設的數據

生產時期(年)	每個工人年產品(美元)	年工資300美元			年工資600美元			年工資500美元		
		按每個工人計算的利潤(美元)	工人人數	總利潤(美元)	按每個工人計算的利潤(美元)	工人人數	總利潤(美元)	按每個工人計算的利潤(美元)	工人人數	總利潤(美元)
1	350	50	66.6	3,333	-250	33.3	虧損	-150	40	虧損
2	450	150	33.3	5,000	-150	16.6	虧損	-50	40	虧損
3	530	230	22.2	5,111	-70	11.1	虧損	30	13.3	400
4	580	280	16.6	4,666	-20	8.3	虧損	80	10	800
5	620	320	13.3	4,266	20	6.6	133	120	8	960
6	650	350	11.1	3,888	50	5.5	277	150	6.6	1,000
7	670	370	9.5	3,522	70	4.7	333	170	5.7	970
8	685	385	8.3	3,208	85	4.1	354	185	5	925
9	695	395	7.4	2,925	95	3.7	351	195	4.4	866
10	700	400	6.6	2,666	100	3.3	333	200	4	800

決定利息率的均衡點，將是勞動供給恰好等於勞動需求的那一點（即提供的工資或總生活資料）；競爭促成了均衡的建立。③ 在一年生產期，勞動者能夠（也是競爭使然）得到的工資是350美元減去工資預付的利息；十年期的工資則是700美元減去利息——在每個場合他所得到的都是被打了折扣的產品。④ 可見，支付的最終工資和設定的利息率是相互依存的。

假定年工資（率）是300美元。擁有1萬美元資本的企業家為一年期雇用66.6個勞動者，為二年期雇用33.3個勞動者，等等。⑤ 他將選擇其中能帶

---

① 《資本實證論》，4版，I，第344頁註、441頁註。這個可容許的方法論步驟在《歷史》中作為生產率論的基本缺點受到了猛烈攻擊，參看《資本和利息》，第2篇第2章。
② 《資本實證論》，第384頁特別重要。
③ 《資本實證論》，第384頁極為重要。
④ 這顯然不是邊際生產率工資論，因為勞動是唯一的物質生產資源。可以稱之為打折扣的邊際生產率論。
⑤ 據下面這個簡單的公式可算出用10,000美元所能雇傭的勞動者人數。工資率和生產時期均假定為已知：

$$N = \frac{2 \times 10,000}{t \times w}$$

其中N是工人人數，t是年數，w是年工資率。

來最大純收入的生產時期。如表5所示，這將是3年期，從中可得5,111美元或51%的純收入；如果工資是600美元，最大收入（354美元或3.5%）則可在8年期獲得；工資如果是500美元，則會選擇6年的生產期（純收入1,000美元或10%）。

工資率和利息率的大部分組合（數目無限）將不可能利用全部資本或全部勞動。例如，工資是300美元時，1萬美元將雇用22.2名工人，總資本是1,500萬美元時，將雇用3.33萬名工人。但只有1,000名工人，所以資本不能被全部使用，而工資卻由於資本家的喊價而上揚。在工資是600美元時，1萬美元能雇用4.16名工人，總資本也只能雇用6,250名工人。為被雇用而競爭迫使工資下降。在工資為500美元時，1萬美元將雇用6.66名工人，於是總資本雇用了全部勞動者。這是唯一的均衡點。

應當指出（儘管龐巴維克沒有這樣做），500美元不是唯一能使資本和勞動同時被全部利用的工資率。在任意工資率的假定下，總會存在這樣一個生產時期，終於可用1萬美元雇用6.66名工人。例如，在300美元工資時，一個10年期的生產過程將可雇用大約相同數目的工人；在600美元工資下，這種生產過程是5年期。但是這些都不是競爭條件下穩定的均衡點。在前一種場合，如果他當初選擇的是10年期生產過程，他便會以縮短生產時期和增加勞動力的辦法，以原有投資取得更高的回報率。但是，勞動者被抽走後，其他資本家就沒有足夠的勞動來繼續進行10年期的生產過程了。這些資本家只好提高對這些勞動報酬的喊價，而這又會使他們沒有足夠的資本來雇用10年期所需要的勞動者了。通過這種競爭，工資將被提高，利息將被壓低，直至達到獨一無二的均衡點。①

還可以用另外一種方式決定利息率。延長生產時期要求每年每個工人（增產）250美元，如果年工資是500美元的話。原先5年期延長一年，可增加產量30美元，或者250美元的12%。再延長一年可得20美元，或8%。因為市場利息率是10%，所以後面這個延長將不會被採納，而且，一般來說，對於任何生產者來說，把他的生產時期延長到超過資本供給所容許的時期都是

---

① 比較J.林德貝克的相反結論：龐巴維克的資本理論［J］.國民經濟雜誌，IV（1932—1933）：501-514，特別是第504-505頁。林德貝克認為，資源被充分利用的所有各點都是穩定的。這種觀點有兩點錯誤：第一，他假定整個市場上的工資和利息不需要統一。第二，他沒有看到，工資一超過300美元，既定的資本就不足以雇用10年生產期的全部工人。

不合算的。因此,「利息率是由最後一次延長的可容許生產時期的剩餘收入決定的」①。這個公式,作為對均衡點的一種**描述**(假定生產時期可連續延長)是對的,但是,如維克塞爾所說,它在下述意義上又是不對的:額外增加的資本將會取得以這種方式決定的收入。因為增加資本也要增加工資率,從而減少生產時期的實際長度,在這個長度內可以不增加工資。因此,增加的產品與增加的資本投資的比例總是低於利息率的。②

決定利息率的數據被總結為三點:「……國家維持基金越少,該基金所雇傭的工人人數越多,生產時期進一步延長所得的剩餘收入仍然很高,那麼利息就越高。」③

在龐巴維克為這個理論所加的種種限制和論辯細節中,有一個是承認各種商品的生產函數並不一致。④ 這裡理論上的唯一變化是:各個生產時期的長度並不相同;資本總額的配置將使剩餘(邊際)收入在所有工業中相等。

第二個限制涉及對資本的非生產需求,即勞動者和資本家的消費和生活需求。⑤ 消費信貸需求不過是資本總需求的一部分,它們會減少用於生產的資本額,從而提高利息率。如果地租是(事先)**預付的,**則土地所有者的需求(對利息率)會有同樣的作用;如果他們靠自己的勞動生活,或者他們是在生產時期結束**以後**被支付的,那麼他們(對利息率)便沒有影響。⑥ 最後,資本家的預付對利息率的影響,同消費信貸的影響是一樣的,除非在它們能夠吸引利息之前利息率就已經存在了。⑦

儘管龐巴維克用了很多篇幅批判生產力利息論,但他分析的理論顯然同他

---

① 《資本實證論》,第394頁。
② 比較維克塞爾:《價值、資本和地租》,前引書,第108-113頁,為此所做的數學說明。但龐巴維克仍然保留這種表述形式,拒絕接受維克塞爾的(在我看來是)無可辯駁的分析。參看《資本實證論》,第4版,I,第455頁註。但在另一角度上,他對工資率的影響又是承認的,同上書,II,第36頁註。
③ 《資本實證論》第401頁。
④ 同上書,第305-311,404-406頁。
⑤ 同上書,第407-410頁,又見第373頁。
⑥ 這裡顯然完全混淆了靜態條件和資本累積的條件。如果土地所有者在其使用土地上進行了預付,他們顯然是作為資本家在行動的,而且事先已經增加了資本額。維克塞爾的批評基本就是這樣的:「作為土地租金支付的那部分資本,連同生產中實際使用的資本,從生產的純利潤中取得利息。」(《價值、資本和地租》,同上,第124頁註)但龐巴維克拒絕承認這個批評的正確性。參看《資本實證論》,第4版,I,第470頁註。
⑦ 問題的條件(究竟是靜態還是動態?)也模糊不清。如果資本家消費他自己的收入,也就是說沒有資本累積,那麼利息率就不會受到影響。

承認的理論是一樣的。① 關於決定利息率的最後這一節是他最好的經濟論證，比他對分配、生產和低估未來的分析要簡單明瞭、前後一致和深入透澈多了。但他的前提（包含在分配和生產理論中）是完全錯誤的。因此，雖然他對一般均衡問題的分析顯得非常機敏和相當（如果是不自覺的話）深入，但我們對其實質內容必須加以拒絕。②

---

① 當維克塞爾和皮爾遜指出他的理論實質上就是生產力利息論時，龐巴維克回答說：「我不會斷然拒絕這個（指責），除非也許依照我的觀點，『資本的生產性』對利息的形成絕非直接的也不是唯一的根據。」資本的消費需求（信貸的另一個理由）的影響相對較小，像他所承認的那樣，而且「直接作用」問題是不重要的。參看《短文集》，第 37 頁註，第 39 頁；《歷史及批判》，第 3 版，1914 年，第 705 頁註。

② 龐巴維克完全沒有考慮單個投資的生產時期，而且一般來說也無須在此討論。參看：K. 鮑爾丁. 時間和投資 [J]. 經濟學，N. S. Ⅲ（1936）：196-220.

第九章　里昂·瓦爾拉斯

　　里昂·瓦爾拉斯是主觀價值論最著名的發現者之一。① 然而，在盎格魯撒克遜國家，他的這個名聲多半是基於道聽途說；以英語撰寫的一般經濟思想史對他的著作也只是一帶而過；但他在歐洲大陸受到了熱忱對待，許多義大利經濟學家，例如帕坦里奧尼、巴羅內和帕累托，如同瑞典的維克塞爾和法國的安東尼利一樣，都承認受惠於他。但在美國和英國，瓦爾拉斯（像戈森和杜能一樣）雖常被提及，但其著作甚少被引用。

　　首先，他在操英語的國家之所以只有一個虛名，當然多半應歸因於他使用的是母語——法語，也同他熱衷使用令人發怵的大量數學公式有關。瓦爾拉斯在數學上比杰文斯更勝一籌，但他的論述是粗糙和冗長的。瓦爾拉斯用 150 多頁篇幅來概述消費者市場的一般交換均衡體系；同樣的問題，維克塞爾只用了大約 20 頁，埃杰沃斯則以一個腳註了事！不能期望發現者的著作有如後繼者的那樣雅致，但他在不必要地堅持數學方法上的確表現得格外頑固。

　　其次，瓦爾拉斯作為經濟學家的名聲幾乎完全是基於他的理論研究。杰文斯的名聲有很大一部分是來自他關於煤的問題、貨幣問題和指數問題的著作。門格爾很快就贏得了一批熱情的門徒，他還是「方法論爭論」中的主角。但是，瓦爾拉斯在其 *Sprachgebiet* 問世、純理論遠未繁榮起來之時，就已經保持了很高的抽象水準。我們還可以指出，瓦爾拉斯基本的理論貢獻———一般均衡概念——在其追隨者手中得到了更簡單明瞭的表述，只有歷史學者才追溯到他

---

① 關於瓦爾拉斯的生平和書信，參看：W. 賈菲. 瓦爾拉斯未發表的論文和書信 [J]. 政治經濟學雜誌, XLIII (1935): 187-207. 又見：J. R. 希克斯. 里昂·瓦爾拉斯 [J]. 計量經濟學, II (1934): 338-348. E. 安東尼利. 純粹政治經濟學 [M]. 巴黎, 1914. 其中有對瓦爾拉斯《純經濟學要義》（洛桑, 1926 年）的一個恰當的半數學的總結，還提供了一些有關瓦爾拉斯生平的資料。

的《純經濟學要義》。但是，應當強調指出這是對其疏忽的解釋，而不是為其辯護；拿我來說，我就以為瓦爾拉斯的貢獻遠在帕累托之上。

本章將順著瓦爾拉斯的思路，著重論述和分析他的一般均衡理論。他的成本和收入理論的某些內容將收集在下面，不過這些「特殊的」理論在他的思想中起的作用很小。①

成本與收入

首先，瓦爾拉斯很少注意成本的性質問題。對一般均衡問題的偏好使他忽略了相互決定問題之外的幾乎所有經濟問題。② 不過，《純經濟學要義》相當明確地將選擇成本論應用於資源配置問題。「在這種自由競爭制度下，如果一些企業的商品售價高於其生產成本，就會帶來**利潤**，企業家會擴大或發展他們的生產，這會使產量增加，從而迫使價格降低，並減緩擴張；如果一些企業產品的生產成本超過其售價，就會造成**虧損**，企業家就會轉移或限制他們的生產，提高價格，並再次減緩擴張。」（第194頁；又見第394頁）同樣的過程，即來自各種資源不同用途的收益均等化過程，也會在所有非專業資源中發生。特別是勞動，它就是非專業化的。「大多數人在選擇一項職業時究竟在考慮什麼？準確地說，能拿多少工資；就是說，在那個崗位上生產服務的價值。」（第396頁）在專業化資源的場合，它們的價格只由產品的價值決定（第396頁）。

其次，選擇成本理論暗含在個人一般需求方程式中。③ 表現滿足最大化條件的這些基本方程式說明，每種資源的所有者都會將其資源保留在這樣一個數量上，從而使其對直接消費的邊際效用與從使用生產中的其他資源得到的收入的邊際效用相等。這種「交換方程式」被應用於所有類型的土地、勞動和資本中。

然而，這些方程式可以被解釋為包含著一種選擇成本論或真實成本論。它們是以效用來說明的，但它強調的是空間的選擇和各種工業職業的特殊生產服

---

① 1926年版《純經濟學要義》是資料的主要來源，所有參考資料出處均指該書，除非另有說明。第1版（1874年）和第3版（1896年）已經讀過，但未做核對；威廉·賈菲教授為我即將問世的譯本做了許多不必要的原文註釋。感謝洛桑的F. 羅傑出版社允我引用《純經濟學要義》一書。

② 這個說法對其效用分析不太適用，但仍沒有重要例外地適合於描述其生理理論。

③ 參考本書下文第237–239頁。他在別處承認勞動小時的剛性，但是沒有直面這個問題。參看《應用政治經濟學研究》（巴黎，1936年），第275頁。

務之間的邊際的相等。這裡再次提出了配置生產服務的兩個問題：①決定一定量生產資源在空間和各種貨幣用途之間的配置；②決定這些服務在各種貨幣用途之間的配置。關於第一個問題（瓦爾拉斯討論的就是這個問題），這裡指出這一點總是不會錯的：正確表示的真實成本論與選擇成本論在術語上是有區別的。例如，可以說勞動供給既受心理代價的限制，也受可供選擇的各種休閒安排的限制。兩者的結果表面上是相同的，但是，選擇成本方法還是占著一定的優勢。它不會引誘人們去探究心理投機，或者構建類似「生產者剩餘」這樣的非正常商品。選擇成本理論還合適地強調了這樣一個事實：與工業競爭使用某種資源的任何事物都會減少它的供給，而真實成本理論則從與之不相干的心理考慮（即令人厭惡的感覺）入手。第二個問題即（在各種貨幣用途之間）配置生產服務的問題，瓦爾拉斯給出的分析是不恰當的。關於真實成本理論在出現分工條件下所遇到的困難，可以提出一個參考書目。①

應該注意，瓦爾拉斯順從當時的做法，是在比例的意義上給報酬遞減下定義的（第 405，408-491 頁）。②

生產要素及其服務

瓦爾拉斯對生產要素及其服務的討論是他對生產理論做出的最有價值——至少是最值得稱讚——的貢獻之一。他是根據資源及其服務的基本二分法構築理論的第一人。資源或服務的源泉被稱為資本：「……一般來說，**固定資本或資本**就是所有的耐久物品，就是各種形式的沒有被消費或只能在長期內消費的社會財富，就是數量有限的所有效用，這些效用在最初的使用之後仍然存在，一句話，它能提供不止一次的服務……」（第 177 頁）這樣就在分析上將這些資源及其提供的服務區別開來了。這些服務或收入包括「各種形式直接消費的社會財富，各種一經使用便不復存在的稀有物品，簡而言之，它只能提供一

---

① 關於這一點，參看：F. H. 奈特.（維克塞爾重印的）政治經濟學常識 [J]. 政治經濟學雜誌，XLⅡ（1934）：660-673. 埃杰沃斯在對《純經濟學要義》再版的評論《政治經濟學的數學理論》（《自然》，XL，1889：435）中暗示說，瓦爾拉斯完全忽視了對反效用的考慮。L. V. 鮑爾特基維茨在表面評論同一本著作而實際上袒護瓦爾拉斯並批評埃杰沃斯時，指出了瓦爾拉斯方程式中暗含的成本理論。參看：鮑爾特基維茨. 政治經濟學評論 [M]. IV，1890：83-84. 埃杰沃斯的回答在這一點上是含糊其詞的，見他的文章：《供給的數學理論》，同上，V（1891），第 10-28 頁，但在其《與政治經濟學相關的論著》中（倫敦，1925 年），Ⅱ，第 311-312 頁，這個批評被完全刪掉了。

② 他對生產函數的討論一般來說也是無例外地這樣做的。參看第 374 頁，又見本書第 258 頁。

次服務……」（第177頁）如果一處房產是資本的話，那麼它在一定時期內所提供的各方面保護就是它的服務或收入。一定量資源是用作資本還是服務，取決於如何使用它們。一棵果樹是資本，但是如果被砍倒做了燃料，這就形成了它的服務。資本物品及其收入可以是非物質的，但在它們之間有一個基本區別：「資本的本質在於產生收入；收入的本質在於它直接或間接地來自資本。」（第178頁）也就是說，資本可以連續不斷地提供各種用途，而其每次使用就是服務或收入。

區分資源及其服務對生產理論來說是基本的，因為企業家需要的只是服務，即資源的暫時使用。但瓦爾拉斯的標準，即一定量資源的經濟用途數量，是完全不能令人滿意的。從經濟觀點來看，服務的數量是偶然的；基本的區別與資本物品展開服務的時間期限有關。如果期限短，那麼形成的就是該資本品的消費及其服務。如果期限相當長，而且要檢測該服務的貶值是否與其總價值的區別很大，則服務就必須被分別對待。服務總是一個基本概念，資本價值則是派生的。即使瓦爾拉斯區分資本和服務的理由有些勉強，這種區分仍是非常重要的。①

資本品和服務各自分成三部分：土地、勞動和資本自身（第179-181頁）。瓦爾拉斯對這種區分的解釋是很膚淺的。「土地」只包括未經改良的地域，它有可擴展的特點（第184頁）。除了不多的例外②，它不能被生產和破壞（第182、246頁）。人力資本是自然的，但可因使用或偶然事件而遭破壞。③ 人為資本物品或資本物品自身是被生產出來的，也是可被毀壞的（第183頁）。在瓦爾拉斯所說的形式上，這種寬泛的區分沒有可以辯護的餘地，也不值得予以進一步注意。④

---

① 「在我看來，這是所有純粹經濟理論的關鍵。如果忽視資本品與服務之間的區別，特別是如果拒絕承認在物質收入之外，資本的非物質服務也是社會財富，就會取消了任何科學的價格決定理論。」（第 xi 頁）賈菲認為（前引書，第190-191頁），瓦爾拉斯對資本品和收入的區分來自其父奧古斯特·瓦爾拉斯的著作。

② 這些例外的性質是自然的：土地由沼澤地排水而成；土地因地震和水災而被毀壞。（第182頁）

③ 他承認「越來越被接受的一般道德原則」，人身不能被買賣，也不能基於經濟理由像動物一樣被生產。不過，他將人身資本包括在資本之內，因為個人服務出現在市場上，而且是評價個人資本的基礎（第183頁）。瓦爾拉斯的下述說法也不能令人信服：經濟學是一門抽象掉正義和利益及現實主義的科學。不過，人身資本在他的理論中只起一種形式的作用。

④ 他看來還接受（不太堅持）「原始要素」理論，這與他喜愛的土地國有化綱領有關。參看《應用政治經濟學》，第470頁。

在這三種類型資本物品的基礎上，他又對物品和服務作了更細緻的分類，可將這種分類的一般概念總結如下：

(1) 用於消費的土地資本，例如公園或住宅。
(2) 用於消費的人身資本，例如家庭傭人或公共官員。
(3) 用於消費的資本自身，例如房屋、家具和衣物。
(4) 用於生產的土地資本，例如農業土地。
(5) 用於生產的人力資本，例如勞動者。
(6) 用於生產的資本自身，例如建築物、工廠和機器。（第185-187頁）

在他所提及的其他許多種服務中，有兩種值得在此一提。第一種是消費品，包括消費者手中不耐久的消費品，例如麵包、肉和酒，等等（第178、181、186頁）。第二種收入包括生產中使用的不耐久的原料，例如燃料、種子，等等（第181、186頁）。這種延伸的分類（這裡提出的只是一部分）是以往經濟思想的遺跡，它在瓦爾拉斯的生產分析中實際上沒有起什麼作用。

生產的一般圖式

瓦爾拉斯對經濟理論的最偉大貢獻之一，就是明確描述了在一種競爭經濟中生產的性質。但在概述這種理論以前，有必要跟著他先談一下企業家的職能。企業家是從所有者手中購買各種資本物品和服務的人。從理論分析上說，這種合作的職能同資源所有權可能而且一定可以完全區分開來，儘管「在實際生活中」企業家肯定可以擁有他自己的資源，而且履行著某些管理勞動的職能。（第191頁）

在企業經濟中存在兩大類市場。第一類是服務市場（第191-192頁）。在這種市場上，各種資本物品（包括勞動者）所有者作為資本服務的賣者出現，企業家則作為買者。指出這一點是重要的：出賣資本服務並不必然涉及出賣資本物品。瓦爾拉斯適當強調了區分（資本）物品及其服務的必然結果：

各種服務，由於它們一經提供便不復存在，所以只能被出售或者提供出去……資本則相反，由於它們在首次被用於製造之後仍然存在，所以它們可以被

雇用，無論是以令人煩惱的代價還是完全免費⋯⋯出自資本物品的雇用是該資本的服務的轉移。（第190頁）

每一種資本物品服務的價格將確定在其供給和需求相等的均衡點上。對土地服務來說，這些價格被稱為地租，對人身服務而言就是工資，對資本自身服務而言就是利潤。

第二個市場是最終產品市場（第192-193頁）。在這個市場上，企業家作為賣者出現，而資源所有者則是買者，因此，在該經濟之內，物品的流通是完全的。這裡會再次出現供求相等的均衡價格。

這兩個市場有兩方面的關係。資源所有者「以其在第一個市場從他們的生產服務中獲得的貨幣⋯⋯到第二個市場購買產品，而企業家則以其在第二個市場從他們的產品中得到的貨幣，到第一個市場購買生產服務」（第193頁）。關於資源和產品市場之間的第二方面關係，他以肯定的詞句總結說：「企業家沒有盈利也沒有虧損。」（第195頁）不贏不虧，價格等於成本，「這是一種理想狀態，但不是真實狀態」（第194頁）。但是競爭會促使出現這種狀態，因為利潤會促使產品擴大和價格下降，而在虧損時情況則相反。

從這種生產的一般圖式，瓦爾拉斯進而討論到他關於相關關係的數學理論。我們在下一節就來討論瓦爾拉斯的第一個詳盡的基於固定生產技術系數假定的理論，而瓦爾拉斯基於可變生產系數的生產理論，我們將在第12章加以討論。瓦爾拉斯的這個理論最初是在《純經濟學要義》第3版（1896年）著名的附錄中提出來的。

生產理論

瓦爾拉斯在其一般生產方程式中所使用的符號如下（第208頁極為重要）：

(1) m 個最終產品：
A, B, C⋯⋯一定時期內的消費品。

(2) n 個生產服務：
T, T', T''⋯⋯每單位時間的土地服務；

$P, P', P''\cdots\cdots$ 每單位時間的勞動服務；

$K, K', K''\cdots\cdots$ 每單位時間的資本服務。

(3) 效用函數：

$r = \varphi (q)$ ——個人對任何物品的邊際效用函數。

這裡需指出，個人對生產服務和消費物品擁有一種效用函數。這種理論常常被歸功於維克塞爾，但在《純經濟學要義》中已有明確的表述。①

(4)（提供給個人的）價格：

$\left.\begin{array}{l} p_t, p_t'\cdots\cdots \\ p_p, p_p'\cdots\cdots \\ p_k, p_k'\cdots\cdots \end{array}\right\}$ 生產服務的價格；

$p_b, p_c\cdots\cdots$ 消費物品的價格。②

(5) 個人最初擁有量：

$q_t, q_k, q_p\cdots\cdots$ 生產服務量。

(6) 需求和供給量：

$o_t, o_p, o_k\cdots\cdots$ 提供的服務量（如果是正值）或需求量（如果是負值）；

$d_a, d_b, d_c\cdots\cdots$ 均衡價格下所需要的最終物品。

(7) 生產技術系數：

$\left.\begin{array}{l} a_t, a_k, a_p\cdots\cdots \\ b_t, b_k, b_p\cdots\cdots \end{array}\right\}$ 生產技術系數，即進入每單位產品 $A, B, C\cdots\cdots$ 的生產可變要素 (T, P, K) 的數量。

在《純經濟學要義》前 3 版，這些系數被假定決定於技術因素，儘管承認它們實際上是可變的。例如，在第 3 版③，瓦爾拉斯說：

「這個條件（即選擇系數以使生產成本最小化）是容易表現的，即列出與要決定的生產系數同數的方程體系。為了簡化起見，我們將抽象地假定，上述

---

① 「服務本身對每個人有直接的效用。人們不僅可能想雇用或持有全部或部分的土地服務、他的個人才能以及他的資本，而且，如果他願意，他還可能取得土地、勞動和資本的服務，不是起企業家的作用，將它們轉變成產品，而是作為消費者，直接使用它們，也就是說，不是把它們作為生產服務，而是作為消費服務。」（第 209 頁）

② 所有價格都是以商品 A 這個「計量者」定義的，所以 $p_a = 1$。參看第 48 頁及其他各頁，第 150 頁及其他各頁。

③ 同一段落出現在第一版第 249 頁。

系數值是已知的，而不是該問題的未知數。」（第 232 頁）

只是在第 4 版（1900 年）和修訂版（1926 年），他才做出了決定隨後這些生產系數的承諾。①

現在，很容易表現個人的一般均衡條件了（第 210-211 頁）。在這裡抽象了資本品的分攤和維護問題，也抽象了新儲蓄問題（第 209 頁）；這些問題隨後在資本理論中再來研究。首先，個人要服從於他的預算方程：

$$o_t p_t + o_p p_p + o_k p_k + \cdots\cdots = d_a + d_b p_b + \cdots\cdots \qquad (1)$$

這就是說，他的支出必須等於他的收入。其次，「滿足最大化」的一般條件要求各種物品和服務的邊際效用與其價格成比例。② 這會導致 $n+m-1$ 個這種類型的方程：③

$$\begin{aligned}
\varphi_t(q_t - o_t) &= p_t \varphi_a(d_a) \\
\varphi_p(q_p - o_p) &= p_p \varphi_a(d_a) \\
&\cdots\cdots \\
\varphi_b(d_b) &= p_b \varphi_a(d_a) \\
\varphi_c(d_c) &= p_c \varphi_a(d_a) \\
&\cdots\cdots
\end{aligned} \qquad (2)$$

這樣就有 $m+n$ 個方程式，求解 $m+n$ 個未知數 o_t, o_p, o_k, ⋯⋯ d_a, d_b, d_c ⋯⋯。這些未知數可用對個人是固定的和已知的價格來表現。於是可得出個人對生產服務的供給或需求函數：

$$o_t = f_t(p_t, p_p, p_k\cdots\cdots, p_b, p_c, p_d\cdots\cdots)$$
$$o_p = f_p(p_t, p_p, p_k\cdots\cdots, p_b, p_c, p_d\cdots\cdots)$$
$$\cdots\cdots$$

以及對各種商品的需求函數：

$$d_b = f_b(p_t, p_p, p_k\cdots\cdots, p_b, p_c, p_d\cdots\cdots)$$
$$d_c = f_c(p_t, p_p, p_k\cdots\cdots, p_b, p_c, p_d\cdots\cdots)$$
$$\cdots\cdots$$

---

① 參看本書第 12 章。
② 主要參看：第 81 頁特別重要，或者：杰文斯. 政治經濟學理論［M］. 4 版，倫敦，1911：第 95 頁特別重要。
③ 沒有「計量者」商品 A 的方程式。

對商品 A 的需求可容易地從方程（1）取得。

在市場一般均衡場合，可用另外三套符號表示：

$$O_t = \Sigma o_t; \quad D_a = \Sigma d_a; \quad F_t = \Sigma f_t,$$

例如，其中 O_t 是 T 的總市場供給。一般市場均衡由以下 4 組方程確定（第 211–212 頁）：

1. 所提供的生產服務量是價格的函數：

$$O_t = F_t \ (p_t, \ p_p, \ p_k \cdots\cdots, \ p_b, \ p_c, \ p_d \cdots\cdots)$$
$$O_p = F_p \ (p_t, \ p_p, \ p_k \cdots\cdots, \ p_b, \ p_c, \ p_d \cdots\cdots) \quad (3)$$
$$\cdots\cdots$$

共有 n 個方程式。

2. 所需要的最終產品量是價格的函數：

$$D_b = F_b \ (p_t, \ p_p, \ p_k \cdots\cdots, \ p_b, \ p_c, \ p_d \cdots\cdots)$$
$$D_c = F_c \ (p_t, \ p_p, \ p_k \cdots\cdots, \ p_b, \ p_c, \ p_d \cdots\cdots) \quad (4)$$
$$\cdots\cdots$$

和

$$D_a = O_t p_t + O_p p_p + \cdots\cdots - (D_b p_b + D_c p_c + \cdots\cdots)$$

共有 m 個方程式。

3. 所使用的服務量必須等於供給量：

$$a_t D_a + b_t D_b + c_t D_C + \cdots\cdots = O_t$$
$$a_p D_a + b_p D_b + c_p D_C + \cdots\cdots = O_p \quad (5)$$
$$\cdots\cdots$$

共有 n 個方程式。

4. 生產成本必須等於價格：

$$a_t p_t + a_p p_p + a_k p_k + \cdots\cdots = 1$$
$$b_t p_t + b_p p_p + b_k p_k + \cdots\cdots = p_b \quad (6)$$
$$\cdots\cdots$$

共有 m 個方程式。

沒有討論個別企業的成本條件。①

在這個體系中共有 $2m+2n$ 個方程式。其中有一個方程不是獨立的，因而

---

① 下面這段混亂和膚淺的評論取消了這個問題：「因為我們假定企業家們不贏不虧，所以我們完全可以假設他們生產了相同數量的物品，在這種場合，每種物品的所有支出都可看成是成比例的。」（第 213 頁）瓦爾拉斯沒有告訴我們它們的比例是什麼。

可以容易地消掉。如將方程組（5）中的每個方程分別乘以 p_t, p_p, p_k……，方程組（6）中的每個方程乘以 D_a, D_b, D_c……，各自分別相加，則兩個方程組的數值應當一樣，並最後導致方程組（4）的最後一個方程。① 剩下的獨立方程只有 $2m+2n-1$ 個。

然而，這同未知數數目正好相等：

未知數	數目
（1）所提供的生產服務量（O_t, O_p……）	n
（2）最終產品需求量（D_a, D_b……）	m
（3）生產服務的價格（p_t, p_p, p_k……）	n
（4）最終產品的價格（p_b, p_c, p_d……）	$m-1$
	$2m+2n-1$

這就是一般均衡理論。

一般均衡理論是一項令人印象深刻的成就。瓦爾拉斯是證明下述結論的第一人，即：在完全競爭條件下，資源的充分利用與個人從其資源獲得最大化收益的要求是可以兼容的。證明是極其嚴格的，但是，經濟分析的基本概念、經濟量的一般相互依賴關係，是以一種不用代數符號便不可能的方式提出來的。有些現代經濟學家，熱衷於構建和計算方程體系，總為他們的體系有解而興高采烈，但我對這些人不甚同情。的確，除了強調經濟現象的相互依賴關係以外，一般均衡理論對經濟理論的貢獻不多。這個問題被過分複雜化了，以致不易從整體上加以把握。不過，這個特殊理論所描繪的一般均衡的性質是基本的。這樣的思想必須出現在進行仔細的研究之前。瓦爾拉斯的最大貢獻是提出了一種可謂新的思想，而這樣的新思想在斯密以後的經濟學史上是不多見的。

當然，實際論述有一些缺點。基本的一個是生產概念和陳述不適當。生產技術系數不變的假定，取消了生產領域大部分有趣和重要的問題。企業家不贏

---

① 這可以用兩個商品和兩種生產服務的場合來說明。方程組（5）分別乘以 p_t 和 p_p，變成：

$$a_t p_t D_a + b_t p_t D_b = O_t p_t$$
$$a_p p_p D_a + b_p p_p D_b = O_p p_p$$

同樣，方程組（6）變成：

$$a_t p_t D_a + a_p p_p D_a = D_a$$
$$b_t p_t D_b + b_p p_p D_b = D_b p_b$$

左邊兩個數值顯然一樣，所以：

$$O_t p_t + O_p p_p = D_a + D_b p_b$$

這就是方程組（4）的最後一個方程式。

不啻是一個假定，而不是一個分析的論題。成本和價格之間微妙而複雜的關係也被排除了：這兩者被定義為相等。

此外，這個體系還招來了一些對數學家而不是對經濟學家更有意義的反駁。在這個體系中沒有考慮自由（無償）物品；不過，能夠發現的唯一同需求有關的是既定的生產服務是否無償的問題。考慮到這個遺漏，施萊辛格對瓦爾拉斯體系做了一個簡單的修正。① 方程組（5）的第一個方程應當寫成：

$$a_t D_a + b_t D_b + c_t D_c + \cdots\cdots + U_t = O_t$$

對該方程組其他方程也做類似改動。U_t 是 T 的未使用的部分，如果資源不是無償的，U_t 將為零。這樣就增加了 n 個未知數，但體系仍然有解，因為增加了 n 個這種類型的方程，

$$當 U_t > 0 時, p_t = 0$$

這就容易地糾正了這個遺漏。

第二個和更令人印象深刻的批評是：方程數目與未知數數目相等並不能保證存在唯一的肯定的解——它應當是一個明智的經濟解答。② 瓦爾德（一位維也納的數學家）指出，如果用下述在瓦爾拉斯理論中肯定暗含的假定，這樣的解對瓦爾拉斯體系來說是存在的：③

（1）生產資源的供給是正值。
（2）所有的生產系數是零或正值。
（3）至少有一個生產服務進入每個商品的生產。
（4）需求函數 $f_i(d_i)$ 是據商品 I 的每個正值來定義的，而且總是正的、連續的和一直遞減的。④

有必要做出有力的分析以證明一個唯一的正值解，但這顯然超出了瓦爾拉斯有限的數學工具的範圍。對一般均衡學派的一個有趣的評論是：這樣一個解答在該理論首次提出後 60 年間也不曾有人提出疑問，但也沒有做出證明。無

---

① K. 施萊辛格. 經濟體系的生產方程式 [M] // 一次數學討論的結論（K. 門格爾，維也納），VI（1933—1934）：10-11.
② 事實上，方程式比未知數多或少都可以有一個可以接受的解。
③ A. 瓦爾德. 新生產方程式的一個明確的肯定的解 [M] // 一次數學討論的結論，VI（1933—1934）：12-18.
④ 又見：A. 瓦爾德. 數理經濟學的一個方程式體系 [J]. 國民經濟雜誌，VII（1936）：637-670，以及那裡引述的參考資料。

批判地接受並非不受歡迎，因為一般均衡的中心思想是正確的和重要的。但是，經驗表明在將來把方程計算問題留給專業數學家可能是受歡迎的。

瓦爾拉斯沒有把他的公式僅限於一般生產理論。「尚待說明的是……我們已經給出理論解答的這個問題，也是在市場上通過自由競爭機制實際解決的問題。」（第 214 頁）在生產理論中，如在交換理論中一樣①，他使用了一個精心加工的概念「近似」（tatonnements）。近似理論旨在一般性地刻畫經濟制度如何從任何非均衡移動到最終均衡的過程。這是經濟學動態理論本身的問題，就像用於機械學的「動態」一詞一樣，它表示在一定固定的制度下朝向均衡運動的軌跡。在經濟學史上，瓦爾拉斯是對此提出一般解答的唯一經濟學家。儘管他對這種方法做了詳盡的討論，但這裡只需對其中心概念加以說明。

「近似」理論，除去其「華麗的數學外表」，可以很簡單地加以表述。在均衡狀態下有兩個條件必須滿足：所需要的生產服務量必須等於它們的供給；一個物品的生產成本必須等於它的售價。在第一個條件未能實現時，這些服務的價格將會提高，需求會超過供給；反之，價格就會下跌。生產量的變化（價格超過成本，則產量增加；成本超過價格，則產量減少）將同樣會引導價格與生產成本相等。

埃杰沃斯根本拒絕這種近似理論並做了很好的論述：

他（瓦爾拉斯）花了 35 頁篇幅闡述的一種思想，其實用幾段話就夠了。首先因為它不是一種很好的想法。作者想說的無非是一個市場殺價過程，經濟體系通過它看來就可以達於均衡。現在，如杰文斯所說，交換方程式具有靜態的而不是動態的特徵。這個過程可以確定一個均衡位置，但它沒有給出達到這種均衡的任何信息。瓦爾拉斯教授精心加工的講義所表示的是降落到均衡位置的**一個**方式，而不是**這種**方式。②

瓦爾拉斯的示範說明了從非均衡回到均衡的可能性，但他沒有證明均衡終將達到，也沒有說明向均衡的運動不會影響最終的位置。這些極其重要的問題被認為是理所當然的。困難也許是無法解決的。可以肯定的是，到目前為止，

---

① 資本理論也是如此（《純經濟學要義》，第 25 講）。
② 「政治經濟學的數學理論」，前引書，第 435 頁。又見第 231 頁註 1 中的其他參考資料。瓦爾拉斯的回答是很無力的（第 472-473 頁）。

實現一般均衡的唯一令人滿意的分析方法是埃杰沃斯的「契約」過程。①

瓦爾拉斯一般均衡理論的第二個缺陷是，對自由競爭會導致滿足最大化的論證顯得冗長乏味，而且是錯誤的（第 8、22、26、27 講）。這個道德結論，如維克塞爾所說②，要求進一步假定所有的人具有相同的效用函數和相等的收入。對瓦爾拉斯關於滿足最大化學說的詳盡無遺的論證過程，最好是予以迴避，後來多數經濟學家也都是這樣做的。

資本理論

瓦爾拉斯的資本理論是他對經濟學的另一重要貢獻。他從一開始就比幾乎所有其他經濟學家擁有一種優勢，即明確地和堅持一貫地在資本物品及其服務之間做出區分。這個正確的分析思路消除了正確定義資本方面的大多數問題，還適當地強調了利息問題的核心因素，即不斷的純收入。

資本物品被要求帶來（消費）收入（第 242 頁）。對耐久消費品（例如房屋）也是如此。瓦爾拉斯認為，「一個買房自住的人同另外兩個人可以是無關的，其中一個人買房投資，另一個人則直接消費他的投資的服務」（第 242 頁）。

在決定一項資本物品的純收入之前，有必要從總收入中進行兩項扣除。③第一項扣除是為折舊，第二項扣除是為防止意外（例如火災）。扣除折舊容易進行：只需從年總收入中扣除攤銷補貼即可，它「與資本物品的價格成比例」④（第 243 頁）。風險損失費用的扣除也是這樣，它也與資本物品的價格成比例⑤（第 243 頁）。

上述論證可用簡單的代數式加以表述。以 P 表示資本物品價格，以 p 表示其年服務總值。以某個分數 μP 表示必須被扣除的攤銷費用，以另一個分數 νP 表示必須扣除的風險費用。於是，純收入 π 可定義為（第 243 頁）：

---

① 關於這個問題，可參看 N. 卡爾多的有趣論文：關於均衡決定的分類註釋 [J]. 經濟研究評論，I（1934）：122-136.
② 政治經濟學講義 [M]. 紐約，1934：I，第 79 頁特別重要。
③ 此後即在每年消費的服務（實物單位）乘以價格的意義上使用「收入」一詞，而過去僅指「服務」。（第 242 頁）
④ 還假定這項補貼與該資本的生命期間成反比例。
⑤ 對土地沒有必要做此扣除。已經指出過，瓦爾拉斯相信土地是永久的。（第 246 頁）

$$\pi = p - (\mu + \nu) \cdot P$$

在投資率既定條件下，所有資本的價值與純收入「嚴格成比例」。利息率則被定義為潛在純收入與資本價值（仍然未定）之比，即：

$$i = \frac{p - (\mu + \nu)P}{P}$$

或

$$P = \frac{p}{i + \mu + \nu}$$

上述方程不足以決定兩個未知數：資本價值（P）和利息率（i）。不過，在沒有純儲蓄和負儲蓄的靜態經濟中，不會提出這個決定問題，因為不存在資本價值。「在這種條件下，沒有資本物品的買或賣，對這些物品來說，只有彼此按其純收入比例進行的交換，而且，這種交換（在理論上沒有存在的理由）還不會提供以『計量者』表示的任何價格。」（第 244 頁）這是一個不規範的分析：它突出地強調了資本市場的重要特徵，指出其核心交換是潛在純收入之間的交換；但它又錯誤地暗示說，在利息率未知條件下，有可能明智地規定維持和更新費用。

往下的分析限定於一種經濟發展的場合——其中存在純儲蓄（第 249、252 頁）。在這種經濟中，將會以純收入建設新的資本物品，並且有可能從這種投資中取得純利息。舊資本物品可以據其純收入按新資本物品市場利息率的資本化來進行估價。①

新資本物品的基本條件是其生產成本等於其價格。再次假定新資本物品的生產系數已知而且不變（第 247, 256-257 頁）。② 這個條件可以寫成：

$$\begin{aligned} k_t p_t + \cdots\cdots + k_p p_p + \cdots\cdots + k_k p_k + \cdots\cdots &= P_k \\ k_t' p_t + \cdots\cdots + k_p' p_p + \cdots\cdots + k_k' p_k + \cdots\cdots &= P_k' \\ \cdots\cdots & \end{aligned} \quad (7)$$

如果有 h 種新資本物品，就有 h 個這樣的方程。此外，還有另外 h 個方程（對每個人）用於表示按純收入資本化來定義的資本價值。

$$P_K = \frac{\pi_K}{i} = \frac{p_k}{i + \mu_k + \nu_k}$$

---

① 這被明確地用於估價土地和勞動（第 246 頁），還有對現存資本物品的估價（第 xiv, 290-293 頁）。又見《社會經濟研究》（巴黎，1936 年），第 278 頁特別重要。

② 關於建設期間的利息，參看本書第 251 頁註 2。

$$P_{K'} = \frac{\pi_{k'}}{i} = \frac{p_{k'}}{i + \mu_{k'} + \upsilon_{k'}} \tag{8}$$

……

瓦爾拉斯區分了個人收入超過其消費物品總支出的餘額（即總儲蓄①）和個人的純儲蓄（第248-250頁）。只有在扣除了現存資本物品的全部折舊和風險費用後，才能確定純儲蓄。在接下來的方程中，具體論證用的是總儲蓄而不是純儲蓄，但是，實際的數額只是將更新需求加到對新資本的純需求上。

瓦爾拉斯在此提出了一個很有用的可稱為潛在純收入（E）的概念，其價格是利息率的倒數。對潛在純收入的需求不過是觀察對新投資物品需求的另一種方式。這樣，d_e即所需要的E量，與其價格（p_e）的乘積將等於均衡狀態下的總儲蓄。② E的效用被假定為其數量的函數，所以，滿足最大化的條件要求E的加權邊際效用等於其他商品的邊際效用。③ 其代數式如下：

$$\varphi_e (q_e + d_e) = p_e \varphi_a (d_a)$$

用這個方程表示上述體系（2），即可將d_e表現為所有價格的函數，即④：

$$d_e = f_e (p_t \cdots\cdots p_p \cdots\cdots p_k, p_{k'}; \cdots\cdots p_b, p_c, \cdots\cdots p_e) \tag{9}$$

對整個經濟來說，

$$D_e = F_e = \Sigma f_e$$

這個一般市場均衡公式可以容易地將新資本物品包括在內（第254頁特別重要）。將h個體系（7）的方程加到確定銷售價格和生產成本的體系（6）上。「表現所有資本物品純利息率」（第258頁）的體系（8），加上新增的h個方程，現在是一般體系的另一部分。新資本物品在均衡狀態下的供給量和需求量相等，可用方程（10）表示：

$$D_k P_k + D_{k'} P_{k'} + \cdots\cdots = E \tag{10}$$

這裡D_k，$D_{k'}$……分別是所製造的K，K'……的量。最後，總儲蓄的總供給是所有價格的函數：

$$E = D_e p_e = F_e (p_t \cdots\cdots p_p \cdots\cdots p_k, p_{k'}, \cdots\cdots p_b, p_c, \cdots\cdots p_e) p_e \tag{9.1}$$

---

① 如果e是收入超過消費開支的餘額，r是收入，則：
$e = r - [(q_t - o_t) p_t + \cdots\cdots + (q_k - o_k) p_k + \cdots\cdots d_a + d_b p_b + \cdots\cdots]$

② 即$e = d_e p_e$，或$i \cdot e = d_e$。

③ 值得注意的是，潛在純收入在《純經濟學要義》第一版中還沒有被作為一種商品提出來。儲蓄的供給在這一版被看成價格的一種經驗性函數（第283-284頁），而且不以效用分析為基礎。

④ 參看前文第239頁。

這些 $2h+2$ 個新方程式在數量上等於 $2h+2$ 個新未知數：h 個新資本物品的價格；h 個新資本物品量；利息率（$i = 1 / p_e$）；總儲蓄的供給（E）。

上述資本論研究的只是耐久資本物品。瓦爾拉斯把他的這個分析擴大到流動資本，與貨幣理論一同提出，這個貨幣論與「計量者」論形成了對照（第29講，第297頁特別重要）。因為這兩個因素在他的理論中不可分地混雜在一起①，所以這裡省去了正式的代數式，但需對其流動資本論作一概括考察。

瓦爾拉斯認為存在四種類型的流動資本（參看，特別是第299頁，又見第xiv頁）。其中有兩種是由消費者持有的：消費者物品存貨和現金餘額。企業家也持有兩種類似的流動資本：原料和成品存貨，以及現金餘額。他們必須持有這些現金以便更新這些存貨，並在等待收集他所售賣的這些產品時購買生產服務。②（第300-301頁，又見第304頁）

各種物品存貨和現金餘額通常被引進一般均衡方程中。需要和供的存貨量作為所有價格的函數被導出③，例如，所持有的產品 A' 的價格是 $p_{a'} = i\, p_a$。換言之，為庫存所支付的利息是生產成本。現金餘額方程同樣是因貨幣而導出的。④ 瓦爾拉斯還發展了供求量相等以及生產成本與銷售價格相等的通常條件，從而建立了更多的一般均衡。

在評價瓦爾拉斯的資本理論之前，可以考察一下維克塞爾的評論。他是對瓦爾拉斯理論給予很多注意的唯一經濟學家。在他最早的著作中，維克塞爾對瓦爾拉斯的理論持非常批判的態度：「我一直非常自信，他的生產理論犯了基本的錯誤，這同他絕對的和片面的資本概念有關，這只能通過重新設置他的分析前提才能予以糾正。」⑤ 維克塞爾拒絕瓦爾拉斯理論的基本理由是認為他忽略了生產時期，不過整個的批判值得加以引述：

被瓦爾拉斯看成資本並加以研究的只是耐久物品，而不包括原料和非成品，也不包括勞動者的生活資料，因而，一般來說，不包括流動資本所有者向

---

① 這種混雜並無必要，但瓦爾拉斯選擇將這兩者同時引進他的體系。
② 瓦爾拉斯傾向於將職能資本看成對資源所有者的一種預付。他沒有明確地考察建設費用的利息，但它似乎多多少少隱含在這個引語中。
③ 原料的供給是固定的，因為它們沒有直接的效用。（第304頁）
④ 關於貨幣方面，參看 A. W. 馬格特. 瓦爾拉斯和貨幣價值問題的貨幣餘額方法 [J]. 政治經濟學雜誌，XXXIX（1931）：569-600；又見：O. 蘭格. 利息率和最佳消費傾向 [J]. 經濟學，N. S. V（1938）：12-32.
⑤ 價值、資本和地租 [M]. 倫敦學院重印本. 倫敦，1933：viii.

勞動者和土地所有者所做的預付，等等。結果，瓦爾拉斯在論述中隱含了一個假定，即勞動者和其他生產者在生產期間是自己供養自己的；只是在生產結束之後，他們才從他們從事的生產過程中為他們的生產服務取得補償。這顯然是錯誤的。這種研究思路完全忽略了資本的真實作用，其必然結果是出現這樣一種情況：他的生產和交換方程式**不能提供利息率的任何信息**。如果只將耐久物品看成資本，一定的租金即可用上面提到的每種這種物品的方程式加以決定，但是，這些物品的**資本價值**卻不能決定，結果，利息率，「純收入率」，也不能決定。瓦爾拉斯明確承認這一點。然而，他認為要想決定利息率，必須從考察靜態經濟過渡到動態經濟，在動態經濟下就會有新的生息資本物品被生產出來，其價值能由生產成本決定。這肯定是錯誤的。在靜態經濟中，甚至總生產資源被固定的情況下，僅僅根據更長久的生產方法有更大的生產率這一理由，就能毫無疑問地確定流動資本的利息率。（第142-143頁）

這一論證的主旨還出現在《政治經濟學講義》① 以及對帕累托《政治經濟學指南》的評論中。最後一個批評——瓦爾拉斯理論假定一個動態經濟——在後來的評論中被取消了。②

巴羅內在評論維克塞爾的《價值、資本和地租》時，反對這些指責，維護瓦爾拉斯。③ 關於所謂瓦爾拉斯的生產方程式忽略了流動資本，這個指責被認為是對維克塞爾的誤解：

在瓦爾拉斯的生產方程式中，瓦爾拉斯明確地說，企業家要求的不僅是土地、勞動和資本（指的是具有持久生產力的物品）的服務，而且還要**使用一定數量的「計量者」**。準確地說，企業家要求使用的一定數量計量者的價格所構成的就是維克塞爾相信從瓦爾拉斯理論中被抽象掉的利息（第136-137頁）。

巴羅內以比瓦爾拉斯更明確的職能資本的方程式來說明這個論據（第137-138頁）。

---

① 《政治經濟學講義》，前引書，Ⅰ，第171頁。
② 《卡塞爾教授的經濟學體系》，重印於《政治經濟學講義》，同上書，Ⅰ，第226頁註。
③ 《維克塞爾的生平和著作》，《經濟學雜誌》（意），XI（1895年），第524-539頁，重印於《經濟著作》，（博洛尼亞，1936年），Ⅰ，第117-143頁。

維克塞爾的第二個論據，即認為在瓦爾拉斯理論中，如果沒有新儲蓄，利息率就不能決定，也遭到巴羅內的反對。他強調說，即使是耐久物品也需要更新，因而利息在折舊基金重新投資的市場上就會被決定。①（第 141-142 頁）這個新因素在瓦爾拉斯的解釋中不是很明確。②

如果我們把一個靜態經濟的概念擴大到所有資本物品都永遠存在的話，那麼，如瓦爾拉斯所正確指出的，所有的交易都永遠會有純收入。在資本物品都已消耗的靜態經濟中，折舊基金再投資可用於決定利息率，從而決定資本價值（在瓦爾拉斯的解說中這一點是明確的，因為他在其體系中使用的是總儲蓄）。但是，永恆的純收入仍然是一個基本概念，識別和強調這個概念是瓦爾拉斯解說的一個重要優點。

事實上，到目前為止，瓦爾拉斯的資本理論比其同時代任何人的理論都強。實際的批評可以集中於兩點：第一點批評是對資本供求的性質的分析不夠詳盡。就供給來說，資本物品同時瞬間建成的假定（他對此有明確的論述）應代之以在建設時期被投資的是一種純收入流的觀點。而且，對資本的需求應被置於邊際生產力論之下。第二點批評是不應當引進一個進步的經濟（即有純儲蓄的經濟），至少不應如此膚淺地引進。瓦爾拉斯試圖對歷史發展提出一種沒有必要前提的理論分析，提出一種經濟成長理論。資本累積對其他資源和技術的影響，起因於歷史變遷的不確定性的經濟作用等，多半都被忽視了。他關於新儲蓄量的真正決定因素的理論是有爭議的。儲蓄在職能上無疑與價格相關，但是，實際的重要變量如此之多，以致他的假定並不是最貼近的。在展開任何令人滿意的資本累積理論之前，這些問題是必須要解決的。

地租理論

詳細分析一下瓦爾拉斯對古典地租論的復述有一定的意義。他指責威斯迪德剽竊了邊際生產率論，根據是威斯迪德的《分配規律的協調》中的方程式與瓦爾拉斯的地租方程式有些相似。③ 維克塞爾看來倒是接受了瓦爾拉斯關於

---

① 希克斯也持同一觀點，前引書，第 346 頁。
② 巴羅內暗示說：「我們肯定不敢說，在瓦爾拉斯的著作中總是十分明確地區分了資本和儲蓄，**無償儲蓄**和**投資儲蓄**，對我們來說做出這種區分對明確說明利息現象是必要的；我們也還不能肯定瓦爾拉斯的陳述就沒有模棱兩可之處……」（同上書，第 142 頁）
③ 關於這個指責的詳情，將在第 12 章討論。

優先權的要求①，而且我也未見有誰否認這一點。因為威斯迪德早在 1882 年讀過《純經濟學要義》②，所以，發現瓦爾拉斯第一次提出邊際生產率論的時間是有意義的。③ 瓦爾拉斯首先用數學形式復述了李嘉圖的理論④，所用符號如下：

$h_1, h_2, h_3 \cdots\cdots$ ＝ 支付工資後，土地 1, 2, 3, ……的純產品（實物單位）；

$x_1, x_2, x_3 \cdots\cdots$ ＝ 在土地 1, 2, 3, ……上使用的資本（計量單位）；

t ＝ 利息率（實物單位）；

$r_1, r_2, r_3 \cdots\cdots$ ＝ 土地 1, 2, 3, ……的地租（實物單位）。

我們可以看出，瓦爾拉斯並沒有理解英國人的資本和勞動劑量的真正性質。他從產品減去勞動成本，而在古典理論中，資本和勞動的混合劑量是被作為一個單位看待的（而且，基本上是看作**資本**的一劑）。

第一組方程是定義地租的：

$$r_1 = h_1 - x_1 t$$
$$r_2 = h_2 - x_2 t \qquad (1)$$
$$\cdots\cdots$$

方程體系（1）不過復述了這個事實：地租是從產品中減去資本報酬後的餘額（工資已經從中減去了）。產品 h 是應用於一定量土地的資本量的函數，所以我們可以得出第二組方程：

$$h_1 = F_1(x_1)$$
$$h_2 = F_2(x_2) \qquad (2)$$
$$\cdots\cdots$$

---

① 參看第 12 章。

② 羅賓斯指出，在威斯迪德的圖書館中發現了多本購於 1882 年的《純經濟學要義》第二（第一？）版，上面有多處閱讀印記。參看為《政治經濟學常識》所寫的緒論（倫敦，1933 年），第 vii 頁。

③ 本節用的是《純經濟學要義》第 3 版（1896 年）。其討論內容與第 2 版（1889 年）大體相同，因為第 3 版實際上是第 2 版的重印本（只有關於威斯迪德《協調》的附錄除外）。參看第 3 版，第 v 頁註。第 1 版在這一點上也與第 3 版相同。

④ 相關段落全在第 31 講：「英國地租理論的解說與反駁」（第 344-358 頁）。

因為資本是根據其邊際生產率獲得報酬，故

$$t = F_1'(x_1) = F_2'(x_2) = \cdots\cdots \quad (3)$$

還可引出最後一個方程——使用可獲得的全部資本：

$$x_1+x_2+x_3+x_4+\cdots\cdots = X \quad (4)$$

這就是瓦爾拉斯所復述的李嘉圖理論。我們現在轉向他用新公式對該理論所做的表述。

為了發現他的一般均衡論與李嘉圖理論之間的關係，瓦爾拉斯稍微修改了一下符號。一定量土地（T）的產品是 B，價格是 p_b。於是：

H = 每公頃土地的總產品（實物單位）；

$b_t = 1/H$ = 土地生產的技術系數；

p_t = 每公頃的地租（計量單位）；

i = 利息率（計量單位）。

因此，

$$\frac{p_t}{p_b} = r \; ; \quad \frac{i}{p_b} = t$$

方程（1）可改寫成：

$$\frac{p_t}{p_b} = h - x\frac{i}{p_b} \quad ①$$

總產品減去工資（後的純產品）h 也可改寫成：

$$h = H - \frac{H}{p_b}(b_p p_p + b_{p'} p_{p'} + \cdots)$$

或為了簡化起見，不計攤銷和保險費用，則：

$$h = H - \frac{Hi}{p_b}(b_p P_p + b_{p'} P_{p'} + \cdots)$$

每單位土地的資本可定義為：

$$x = H(b_k P_k + b_{k'} P_{k'} + \cdots)$$

$$= \frac{H}{i}(b_k p_k + b_{k'} p_{k'} + \cdots)$$

在瓦爾拉斯理論中，因為工資與一個勞動者的資本價值的比例與利息率是一致的（第383頁），所以，他將資本化的勞動和其他資本都包括到一份新劑

---

① 這不是邊際生產率利息論，因為工資也是一種剩餘。為了將這同李嘉圖理論聯繫起來，必須將 x 理解為資本和勞動。

量的資本和勞動之中，從而「背離了」① 李嘉圖的理論：
$$x' = H(b_p P_p + b_{p'} P_{p'} + \cdots + b_k P_k + \cdots)$$
$$= \frac{H}{i}(b_p p_p + b_{p'} p_{p'} + \cdots + b_k p_k + \cdots)$$

留下一個問題：H 是一個與 x'「不會成比例增長」的可變因素嗎？瓦爾拉斯的回答是肯定的：

「一個肯定無疑的經驗事實是：當在土地上不斷地增加人力和資本服務量時，一個人不可能成比例地獲得產品增加量；否則，一個人就能在一英畝土地上或者更小空間上，通過無限增加人力和資本服務，而獲得無限的產品量。用更精確的術語，一個人可以說，像我們已經指出的那樣，b_p、$b_{p'}$、$b_{p''}$、$\cdots$、b_k、$b_{k'}$、$b_{k''}$、$\cdots$ 不是 b_t 的不變函數，而是其減函數——也就是說，是 H 的增函數。」②

可變的生產系數。——瓦爾拉斯僅僅在《純經濟學要義》第 3 版（以及先前各版）第 274 節③考察了可變的生產系數。它對我們手頭問題的意義，從下面相當完整的引語即可看出：

……在生產一種商品時，一個人可能使用或多或少的生產服務，例如，在使用其他生產服務或少或多條件下，或多或少地使用土地服務。也就是說，系數 b_t、b_p、b_k ……是可變的，用一個方程表示其相關關係：
$$\varphi(b_t, b_p, b_k \cdots\cdots) = 0$$
這就是說，系數 b_t 減少，其他系數 b_p、b_k 就增加。進入每個產品的每個生產服務的數量，只有在各自的生產服務價格被決定之後，由使生產成本最小化的條件來決定。換言之，需用上述隱含方程來解其中的每個變量，這些變量的明確形式分別是：
$$b_t = \theta(b_p, b_k \cdots\cdots)$$
$$b_p = \psi(b_t, b_k \cdots\cdots)$$

---

① 當然，他實際上正在返回到李嘉圖的理論。
② 他責備古典經濟學家在表述這個規律時用貨幣單位而不是實物單位（第 354-355 頁）。這既是錯誤的，也是不相干的。
③ 這在 1926 年版是第 325 節；在第一版是第 307 節。

決定未知數 b_t, b_p, b_k…… 的條件是：
$$p_b = \theta(b_p, b_k \cdots) p_t + \psi(b_t, b_k \cdots) p_p + \cdots$$
是最小值（第3版，第320-321頁）。①

到此為止，一起都挺好——但是分析也就此打住了。這一節其餘部分說的是可變生產函數通常用於研究一種發展的經濟！② 沒有一點明確的邊際生產率理論的思想。

我們可以簡要總結一下瓦爾拉斯地租理論的其他內容。地租可用實物單位重新表述為：
$$\frac{p_t}{p_b} = H - \frac{H}{p_b}(b_p p_p + b_{p'} p_{p'} + \cdots + b_k p_k + \cdots)$$
或者，用「計量者」表示：
$$p_t = H p_b - H(b_p p_p + b_{p'} p_{p'} + \cdots + b_k p_k + \cdots)$$
最後，H 可用 $1/b_t$ 代替：
$$p_t b_t = p_b - (b_p p_p + b_k p_k + \cdots)$$
或者
$$p_b = b_t p_t + \cdots + b_p p_p + \cdots$$

最後這個方程與體系（6）中的第2個方程是一致的。瓦爾拉斯錯誤地得出結論說，李嘉圖的理論是他自己的一般體系的一種特殊場合；事實上，只有當悄悄地引進可變生產系數時，它才是一種特殊場合。

瓦爾拉斯1896年前發表的地租理論就是這樣的。在他關於威斯迪德的讚揚性附錄中，瓦爾拉斯是用威斯迪德的邊際生產率方程式來證明上述方程式的。詳細的證明將在第12章加以考察，但可以得出結論：1896年前，瓦爾拉斯在《純經濟學要義》中沒有關於邊際生產率的任何一點暗示（沒有提出一種明確的用公式表達的理論）。

---

① 這句話所說的生產系數是在服務價格決定**以後**才決定的這個錯誤觀點，在1926年版被改成價格和系數同時決定。

② 「……實際上，我們每次說到的只是已經變化了的生產函數，這種變化歸因於科學引起的技術進步……」（第321頁）他承認，如果生產服務的相對供給發生變化，生產系數也會變化。遺憾的是，他對後面這一點的簡短討論只限於資本相對於土地的增長（像李嘉圖理論一樣），致使瓦爾拉斯未能進到邊際生產率理論。

第十章　克努特·維克塞爾

在我們研究的這個時期，沒有哪一位經濟學家比克努特·維克塞爾更難評價和排位的了。[①] 這種困難部分地來自他自己的寬容，他的閱讀非常廣泛，而且以一種少有的開放態度對待英國古典和新古典經濟學家、奧地利學派以及瓦爾拉斯學派的經濟學家。他從這三種來源吸收了許多最優秀的研究成果，並將其綜合到一個卓越的整體之中。但我們要立即補充說，維克塞爾的著作超出了這種綜合。在一些領域（即邊際生產率理論）必須把他看成一位真正的發現者，而且他對已被接受的理論的復述也是如此精致，以致完全可以看成是獨立的分析。

維克塞爾著作最貼近的先聲看來就是奧地利學派的著作了，特別是龐巴維克的利息理論。在價格理論上，維克塞爾無論在方法上還是內容上都遵循瓦爾拉斯的分析，而在生產理論和分配理論上，奧地利人的影響卻是支配性的，儘管也受到一些英國經濟學家（特別是威克迪德）的影響。

扼要瀏覽一下維克塞爾的經濟學主要著作是必要的，因為他的理論的一些部分在 37 年間發生了實質性改變，在此期間（1892—1928 年）他在經濟討論的領域進進出出。他的第一部主要著作《論價值、資本和地租》（耶納，1893年）是對價格和資本理論的精彩闡述，從中可以發現許多後來在《講義》（即《政治經濟學講義》，下同）提出的理論。《論價值》（即《論價值、資本和地租》，下同）使用數學方法的特點及其在一些經濟學派中激起的對抗，使他備

[①] 一般評論，參看 E. 桑馬林. 馮·克努特·維克塞爾的生平 [J]. 國民經濟雜誌（德），Ⅱ（1930—1931）：221-267；L. 羅賓斯為《政治經濟學講義》（以下簡稱《講義》）英譯本撰寫的序言（倫敦，1934 年），Ⅰ，第 vii-xxiii 頁。

受冷遇——這對該著作所表現出的高度分析才干來說是不公平的。①

維克塞爾的博士論文《財政理論考察，兼論瑞典的稅收制度》（1896年）在資本理論方面沒有多少改變。隨著他的長篇論文《論作為經濟分配基礎的邊際生產率》②在1900年發表，維克塞爾的理論結構基本完成，儘管不能說此後25年間從其筆下再沒有出現有價值的片斷。《政治經濟學講義》（我們關注的是第一卷）於1901年首次出版於瑞典。這裡要用到它的德文第一版（1913年）、英譯本（1934年）以及瑞典文第3版。《講義》將他先前的著作系統化了，新增的東西不多。③

最後就本章內容安排說幾句話。首先考察維克塞爾的生產論、資本和利息論；他的一般分配理論放到最後，因為它是以龐巴維克的資本理論為基礎的。

資源數量和配置

維克塞爾所討論的資源數量存在於一個具有非同尋常性質的經濟之中。他在很多地方強調了靜態假定對其理論的重要性④，但他在利用這個假定（準確地說，是這一系列假定）時是小心謹慎的，可是他沒有明確分析該假定的內涵，或者詳細分析靜態經濟的特點。作為他謹慎處理的一個例證，他斷言在靜態條件下可能沒有純利潤，因為這樣的利潤都被增加到資本中去了⑤；他沒有分析為什麼會如此。

維克塞爾採納這樣的理論：認為休閒是一種選擇，與其競爭的是資源的生產性使用。起初他承認休閒選擇只是對勞動而言的⑥，但後來他承認所有生產

---

① E. 巴羅內. 論維克塞爾的著作 [J]. 經濟學家雜誌（意），XI（1895）：524-539提出了有力的評論，他很嚴厲地指責維克塞爾對瓦爾拉斯資本理論的態度；A. W. 福勒克斯的評論是不正確的和不適當的，見《經濟學雜誌》，IV（1894年），第305-308頁；W. 勒克西斯的評論，見《施莫勒法學、管理學和國民經濟雜誌》，XIX（1895年），第332-337頁，攻擊龐巴維克更甚於評論維克塞爾。

② 《經濟評論》（瑞典），II（1900年），第305-337頁。

③ 很抱歉，我因語言障礙而不能完全瞭解維克塞爾發表在《經濟評論》（瑞典）上的許多論文，其中幾篇重要論文，特別是論及分配理論的論文，我是依據我所做的譯文而做出評論的。

④ 比較《論價值》，〔第77、87-88、95-96、101、139頁（特別重要）〕。在最後這一點上，他認為，如果各種不同生產要素增長率已知，則有可能提出一種走向均衡的理論。還可比較《講義》第II部分各處。感謝倫敦經濟學院允許我引用《論價值》，感謝麥克米倫公司應允我引用《講義》。

⑤ 《論價值》，第95-96頁。

⑥ 同上書，第139頁。

資源都可以有各種非經濟的選擇①。不過，在許多物質資源場合，如有價值的鄉村土地、技術資本等②，非經濟選擇被認為是相對不重要的。這是一個現實主義結論。但是，勞動和物質資源之間的差別沒有影響維克塞爾理論的發展，因為他假定所有生產中使用的資源在數量上是既定的③。

他的資源配置理論是簡短而正確的。其基本點是：得自既定資源的回報將在所有職業上均等化（假定完全流動），與此同時總產品最大化：

如果一個經濟只包含兩種物品的生產、分配和消費，那麼，它們之間的交換比例將是這樣：

（1）每種商品生產的工資、地租和利息論是相同的；

（2）在工資和地租已經得到的情況下，利息（一般來說，當三者中的兩個的價值既定時，第三個量的價值）是最大的……④

參與合作的每個生產要素的產品份額受那個要素的邊際生產率的調節。維克塞爾很少注意資源在各個工業之間的配置，因為他的分析總是基於個別工廠，或者說，基於非商品經濟（具有相同工廠的經濟）的。

比例可變，報酬遞減和成本

維克塞爾在《論價值》中沒有明確注意到生產系數可變的問題。然而，接受生產系數完全可變的觀點卻深深鑲嵌在他的分配理論之中。生產時期長度的變化，即與既定的土地和勞動資源合作的資本量的變化，對他的利息理論而言是基本的前提。單位土地的勞動量的變化，或者，反過來，單位勞動的土地量的變化，對他的一般分配理論來說也是不可缺少的。

在他後來的著述中，生產要素比例變化的概念越來越明確了。例如，他在其博士論文《財政理論考察，兼論瑞典的稅收制度》中說：

---

① 《講義》，第98，103頁。
② 同上書，第103-104頁。
③ 同上書，第104頁。
④ 《論價值》，第135頁。

这些数量（工资和地租）之一的相对增加，首先会影响生产中使用劳动和土地的**比例**，同样，如果工资相对於地租提高了，那麼，……就会使用相对更多的土地和更少的劳动（一種粗放经济）……

反過来，工资和地租则依賴於土地和劳动使用的比例，还依賴於资本的这两部分的投资期限……①

《講義》就完全接受生產系數可变的觀點了：「一個生產要素在一定範圍內總是能被其他要素代替的。」②

在陳述維克塞爾的分配理論時还應指出，他對所有生產要素的報酬遞減規律提出了一個明確和正確的表述。但在討論報酬遞減時，他顯然不知道邊際收益和平均收益之間的區別，因而也就不能適當地處理後一變量。③ 這種混同表現在他對用於土地的生產服務的報酬遞減規律的論證上，还表現在他與沃特斯特拉茲的爭論中，後者相信依據統計研究已經推翻了經濟理論的這個著名前提。④

維克塞爾攻擊的矛頭所向是平均報酬**不變**的正確性，但用於反對平均報酬**遞增**甚至更為有效。如果在所討論的經濟中所有土地耕作的集約程度相同，

……那麼，這個土地報酬規律的正確性一般來說無須任何經驗證據，但它更多的是作為一種邏輯前提或結果出現的。如果在既定的土地上使用的劳动和资本量倍加也能取得倍加的產品，那麼，一個更令人印象深刻的結果是，一個人如將現存劳动和资本力集中用於**一半**過去使用的土地面積上，單位劳动和资

---

① 耶納，1896年，第46、47頁。
② 第99頁。又見第100、113（特別重要）、124（特別重要）、284頁（特別重要）。又見：為邊際效用學說辯護［J］. 國民經濟雜誌，LVI（1900）：590-591.
③ 參看《講義》第111、122（特別重要）頁；《財政理論考察，兼論瑞典的稅收制度》，第53頁。
④ 見《杜能檔案》（*Thuenen Archiv*），Ⅱ（1909），347-355、568-577；其部分內容出現在《講義》中，第122-124頁。此地沒有考察他對沃特斯特拉茲方法論的尖銳批評。同樣的回答實際上也是對著羅特利布來的，因為他重複了沃特斯特拉茲的錯誤，見《經濟評論》（瑞典），XVIII（1916）：285-292。

本也能取得這種結果……①

可見，報酬遞減規律不是一個經驗規律，而是「一個數學上的必然論題」②。這個批判要求關於**平均**報酬的「證據」，而事實上資源的經濟配置是受**邊際**報酬支配的，因而這樣的證據絕不會是決定性的——這個假定不足以確保報酬遞減。③

關於成本和報酬的一般考察將在論及維克塞爾對分配理論中的尤勒-維克塞爾問題的討論時進行。維克塞爾對成本和供給的論述是很零碎的。一般來說，他假定存在個體競爭、資源自由轉移、一種（而且僅僅是一種）商品的每個生產者的生產函數相同，這樣就多半避免了成本問題。一個例外是他早期對一個重要學說的詳細說明，這個學說認為競爭和成本遞減是不相容的。

帕累托對下述現象做出了正確的觀察：在遵循馬歇爾所謂「報酬遞增」規律……並且售價不變的工業中，真正的均衡是不可能的……甚至可以更正確地說，依照這樣的假定，在自由競爭條件下經濟均衡一般來說不可能存在。這是因為，**率先**擴大其生產的企業家能迫使所有競爭者退出這個領域，直至以壟斷或壟斷聯合告終。相反，如果假定——這更貼近現實——單位成本服從報酬**遞減**規律……那麼，遲早就會出現對每個廠商一定的最佳規模（正如帕累托自己在別處所說的那樣）。如果這些廠商仍有足以促成有效競爭的足夠數量，那麼其中每個廠商都可以被設想為一個生產單位，而整體工業——農業也大體如此——則可處於「不變報酬」規律之下。④

---

① 《杜能檔案》，第 354-355 頁。這個論據以代數式表示（同上文，第 569 頁）。勞動 A 用於土地 B，取得產品 P。則：$\frac{A}{2} + \frac{B}{2}$ 會帶來 $\frac{P}{2} + \frac{p}{2}$。這裡 $\frac{p}{2}$ 是現在未耕種的那一半土地的自然產品。於是，

$$\frac{P}{A} / \frac{\frac{P}{2}+\frac{p}{2}}{\frac{A}{2}} = \frac{P}{P+p} < 1$$

如果 p>0，隨著勞動量的增加，平均生產率一定遞減，即產品（而不是自然產品）與勞動的比例必然遞減，因為 p 是不變的。

② 同上書，第 569 頁。

③ 比較 K. 門格爾的文章，前引書，第 49 頁註。

④ 帕累托的政治經濟學手冊 [J]．國民經濟、社會政治和行政管理雜誌，XXⅡ (1913)：140；又見《講義》，第 131 頁。

維克塞爾也贊成（儘管是不很明確）馬歇爾的外部經濟和內部經濟理論①。

生產要素及原始要素

儘管維克塞爾一般是依據三種要素（土地、勞動和資本）來進行分析的，但他並不完全接受古典的三分法。有兩個區別值得一提。第一個區別只是為了方便解釋才認可這種劃分，在實際生活中存在多種的勞動和土地。② 在這兩組要素之間不存在真正的經濟區分，存在的實際情況是它們的報酬「實際上完全相似」③。第二個區別在於將所有帶來收入的耐久物品，不管是自然的還是人為的，都囊括到「土地」之中。關於這一點容後再議。

維克塞爾無疑接受了龐巴維克的原始要素理論：「我們說過，資本本身幾乎總是一種產品，是勞動和土地這兩個原始要素合作的成果。」④「原始要素」理論在維克塞爾理論中如在龐巴維克理論中一樣，起著極其重要的作用。我們還會看到，維克塞爾所用的是投資時期概念，而不是生產時期，儘管這兩個概念密切相關。不過，他的利息論特別是對耐久消費品場合的分析，招致了與前述龐巴維克理論同樣的批評。維克塞爾後來的分析就是基於這個站不住腳的觀點的。他在復述龐巴維克對生產率論的批判時還利用了這個理論。⑤

資本理論

維克塞爾是龐巴維克資本和利息理論的主要後繼者。他對這一理論的復述幾近於獨創，因為他消除了許多比較直率的反對意見，而龐巴維克的論述對這

---

① 參看《講義》，第 123-124，133 頁。又見《杜能檔案》，第 355 頁；《經濟評論》（瑞典），1902 年，第 288 頁特別重要。

② 《論價值》，第 136-138 頁；《講義》，第 107，113，123-124 頁。他還讚同瓦爾拉斯和巴羅內對生產理論的解釋，他們都是以 n 個要素為基礎的。

③ 《講義》，第 132 頁；又見「不需要一種特殊的地租理論，一英畝土地以同樣方式恰好可以被看作是一個勞動者……」

④ 同上書，第 149 頁；又見第 99，145，150，165，172 頁；《論價值》，第 85 頁。

⑤ 《講義》，第 146-147 頁。維克塞爾在《講義》中改變了他先前在《論價值》中的看法，即：龐巴維克沒有說明為什麼資本物品會取得比其自身價值更大的報酬，但是這個問題在靜態經濟中消失了。（《論價值》，第 87 頁）

些意見曾帶來不少的傷害。維克塞爾的陳述是簡潔和內部統一的典範，而且在範圍上也更一般化。他對生產時期概念的復述，即使在今天也應該說是對龐巴維克理論的最好論述之一。我們的評論主要依據《論價值》，儘管也要注意到他後來思想中的變化或新的因素。①

維克塞爾論龐巴維克

以為維克塞爾不過是龐巴維克的系統化者，這種印象對維克塞爾是非常不公平的。在批判地評介奧地利人的學說時，他多半是獨立的，而且很少見前者分析的哪個部分在某些方面不被變更的。維克塞爾批判的範圍和深度還是與時俱進的。有必要簡略評述一下維克塞爾的更一般的批判。一些次要之點在關於龐巴維克的一章已經處理過了，或者將會聯繫到維克塞爾的正面論述加以研究。

《論價值》對龐巴維克理論的兩個部分有一般的評價：低估未來的「三個理由」以及對生產率理論的批判。② 對「三個理由」的評論已經論及，這裡總結一下即可。③ 質疑第一個理由與現今人們提出的疑問是一樣的：在一種靜態經濟中，個人在需求及其未來相對於現在的狀況的差別將不復存在，而且人們出於未來偏好而無代價地儲存物品的能力是很有限的。第二個理由，即缺乏遠見，被接受了。而且認為它「無疑具有很重大的意義」④。第三個理由，現在物品對未來物品具有技術的優越性，也被接受了，並且構成了維克塞爾自己理論的基石；但它是作為對利息的直接**生產性解釋**而被接受的。

維克塞爾實際上沒有看出龐巴維克的理論和（例如）杜能的理論之間的區別，除了指出前者的論述更一般化和（在承認時間的作用上）更透澈以外。⑤ 龐巴維克對以往生產率理論的主要批判是說它們沒有區分價值生產率和實物生產率，但是，維克塞爾指出，當龐巴維克比較（他必然會這樣做）**相同**種類的現在物品和未來物品時，他實際上忽視了價值生產率。龐巴維克對生產率理論的進一步批判，是認為該理論沒有說明為什麼資本物品沒有吸收產品

---

　① 《講義》第Ⅱ部分第 2 節的論述，（與《論價值》相比）儘管在形式上有相當大的變化，但實質沒有什麼區別。
　② 關於利息理論的許多資料已經出現在《資本和勞動》一文中，載《國民經濟和統計雜誌》LIX（1892），第 852-874 頁。《論價值》重印了這些內容。
　③ 《論價值》，第 83-85 頁。
　④ 同上書，第 84 頁。
　⑤ 同上書，第 85-90 頁。

的全部價值（歸屬理論即如此），卻也沒有留下利息的邊際。維克塞爾認為，龐巴維克的理論，一如生產率利息論，也沒有解決這個問題。所有這些批判都是基於與靜態經濟相關的錯誤假定；一旦這樣做了，「他對杜能理論的反對也就自行化解了」①。不清楚這種觀點的精確基礎是什麼，存在一種模糊不清的暗示，即：在一個快速發展的經濟中，利息率將會消失。

在後來的著述中，批判的範圍又有所擴展。頭兩個理由（供應狀況和遠見）只在決定資本累積（而不是決定靜態經濟中的報酬）時是重要的。② 利息是緣於現在物品與未來物品的交換的貼水的學說有錯誤，如前所說，與現在相比較的未來消費時期和供給是完全未定的。③ 第三個理由「同樣不能令人滿意」：「龐巴維克的真正的錯誤——如鮑爾特基威茨所說——在於他試圖在不涉及資本和勞動市場的情況下解決利息的**存在**問題（與其實際比率不同）。」④ 在其最後的著作中，維克塞爾試圖修復第三個理由，但他的成功限於把它作為對利息的生產率解釋，而不是作為一個獨立的第三個「理由」，即所謂對現在物品的偏好勝過對未來物品的偏好。⑤

維克塞爾的資本概念

維克塞爾對龐巴維克理論的整個闡述是從著重改進資本概念開始的。⑥ 首先要注意到一個優越之處：缺乏一個複雜和人為的資本類型的分類。提出了一個單個資本概念，這個概念被用於他的利息理論中。

他否定了所謂「社會」資本和「私人」資本之間的區別。「但是，我認為試圖把一種物品的一部分看成是從社會觀點觀察的資本，而把另一部分看成只從私人觀點觀察的資本，這是不合適的。」⑦ 因為，雖然耐久消費物品帶來服務的確無須新增勞動（這是維克塞爾的一個不必要的讓步），但是這些物品的資本名稱多半還是不能否定的，例如草地、森林和狩獵場等（而且是「社會」

---

① 同上書，第87頁。
② 《講義》，第154-155頁。維克塞爾在此似乎暗示地將靜態經濟定義為具有固定量資本的經濟。
③ 同上書，第169頁。
④ 同上書，第171頁。
⑤ 維克塞爾. 論利息 [J]. 當代經濟理論，維也納，1928；Ⅲ，199-209.
⑥ 參看《講義》，第144-147，185頁（特別重要）。現在的討論根據是《論價值》。
⑦ 《論價值》，第74頁；又見第75頁：「以為耐久物品一旦被其所有者消費就不再是資本，也不會帶來收益的觀點，如馬歇爾所說，不過是老重商主義偏見的遺跡。」

資本)。① 只要耐久物品能帶來經濟服務，它就必定會被看成資本物品或帶來收入的耐久物品。

與龐巴維克立場分道揚鑣的第二點，涉及是否應將勞動者的生活資料包括在資本之內，甚至當這些生活資料為企業家所有時也不例外。龐巴維克把對勞動者的這個預先墊支排除在社會資本之外，但他又將貨幣（工資）包括在社會資本之內。這是不一致的：如果企業家以貨幣支付工資，他花費的是社會資本；如果他購買生活資料和支付實物工資，那麼他花費在工資上的就是私人資本！維克塞爾避開這個悖論的辦法，就是將勞動者所有的全部生活資料從他的資本概念中排除出去，因為已經給予了他們生產的等價物；如果它們歸企業家所有（不管是物品還是貨幣），它們都是資本。② 對資本物品來說，檢驗所有者在這裡是決定性的。③

現在我們轉向維克塞爾對資本概念的正面闡述。資本基本上可被總結為儲藏起來的財富，或者更準確地說是儲藏的生活資料。④ 在這方面將資本物品和帶來收入的耐久物品（例如土地）區別開來是有困難的，但區別還是被發現了。「土地和生產性物質物品的區別在於這樣一個事實：前者只是按照過去決定的和不可更改的時間次序帶來連續的效用，而且這種效用還是無限的。相反，生產物品所能帶來的只是一定數量的效用，但其次序卻幾乎是任意的……」⑤ 甚至這個定義也不是完備的，它「顯然只是經驗的」⑥。一座礦山可以不同的速度開採；一座房屋，也許能持續使用幾個世紀，與土地極為相似。不過區別是基本的：「一個人可以說，一件生產工具越容易被使用和消耗殆盡，它所取得的資本特性（狹義的）也就越多。」⑦

於是資本的定義要取決於該物的經濟生命。在相對短的時間內必須替換的所有物品就是資本；不需要這樣做的就是帶來收入的耐久物品。投資在土地上的固定的資本是帶來收入的耐久物品，而不是資本。⑧

---

① 同上書，第 74-75 頁。
② 同上書，第 77 頁，又見《講義》，第 187 頁。
③ 《論價值》，第 79 頁註。
④ 同上書，第 72 頁。又見《財政理論考察，兼論瑞典的稅收制度》，第 28 頁：「它（資本）可以說實際上是一定數額的最終消費品。」又可看看《講義》，第 147 頁特別重要。這個定義與龐巴維克後來在《資本實證論》中的定義基本相同。
⑤ 《論價值》，第 72-73 頁。
⑥ 同上書，第 138 頁。
⑦ 同上書，第 73 頁。
⑧ 同上書，第 73 頁。

維克塞爾的資本概念是在一種比前人的說法更加富有詭辯性的形式上提出來的，但同樣不合實際。這個定義的核心是，堅信新資本物品是在一定時期內（僅僅是由各種「原始的」要素）創造出來的，而在另一個時期被消耗掉。這種定義與杰文斯在更直率的理論中所做的定義相似。這裡混同了資本物品的技術生命和經濟生命，這使維克塞爾在迷途上走得更遠。其實，在帶來收入的耐久物品和資本之間並沒有真正的經濟區別。資本物品從一種形式變換為另一種形式的快慢，受技術因素的影響較小，受經濟因素的影響較大，而維克塞爾所討論的都是技術因素。特定資本物品在各種工業之間的流動，資本物品流動的速度，都是**價格的**函數。只有在不能預見的生產再調整的場合（為變更的日期，技術或經濟），它們才有意義，而對這種情況下的「流動性」，實際上**事先**什麼也不能說。

　　可以指出，帶來收入的耐久物品在靜態經濟中是不能生產的，它們只能被維持使用。① 這個前提（維克塞爾對瓦爾拉斯後來收回的資本理論②的批評即以此為基礎）是有某些限制的。「這種被完全損耗的（帶來收入的耐久）物品被新標本的替代，當然不需要被排除，也許能被理解為是對一種大型複雜物品的修理。」③ 帶來收入的耐久物品取得的報酬恰如土地地租一樣。④

　　現在從資本內容轉而簡述資本在生產中的作用。因為資本是由資本家擁有的儲藏生產資料構成的，所以它允許被墊付給勞動者、土地所有者和資本家。⑤ 維克塞爾暗示說，資本家生活資料的來源在於利息（在靜態狀態下）。⑥ 維克塞爾的定義與杰文斯的區別僅僅在於墊支中不僅有為勞動者的，而且有為土地所有者和資本家的。⑦ 資本的作用為其定義指明了方向：我們可以把那些

---

① 同上書，第137，142頁。
② 見上文，第252張。
③ 《論價值》，第137頁註。
④ 同上書，第137-138頁。
⑤ 維克塞爾發現，可以用這個時間因素，為勞動者的預支，來說明穆勒的著名論斷：「對商品的需求不是對勞動的需求。」（參看《講義》，第100、191頁）。雖然這個解釋不是決定性的，但它實際上是正確的。穆勒下面這段話強烈地暗示了時間因素：「維持和雇用生產性勞動的，是其工作所花費的資本，而不是買主對勞動產品的需求……這一定理，即購買產品並非雇用勞動，對勞動的需求取決於生產前預付的工資，而不是取決於對來自生產結果的商品的需求……」（《政治經濟學原理》，第1篇，第5章，第9節）。如果去掉穆勒論述中關於生產率和儲蓄的錯誤概念，而且首先限於單個投資，那麼它就非常接近於龐巴維克的資本理論。
⑥ 《論價值》，第78頁。
⑦ 比較E.恩諾森的觀點：論經濟中的資本［J］. 國民經濟、社會政治和行政管理雜誌，IV（1897）：321-322；又見《財政理論考察，兼論瑞典的稅收制度》，第43-45頁，特別是第45頁；還可參看《講義》，第150-151，154，185，191頁。

其數量與生產時期無關的商品視為帶來收入的耐久物品。①

生產概念

在生產理論方面，維克塞爾實際上完全接受了龐巴維克的理論。② 資本的作用在使生產時期開始和終結之間能夠經歷一定的時間。可用的自由資本（或生活資料數額）越多，生產時期可能越長，從土地和勞動這些生產資源所能取得的產品通常就越多。③ 為某個時期的投資，必須投到該生產時期大約近半之時（以線性投資率）。「（生產時期）越長，投資資本通常越大，在任何情況下，用於最後生產階段的勞動者的比例就越小，但是，這些較少的勞動者卻能比更多的勞動者在較短生產時期生產更多的產品……」④ 發現生產時期長度和勞動生產率之間的基本關係，這是龐巴維克的一個巨大貢獻。一個勞動者的年產品將會隨著雇用他的生產時期的長度而增加，但是這種增長比生產時期的延長要少得多。生產時期的延長服從於報酬遞減規律，「新增產品的規模是遞減的」⑤。維克塞爾還假定，生產時期長度的變化是連續的。⑥

甚至在《論價值》中維克塞爾已經認識到，在生產時期這個概念中存在著一些困難。不可能在概念上將分工條件下生產一種商品的各個工業整合在一起。⑦ 一個工廠生產的機器可能用在一打產品的製造上。在這裡一個可能的妥協辦法是將相似的產品組合起來。

耐久生產物品是另外一個困難。⑧ 如果一部機器只能持續使用幾年，那就有可能把這部機器的平均使用年限作為其生產時期的平均長度。⑨ 但是這種方法不適用於更耐久的生產物品，這些物品的壽命也許會持續50年甚至100年。這些資本物品非常重要，用某些平均的辦法是不足取的。這些物品最初的建設成本對其現在的收益或價值「絕對沒有更大的影響」，同樣，現在資本物品的價值實際上也不受其在遙遠未來收益的影響。結果，這些耐久物品一旦建成，

---

① 《論價值》，第137頁註。
② 同上書，第90頁；又見《講義》，第150頁特別重要。
③ 生產時期越長（勞動供給已知），按照維克塞爾的定義，資本數額也就越大。因而，即使在靜態經濟中，資本額也應被視為時間的函數，但他沒有這樣做。
④ 同上書，第91頁。
⑤ 同上書，第92頁。
⑥ 同上書，第92頁。
⑦ 同上書，第92-93頁。
⑧ 同上書，第93-94頁。
⑨ 維克塞爾忘記了機器的壽命本身要受利息率的影響。

它們便與土地極其相似。①

不出三年，維克塞爾便感到自己不得不放棄這個生產概念：「整個來說，『生產時期』這個概念是不確定的，不可能給予準確的定義。」② 應當代之以一個密切相關的建設時期概念。在一個項目的線性資源投資率的簡單場合，這兩個概念之間的關係是明顯的；平均投資期限是生產時期的一半。③ 他提出了新概念的正式定義：「一單位資本通過購買（付清）勞動的投資，與其通過售賣最終消費物品（第一級物品）而被更新之間的時間，被稱為該資本的流通或投資時期。」④ 這個未經進一步加工的定義貫穿在他後來的論著中。⑤

這個新概念像舊概念一樣是有弱點的——因為它們彼此保有一種固定的比例關係。與生產時期概念一樣，投資期限是不可能定義的，除非假定資本物品能與其他各種「要素」（土地和勞動）區分開來，除非後者在資本創造期間能夠單獨工作。維克塞爾從未對他這個極其重要的，而且在我看來是其體系的錯誤前提進行辯解。結果，我們即將考察的技術性分析因其優雅而得到了高度讚揚，但這主要是一種技巧的展示。

復述龐巴維克的利息論

《論價值》後半部分的主要內容，是對龐巴維克利息理論的數學復述。⑥ 維克塞爾明確表述了奧地利人的分析前提：

（1）土地是自由物品。
（2）單一產品生產，或者說，所有生產函數都是一致的。
（3）使用一個利息率。
（4）在靜態經濟中沒有純利潤。

我們可以假定一定量勞動者，他們可以既定的利息率借用任何所需的資本量。他們生產所有必要的工具和裝備，並在生產時期將其完全耗盡。這些勞動

---

① 《論價值》，第94頁。
② 《財政理論考察，兼論瑞典的稅收制度》，第30頁註。
③ 對一個更複雜場合的解釋，同上書，第29-30頁。
④ 同上書，第29頁。
⑤ 參看《講義》第147頁（特別重要）、274頁（特別重要）。
⑥ 《論價值》，第95頁特別重要。又見《講義》，第144頁特別重要。

者追求年工資最大化,而利息等於年產品,因為在靜態經濟中,不存在利潤,土地也是自由物品。

在轉向維克塞爾對龐巴維克理論的很優雅精致的表述之前,需要一個符號表:

$s = $ 最終產品的價值(無論是以實物單位還是以「計量者」計量)
$w = $ 一個勞動者的年工資
$t = $ 生產時期的長度,以「年」或其分數為單位
$z = $ 利息率
$s/t = p = $ 一個勞動者的年產品

在一定生產時期支付給勞動者的總工資將是 $t \cdot w$。如果所有的資本都是在該時期開始時借來的,則其單利支付將是 $t \cdot w \cdot z \cdot t$,或是 $t^2 \cdot wz$。但是,只在需要支付工資時才借資本比較劃算。假定該勞動的消耗是統一的,那麼總資本將只在生產時期一半時投資。① 第一個方程變成:

$$s = t \cdot w \cdot \left(1 + \frac{zt}{2}\right) \quad (1)$$

它表明總產品等於工資加所借資本的利息。$\frac{t}{2}$ 是「資本投資的平均長度」②。以 t 除方程(1)的兩邊,可得:

$$p = w \cdot \left(1 + \frac{zt}{2}\right) \quad (2)$$

或者說,一個勞動者的年產品等於他的年工資加上由此而來的利息。

問題是取得最大化年工資(w)。這是一個簡單的計算問題,因為我們知道年產品(p)是時間(t)的函數;z 已知不變。W 最大化的條件是:

$$\frac{dp}{dt} = \frac{wz}{2} \quad (3)$$

---

① 消費被假定同時進行,雖然沒有明確表示這一點。
② 比 $t/2$ 更一般的公式是 $\varepsilon \cdot t$,這裡 ε 表示可用的適當分數。ε 是可以得出來的,因為勞動在生產時期的分配是可變的(《論價值》,第 100-101 頁)。在《財政理論考察,兼論瑞典的稅收制度》中,t 被定義為平均投資期間;在現在的方程中,只涉及以 t 代替 $t/2$。

同時解這個方程和方程（2），我們可得使 w 最大化的 t 值。① 假定年工資率（w）已知，利息率最大化，也可取得同樣結果。② 幾何圖式③同樣簡單易懂（圖8）：

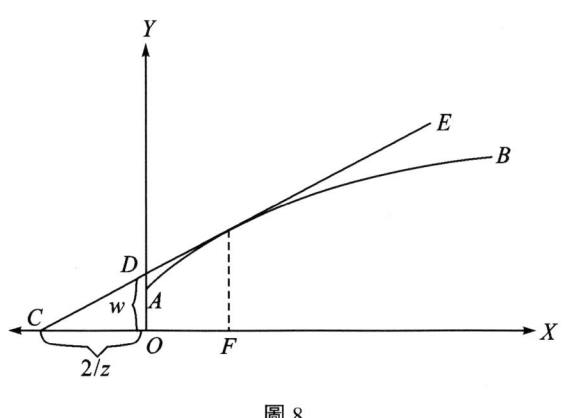

圖 8

沿 X 軸衡量時間，沿 Y 軸衡量產品（以實物單位或貨幣單位）。CDE 線與 X 線相交所構成的角，其切線等於 $\dfrac{wz}{2}\left(\dfrac{dp}{dt}\right)$。④ 這條線表示一個勞動者年工資的利息額，它是預付工資的年數的函數。最佳生產時期被確定在這條線與 AB（生產曲線）的切點上，在這一點上生產時期的增加會帶來每個勞動者新增年

---

① 維克塞爾使用如下最大化方法：因為最大化時 $dw=0$，所以他微分 t，好像 w 是不變的。同樣的結果可以用更類似的辦法取得：

改寫方程（2）為：$w=\dfrac{p}{1+\dfrac{zt}{2}}$ 則：$\dfrac{dw}{dt}=\dfrac{\left(1+\dfrac{zt}{2}\right)\cdot\dfrac{dp}{dt}-p\cdot\dfrac{z}{2}}{\left(1+\dfrac{zt}{2}\right)^2}=0$

消去分母，並以 $\dfrac{p}{w}$ 代替分子中的 $\left(1+\dfrac{zt}{2}\right)$，得：$\dfrac{p}{w}\cdot\dfrac{dp}{dt}-\dfrac{pz}{2}=0$

除去 p，並移項，得：$\dfrac{dp}{dt}=\dfrac{wz}{2}$

② 《論價值》，第98-99、102-103 頁。
③ 同上書，第97 頁。在《財政理論考察，兼論瑞典的稅收制度》中（第40 頁），生產率曲線（AB）是從原點出發的，因為維克塞爾現在相信，如果沒有一些資本，勞動者是什麼也不能生產的（土地除外）。
④ 根據方程（3），這條切線 $\dfrac{dp}{dt}$ 等於 $\dfrac{w}{\dfrac{2}{z}}$，它又等於 $\dfrac{OD}{CO}$。它說明（《論價值》，第98 頁註），在複利場合也可取得同樣結果（作為第一近似值）。

產品，它恰好等於對他年工資預付的利息的增量。F以左，與生產時期延長而預付工資所支付的利息相比，勞動者仍然能夠通過延長生產時期生產出更多價值的產品。F以右，反之亦然。

這是一個簡單的投資，這個事實意味著該資本必須在這一半時間的企業之外發現使用之途。這個困難可以經由假定生產被「搖晃」而加以克服，因為這樣一來就會有相等的勞動被投資在生產的每個階段上。①

工資、利息和生產時期之間的一般關係並不是能夠確定的全部內容。如果已知勞動者人數（A）、一個經濟的總資本（K）和生產函數，便可決定實際工資率、利息率和生產時期。因為每個勞動者需要資本的 $\frac{tw}{2}$，全部資本在自由競爭條件下必須被利用②：

$$K = \frac{A \cdot w \cdot t}{2}. \tag{4}$$

這個方程以及方程（2）和方程（3）一起，將決定3個未知數：t、w和z。或者，更簡單地說，消去方程（2）和方程（3）之間的z，則：

$$p = w + t \cdot \frac{dp}{dt} \tag{5}③$$

把方程（5）中的w值代入方程（4），得：

$$K = \frac{A \cdot t}{2}\left(p - t \cdot \frac{dp}{dt}\right)$$

其中只有一個未知數，因為p和$\frac{dp}{dt}$已知是t的函數。

這個理論與維克塞爾強調的工資基金學說是類似的。古典的工資理論可以表述為：

---

① 同上書，第99-100頁。
② 維克塞爾明確意識到競爭假定對其理論的重要性（同上書，第104-105頁）。萬一資本家聯合起來，因為仍然追求充分利用他們的資本，他們將追求利息最大化的生產時期，但是不再服從於固定工資的條件，這樣，方程（3）就變成：

$$\frac{dp}{dt} = \frac{-w}{t}$$

因為w和t是正值，延長的生產時期的邊際生產在利息率最大化的一點上一定是負值；報酬為負值的階段必定會到來！因為這一點實際上並不存在，所以也沒有最大化點，而非經濟的各種考慮不能不限制工資降低的範圍。
③ 這個公式明確說明，在龐巴維克理論中，資本作為拉長時間的措施是按其邊際生產率得到報酬的，而工資基本上是一種剩餘。

$$w = \frac{K}{A}$$

資本除以勞動者人數就是平均工資。但是，K即可得到的預付給勞動的資本額是未知數，它在均衡時取決於生產時期的長度。我們有兩個未知數，但只有一個方程。龐巴維克重新表述了這個前提條件（增加了投資期限）：

$$w = \frac{2K}{tA} \tag{4}$$

因為引進了一個新未知數 t，他又增加了方程（5），一個基於時間的生產函數的等價物。①

維克塞爾明確認識到，龐巴維克理論的前提是古典的工資基金學說，而且事實上將該學說的要點歸於李嘉圖。② 對該古典理論的基本批評，是說它沒有看到只有一部分生產資本——而且是事先未決定的部分——被包括在工資基金之中。古典學者將其理論置於資本區分為固定資本和流動資本之上，這是一個**技術**問題。實際上這種區分在於**時間**。因此，李嘉圖主義者被迫面臨兩難處境：在給定總生產資本條件下，工資率取決於固定資本和流動資本的劃分，但這種劃分又轉過來取決於工資率！

因此，必須研究工資增長對資本主義生產的影響。進行這種研究的是李嘉圖。李嘉圖爭辯說，當工資上漲時，機器將變得更有利可圖，這是因為儘管機器的勞動成本也會上漲，但利息率下跌了。

如果更精確地追蹤一下李嘉圖僅以數字例證加以說明的思想路線，那麼，很顯然這一思想路線的核心在於這個事實：機器的引進延長了總的生產過程，李嘉圖的例證就是從一年改為兩年……其結果，相同數量勞動創造了更多的最終產品。但是，用於維持勞動的資本投資於更長的時間，不是一年，而是大約兩年，因而最終要付清的利息是兩年的而不是一年的。這必然意味著，如我們立即會看到的，假定工資率確定不變，更長的資本投資（機器的引進）最先「變得經濟了」。③

---

① 在此可以重複一下前已指出的一個批評。K也是可變的，因為在維克塞爾理論中，生活資料量是時間的函數。因此有必要新增一個方程：$K=f(t)$。
② 《財政理論考察，兼論瑞典的稅收制度》，第22-27頁；又見《講義》，第193-195頁。
③ 《財政理論考察，兼論瑞典的稅收制度》，第27頁。

這無疑是對李嘉圖關於資本物品耐久性變化對商品相對價值影響理論的精彩解釋。① 但維克塞爾在將這一觀點歸於李嘉圖的同時,並沒有認真閱讀李嘉圖著作的相關內容。在李嘉圖那裡並沒有關於更長的建設時期會有更高生產率的陳述(儘管在他的論證中有關於這種假定的強烈暗示)。耐久資本物品的優越之處,緣於利息率的降低,但這種降低與資本生產率無關。其次,李嘉圖討論了不同商品之間建設時期的變動,而不是某種既定商品生產的變動。工資和利息的變動會影響不同商品生產的規模,而不會影響生產某種既定商品的方法。的確,李嘉圖假定,農業中的全部資本都是流動資本。

分配的相對份額和絕對份額

一個類似的問題,即總產品在資本和勞動之間的分配問題,也受到了維克塞爾的注意:

當一個經濟的總資本增加時,工資會上升,利息率會下降。作為一個法則,這種現象的緣由在於隨著資本主義生產的增長,勞動在總產品中的**份額**總會變得更大,而資本的份額則相反,總會變得更小。不過,這不是絕對的。②

這個問題可用數學方法加以表述和解決。w/p 劑表示支付給勞動者的產品份額,會隨著生產時期延長而增減嗎?該表達的微分式是:

$$p \cdot \frac{dw}{dt} - w \cdot \frac{dp}{dt}$$

代替 $\frac{dw}{dt}$ 和 W,③ 我們可得:

$$-pt \cdot \frac{d^2p}{dt^2} + t \cdot \left(\frac{dp}{dt}\right)^2 - p \cdot \frac{dp}{dt}$$

因為 $\frac{d^2p}{dt^2}$ 小於零,所以前兩項是正值,第三項是負值。因此,不可能推理說,

---

① 參看李嘉圖:《政治經濟學及賦稅原理》(郭諾,倫敦,1932 年),第 1 章,第 4、5 節。關於建設期限的長度問題,維克塞爾是在《政治經濟學及賦稅原理》第 29 頁中發現的。
② 《論價值》,第 113—114 頁。
③ 從方程(5)可得:$w = p - t \cdot \frac{dp}{dt}$,因此,
$$\frac{dw}{dt} = \frac{dp}{dt} - t \cdot \frac{d^2p}{dt^2} - \frac{dp}{dt} = -t \cdot \frac{d^2p}{dt^2}$$

勞動者的份額是升還是降；生產方程（$p=f[t]$）的性質是決定一切的。

他還考察了資本增加對資本所得總額的影響。① 在這種場合，從預支給一個勞動者的工資取得的年利息是（$p-w$），其微分形式是：

$$d(p-w) = \frac{dp}{dt} \cdot dt - dw$$

代替 dw，② 我們可得：

$$d(p-w) = \left(\frac{dp}{dt} + t \cdot \frac{d^2 p}{dt^2}\right) dt$$

因為兩個數字的符號相反，所以資本絕對收益變化的符號也不能根據推理來決定。但是，如果 $\frac{d^2 p}{dt^2}$ 很小，就是說，如果延長的生產時期的邊際生產率幾乎不變，那麼總收益是正值，資本家的總份額增加。③

可供選擇的方法

維克塞爾在《講義》中，就利息問題提出了一個可供選擇的解決方法。雖然這種方法與他對龐巴維克理論的復述沒有實質差別，但它比過去的方法能有進一步的技術應用。④ 因為它的基本理論沒有什麼變化，因此這裡只做一總結。

以陳酒為例，「這是經濟學家們喜歡引用的一個陳舊的例證」。假定一單位酒（W）的價值只是其原始價值和構成它的那個單位葡萄酒的年數的函數。一單位葡萄酒的現值是 V。企業家追求其產品現值最大化，可以下式表示：

$$W(t)(1+i)^{-t} = W(t) \cdot e^{-\rho t} \qquad (\text{i})$$

在均衡狀態時， $$W = V e^{\rho t} \qquad (\text{i.i})$$

將該式最大化，可得：

$$\frac{dW(t)e^{-\rho t}}{dt} = W' \cdot e^{-\rho t} - pW_e^{-\rho t} = 0$$

或者 $$\rho = \frac{W'}{W} \qquad (\text{ii})$$

這就是杰文斯的瞬間利息率公式。

---

① 《論價值》，第 114—116 頁。
② 參看上述註釋 81。
③ 如果生產函數具有這種特點，即 $p = \alpha + \beta \log t$，那麼資本家的總份額將保持不變。
④ 《講義》，第 172—184 頁。

假定有一筆資本，其數額足以支持釀陳酒 t 年，又假定該資本全部被用於繼續生產，該經濟的總資本將是：

$$K = V\int_0^t e\rho^x dx = \frac{W-V}{\rho} \qquad (\text{iii})$$

這就是社會資本（等於全部儲藏的酒）正好等於 K 時的均衡位置。

如果社會資本增加，新位置如何呢？通過方程（i.i）的對數微分，用方程（2），我們可得：

$$\frac{\delta V}{V} = -t\delta\rho = -\frac{\begin{vmatrix} W & W' \\ W' & W'' \end{vmatrix}}{W^2} t\delta t \qquad (\text{iv})$$

因為最後表達式的方陣是負值①，我們從增加的社會資本可以得到下列變化：

(1) 葡萄酒的價值和生產時期將會增加（δV 和 $\delta t >0$）。

(2) 瞬間利息率將會下降（$\delta\rho < 0$）。

很容易看出，增加資本（K）將導致增加酒的窖藏時期（t）。求微分方程（iii），並用方程（iv），可得：

$$\delta K = \frac{\rho W' - \rho'[W - V(1+\rho t)]}{\rho^2}\delta t$$

因為 ρ' 是負值，$W=Ve^{\rho t}>V(1+\rho t)$，所以，$\delta t$ 必定是正值。同樣，我們得到：

$$\frac{dW}{dK} = \rho + K\frac{d\rho}{dK} + \frac{dV}{dK} = \rho + (K-Vt)\frac{d\rho}{dK}$$

因為 $\frac{d\rho}{dK}<0$，$K>Vt$②，所以 $\frac{dW}{dK}<\rho$。可見杜能和龐巴維克的論斷是不真實的，利息率並不等於由資本增量所分得的產品增量。這個比率小於利息率。原因在於這個事實：一部分資本增量被工資增量（V）所吸收，因而生產時期（服從報酬遞減）不可能擴展到工資（和地租）保持不變時所能達到的限度。他們的理論對於企業家而言是正確的，因為他的資本投資不影響資源價格。

維塞爾關於耐久資本問題的論述③只需提一下即可，儘管它在純理論分析方面包含了某種不同尋常的成績（寫於72歲時）。答案對作者來說顯得不如

---

① 來自這個條件：$p \cdot \frac{dw}{dt} - w \cdot \frac{dp}{dt}$。

② 從（3），因為積分總是>1，如果 ρ>0。

③ 「真實資本和利息」，《講義》，第258-299頁。

優雅來得重要，因為它是基於某種特殊的假定條件之上的。① 但不可能在適當篇幅內來復述他的論證，而且對它的適當評價會涉及當代資本理論的許多問題。

一般分配理論

維克塞爾對一般分配理論最早的陳述，是將龐巴維克的利息理論拓展到土地和勞動是生產要素的場合。② 後者的理論被普遍化了，以致所有的份額，即地租、工資和利息所得到的單位報酬等於它們的邊際產品。

維克塞爾在一開始提出了一些簡化的假定條件③：所有的勞動是同樣生產的，以相同的比率被支付。同樣，所有單位的土地是同樣生產的，獲得的地租也相同。提供給每個勞動者同量土地。所有工業有相同的生產函數，或者，無論這些相同的生產函數總數有多少，被生產的產品只有一個。④

除了在表達龐巴維克的利息理論時所用的那些符號以外，他還增加了三個新符號：

r = 一單位土地的年地租
h = 提供給每個勞動者的土地單位數
B = 該經濟的土地單位總額

一個勞動者的產品現在依賴於兩個要素：生產時期的長度和他使用的土地數量。報酬遞減支配著這些要素的使用。⑤ 每個勞動者所需要的資本總額是 $\frac{t}{2}(w + h \cdot r)$，因為還要預付給土地所有者。基本方程變為：

---

① 這些假定條件包括：只存在兩種資源，即勞動和斧子；只有在斧子的耐久性增加時，才可能投資新的勞動，等等。
② 《論價值》，第 121–127 頁。
③ 同上書，第 121–122 頁。
④ 這裡還暗示了：勞動的平均投資期限和地租預支是相等的。在《財政理論考察，兼論瑞典的稅收制度》中去掉了這個假定〔第 46、51 頁（特別重要）〕，在結果中僅有一些形式的變化。
⑤ 如果 $p = f(t, h)$，則 $\frac{\partial p}{\partial t} > 0$；$\frac{\partial p}{\partial h} < 0$；$\frac{\partial^2 p}{\partial t^2} < 0$；$\frac{\partial^2 p}{\partial h^2} < 0$。

$$p = (w + h \cdot r) \cdot \left(1 + \frac{zt}{2}\right) \tag{6}$$

如果 r 設定為零，該方程即可歸為方程（1）。

如果已知工資和地租，對企業家來說現在的問題就是最大化利息率。為求微分方程（6）（特別涉及 t 和 h），我們設定最大化的條件：

$$\frac{\partial p}{\partial t} = (w + h \cdot r)\frac{z}{2} \tag{7}$$

$$\frac{\partial p}{\partial t} = r\left(1 + \frac{tz}{2}\right) \tag{8}$$

用這三個方程，我們可以決定三個未知數：t、h 和 z。

但是，這個答案只對單個企業家有效。對整個經濟來說，工資率和利息仍是未知數。增加一個使用所有土地和資本的條件，我們便可取得必要的新增方程：

$$K = \frac{t}{2} \cdot A \cdot (w + h \cdot r) \tag{9}$$

$$h = \frac{B}{A} \tag{10}$$

李嘉圖的地租理論可被看成是這些方程的一種特殊情形。① 假定利息率不變，為了方便起見，設定為零（或者包括在工資和地租中），還假定生產時期是固定的。方程（7）消失了，方程（6）和方程（8）變成：

$$p = w + h \cdot r \tag{6.1}$$

$$\frac{dp}{dh} = r \tag{8.1}$$

前一個方程表示一個勞動者的年產品必定等於他的工資與其所使用的土地地租之和。第二個方程告訴我們：「……當每個勞動者使用的土地單位是這麼多，以致每增一單位土地所增加的產品不過就是該單位的地租量時，生產組織得最好……」②

可以很容易地看出，像表現邊際生產率理論的其他體系一樣，這些方程包含著傳統的地租理論。③ 讓我們設定一塊較大的可雇用許多勞動者的土地。前面的 h 現在是一個適當的分數，等於 $1/n$，其中 n 是每個較大單位土地上使用

---

① 《論價值》，第 125-126 頁。
② 同上書，第 125 頁。
③ 同上書，第 125 頁。

的勞動者人數。如果這種單位的所有勞動每年生產 q，$p=q/n$。微分最後這個表達式，可得：

$$\frac{dp}{dh} = \frac{d\left(\frac{q}{n}\right)}{d\left(\frac{1}{n}\right)} = q - n \cdot \frac{dq}{dn}$$

我們可以替代，得：

$$q = n \cdot w + r \qquad (6.2)$$

和

$$q - n \cdot \frac{dq}{dh} = r$$

或

$$\frac{dq}{dh} = w \qquad (8.2)$$

第一個方程（6.2）表示一大塊土地的產品與花費在其上的工資和地租之間相等。後一個方程（8.2）說明「……最有利的生產方法存在於這種時候：在每單位（大塊）土地上使用的勞動者人數這麼多，以致使用其他勞動者只能帶來他的年工資，而不會更多……」① 維克塞爾在《論價值》中的表述方式不幸模糊了這樣一個事實：他所表述的是邊際生產率分配理論的第一個複雜的數學公式。他首先假定存在**一個**勞動者和一個可變數目的土地單位，然後又假定存在**一個**（較大）土地單位和一個可變數目的勞動者。在前一場合，這個可變要素（土地）按照其預期邊際生產率取得報酬，因為

$$\frac{\partial p}{\partial h}\left(1 + \frac{tz}{2}\right)^{-1} = r \qquad (8)$$

但是，該單個勞動者顯然是剩餘索取者，在後一場合，支付給可變要素（勞動）的是他的預期邊際產品②，因為

$$\frac{\partial q}{\partial n}\left(1 + \frac{tz}{2}\right)^{-1} = w \qquad (8.3)$$

而較大單位的土地是剩餘索取者。最後，資本也得到了它的邊際產品。因為

---

① 同上書，第126頁。
② 這個方程與（8.2）不同之處僅僅在於利息包括在內；見《論價值》，第126頁註。

$$\frac{\partial p}{\partial t} = (w + h \cdot r)\frac{z}{2} \tag{7}$$

這裡的資本是為生產時期的一半投資的。

對這種方法稍做修改即可直接得出一般邊際生產率分配理論。方程（6）可改寫為：

$$p = w + h \cdot r + \frac{wzt}{2} + \frac{hrzt}{2} \tag{6}$$

從方程（8）替代 r，得：

$$p = w + h\frac{\partial p}{\partial h}\left(1 + \frac{zt}{2}\right)^{-1} + \frac{wzt}{2} + \frac{hrzt}{2} \tag{6.3}$$

乘以 n，從方程（8.3）替代①

$$np = q = n \cdot \frac{\partial q}{\partial n}\left(1 + \frac{zt}{2}\right)^{-1} + n \cdot h \cdot \frac{\partial p}{\partial h}\left(1 + \frac{tz}{2}\right)^{-1} + \frac{nwzt}{2} + \frac{rzt}{2} \tag{6.4}$$

現在，如果我們根據維克塞爾假定生產函數是齊次的②，那麼，$n\frac{\partial p}{\partial h} = \frac{\partial q}{\partial h}$，並替代（6.4）的後兩項③，得：

$$q = n\frac{\partial q}{\partial n}\left(1 + \frac{zt}{2}\right)^{-1} + h\frac{\partial q}{\partial h}\left(1 + \frac{tz}{2}\right)^{-1} + t\frac{\partial q}{\partial t} \tag{6.5}$$

土地和勞動的邊際產品的貼現值等於資本（$t\frac{\partial q}{\partial t}$）的份額，因為

$$n \cdot \frac{\partial q}{\partial n} \cdot \frac{tz}{2} + h \cdot \frac{\partial q}{\partial h} \cdot \frac{tz}{2} = t\frac{\partial q}{\partial t}$$

如果時間被除去，或者利息率設定為零，方程（6.5）可變成：

$$q = n\frac{\partial q}{\partial n} + h\frac{\partial q}{\partial h} \tag{6.6}$$

必須承認維克塞爾是一般邊際生產率分配理論的奠基者之一。他自己的發展包含了這一理論的所有要點，而且提出了這個一般法則，儘管他沒有給出明確的數學表述：

---

① 想必記得 $n = 1/h$。
② 這個條件暗含在維克塞爾的方程 $q = n \cdot p$ 中，從中可得：

$$\frac{\partial q}{\partial h} = n\frac{\partial p}{\partial h}$$

③ 維克塞爾給出的方程（同上書，第 126 頁註）：

$$\frac{\partial q}{\partial t} = \frac{nwz}{2} + \frac{rz}{2}$$

如果一個人將生產的總產出看成相互合作的生產要素的實際（和連續）的函數……那麼，經濟行為顯然要求每個要素恰好被使用到這個程度，以致其微小部分的缺失所減少的生產成果正好就是這個要素量所獲得的產品份額……

以數學方法來表述，這就意味著，這些可變的生產要素的產品份額，必定與上述關於可變要素的生產函數的偏導數成比例……（第 xii-xiii 頁）

這個主題在《財政理論考察，兼論瑞典的稅收制度》中沒有引起進一步注意，維克塞爾對單個勞動者的生產函數卻給出了一個明確的一般近似的陳述：

$$p = c \cdot h^m t^k b^v$$

這裡 p 是產品，m、k 和 v 是適當的分數，c 是一個不變量，h 是土地單位，t 和 b 分別是勞動和土地投資期限的長度[①]，但他沒有對生產函數做詳盡研究。在討論分配論尤勒定理的一章，我們還將討論維克塞爾分配理論的其他重要著作。

[①] 同上書，第 53 頁。

第十一章　約翰·貝茨·克拉克

　　至少到20世紀之初，大多數美國經濟學家更關注的是經驗研究和社會改革，而不是對價格的理論分析——這種情況在不小程度上是德國歷史學派影響的結果。在這個時期美國經濟學家對經濟理論日漸增多的參與，其特點準確地說是充滿活力而不是思想深刻。經濟理論興起——不是復興——的領軍人物就是分配理論領域的約翰·貝茨·克拉克①。本章就來討論他的理論②。

　　克拉克獨立發現了邊際效用理論和邊際生產率理論③，而以對邊際生產率理論的闡述最為著名。然而，即使在今天，在（歐洲）大陸許多經濟學家看來，克拉克的理論就是**這個**邊際生產率理論。的確，他的主要任務就是普及這個理論，使其繁簡適度、重點明確、通俗易懂。

　　同時，克拉克履行了一項功能，但經濟學沒有為此表示感謝。在他的所有主要著作中，儘管也許其程度在與日俱減，他還是提出了一種被稱為「天真的生產力倫理學」的東西——在他的邊際生產率理論中，除了理論分析，還有某種處方。④ 這個倫理體系的可疑的優點無須我們關注，但令人遺憾的是，

---

① 克拉克的生平概略和對其著作的初步討論，可見《回憶約翰·貝茨·克拉克》（私人印製，1938年）。簡介可見：A. 約翰遜. 約翰·貝茨·克拉克，1847—1938 [J]. 美國經濟評論，XXVIII (1938)：427-429；P. 霍曼《當代美國經濟思想》（紐約，1928年）第1章提供了一般性評述；還應提到 K. 維克塞爾對《財富的分配》的一篇堪稱優秀但有點過頭的評論。參看：對分配理論的新貢獻 [J]. 國民經濟和統計年鑒，III，XXVI (1903)：817-824. A. W. 馬吉特教授提醒我注意到該文。

② 對邊際生產率理論更完整的觀察，除了 T. N. 卡弗和 F. W. 陶西格的著名研究以外，還必須包括 S. 伍德的原創性和建設性著作。

③ 就分析風格優雅而言，克拉克對效用理論的表述與杰文斯和瓦爾拉斯相比略遜一籌，但是，這種情況至少應當部分地歸因於這個事實，即克拉克看到了效用理論的困難並對之做了評估，而該理論的較早發現者們忽略了這些困難。參看《財富的分配》，紐約，1899年，第14~15章。克拉克在該書（第vii頁）獨立地陳述了他對效用理論的發現。

④ 參看《財富的哲學》（波士頓，1885年），特別是第135、169頁；《財富的分配》，前言；還有第3、4、6、7、9、49頁註，323-324頁註，等等。

克拉克的解釋比任何其他當代主要經濟學家都更多地為下述流行的膚淺論斷提供了根據，即：新古典經濟學基本上是為現存經濟制度進行辯護的理論。克拉克是為凡勃侖的咒罵定制的標籤。

概述一下克拉克的早期著作也許是可取的，因為我們的研究主要著眼於他的《財富的分配》。他早期發表在《新英格蘭人》上的論文（1877—1882年）於1885年以書名《財富的哲學》出版。這部著作反應了對古典經濟學的強烈反感，認為它「忘記了人類本性中的優秀成分」①。他的討論表現了某種現實主義和基督教社會主義的神祕主義。

從分配理論的角度來說，本書並不重要。克拉克的目的主要是科學地回答分配過程的公正問題。② 競爭——顯然正在消失③——在確立公正的工資上是無能為力的。④ 工資和利息的來源是產品⑤，但是，他沒有提出邊際生產率理論。他認為李嘉圖的地租理論不能令人滿意⑥，因為它不承認交通改善會增進土地供應，還因為資本和勞動可以在改良的土地上進行投資。⑦

發表《財富的哲學》之後，克拉克關於生產和分配的基本思想發表在6年間的小冊子和論文中。他對資本理論的幾近確定的陳述是在1888年做出的⑧，次年他便發表了對邊際生產率理論的詳細闡述⑨。上述論文提出，李嘉圖的地租分析可被用於所有生產服務，還提出了一個靜態經濟概念（在現代意義上）。⑩《財富的分配》則是這些以及其他論著的綜合，《經濟理論基礎》中新增內容不多。⑪

---

① 《財富的哲學》，第 iii 頁。
② 同上書，第108頁及以下，131-135頁。
③ 同上書，第147-148頁。
④ 同上書，第169頁：「少數人沒有工作，少數雇主沒有良心，這是工資普遍低於許多正當理由所形成的那種工資的條件。」
⑤ 同上書，第126、127、130頁。
⑥ 第125頁註。
⑦ 第98頁特別重要。
⑧ 資本及其報酬 [J]. 美國經濟學會會刊，Ⅲ（1888），第2期.
⑨ 科學工資規律的可能性 [J]. 美國經濟學會會刊，Ⅳ（1889），第1期.
⑩ 兩者包含在《地租規律決定分配》一文中，載《經濟學季刊》，Ⅴ（1890—1891）：289-318.
⑪ 紐約，1907年。克拉克允諾這本書研究動態經濟學，但他實際上沒有發展任何動態（歷史）理論。克拉克幾乎完全依靠一種現在所稱的比較統計學方法，即對不同的靜態均衡做了比較。以下援引均指《財富的分配》，除非另有說明。感謝麥克米倫公司允許我引用該書。

成本和收入

克拉克對成本理論沒有什麼貢獻。關於成本的根本性質，他是遵循「真實」成本理論的。他對這個問題的闡述充滿了享樂主義情緒：

……對價值理論的全面闡述會使我們進入心理領域，說到成本就涉及心理因素，就像說到效用涉及心理因素一樣。說到底，成本使人遭受痛苦，就像效用使人感到快樂一樣。（第221頁註）

兩種基本的痛苦成本是勞動和節欲〔第24章各處；第126頁（極為重要），381頁〕，稍後將詳細討論這兩者。

他承認勞動者沒有改變勞動時間以使痛苦成本和工資效用相等的完全自由：「……人們都得隨汽笛行動。」（第383頁）克拉克也承認改變職業的困難，但是，他發現新一代勞動者的出現使流動性基本上得以實現，他們會選擇職業以使他們的報酬相等（第278-279，398頁）。當然，事實上後面這個問題解決起來並不容易，克拉克也沒有履行他解決前一個問題即勞動時間固定的諾言。

在各工業之間配置既定生產服務（與生產資源沒有區別）問題上，克拉克遵循的是真正的選擇成本理論。在自由競爭條件下，當每個生產服務得到最大化報酬，即所有可供選擇的服務的用途帶來相等報酬時，均衡就實現了。① 土地也具有流動性，得自一定量土地的各種可供選擇的用途的報酬也被均等化了（第289-299頁）。經濟中的「摩擦」或「動態」將會打破這種均衡，前者是暫時的，後者是持久的。②

報酬遞減規律幾乎被看成一個公理：它是經濟現象的「普遍」規律（第48-50頁）。克拉克在較早的著作中不承認一開始會有一個報酬遞增的過程。③

---

① 第62頁特別重要，第19章各處。例如：「一般工資率是存在的；但這個團體的雇主能按他們從生產率較小的團體裡得到工人時所付出的成本來雇傭工人……資本的移動是由企業家以同樣方式實現的。競爭促成了這一切……」（第290頁）

② 第81-82頁。克拉克考察了競爭的所有缺點，包括壟斷，認為它是一種「摩擦」！（第76頁註）

③ 例如：「地租規律決定分配」，同上，第304頁：「如果一英畝牧場上只有一個人，他將獲得豐厚的報酬；如果增加到兩個人，每個人的所得就會減少；如果擴大到10個人，那麼最後一個人可能就只有工資。」

當瓦爾克批評他沒有論證這個可能階段的明顯錯誤時①，克拉克用靜態經濟概念回答這種指責：

在我們假定的那個場合，沒有承認勞動的聯合與分工（遞增報酬即歸因於此）所構成的動態影響，它從我們所創造的理想社會的條件中被明確排除了。從只有一個人工作的狀態轉變為兩個人工作並交換服務或生產的狀態，意味著社會結構發生了比近期已經出現的更激烈的變化。它屬於所列動態影響的第三項（組織），暫時被假定不起作用。②

這個論據肯定是以對靜態經濟概念的誤解為依據的。人們可能而且一定會堅持說，技術不變的假定意指沒有新的投資。然而，固定的技術是一系列已知可能的生產商品的方法，選擇特殊方法則依賴於生產服務和最終產品的數量和價格。克拉克的論證涉及對遞減報酬的否定，因為它（克拉克的假定）最終必定只剩下（在靜態條件下）結合各種資源的單一可能的生產方法。③

報酬遞減規律被解釋為各種資源在數量不變條件下（特別是土地）的「擁擠」（第164頁）。他沒有對這個規律加以仔細定義，有時它表現為遞增形式④（第48，50，189，374頁），有時說的又是平均含義（第165，192，208，280，300-301頁）。他沒有處理工廠規模的決定問題。⑤

---

① 地租論和剩餘索取工資論［J］．經濟學季刊，V（1890—1891）：433-434．
② 靜態分配和動態分配［J］．經濟學季刊，VI（1891—1892）：115-116；又見《財富的分配》，164、166頁註．
③ 在他評論《馬歇爾的經濟學原理》（《政治科學季刊》，VI，1891年，第146頁特別重要）一文中，克拉克把馬歇爾的替代原理描述為動態規律（它的含義不同於克拉克所用的「動態」一詞）——這是克拉克思想中同樣模糊的又一表現。他事實上否認對「純粹」資本報酬遞減的可能性：「現在，有一件事對生產財富的一般基金來說肯定是真的，那就是它不可能服從於替代規律」（同上，第149頁）。在《地租規律決定分配》（《美國經濟學會會刊》，S.3，IV，1903年，第154-165頁）一文中，麥克法蘭用同樣的錯誤概念即報酬遞減是動態理論來「反駁」克拉克的邊際生產率理論。
④ 原文如此，疑為「遞減形式」之誤（譯者）．
⑤ 在他早期的《科學工資規律的可能性》一文中（同上，第52頁），克拉克說，如果勞動和資本以相同比例增加，資本（包括土地）和勞動的相對邊際生產率將不受影響。這暗含著一種同質的一階生產函數。比較下一章。但在兩年前，在《現代條件下的利潤》（《政治科學季刊》，I，1887年，第611頁）一文中，他又說：「在同一英畝土地上將勞動和資本翻一番，你不能將農作物也翻一番；將雙倍勞動和資本委託給能幹的管理者，你就能得到不止雙倍的產品。」

邊際生產率理論

克拉克對邊際生產率理論的廣泛解說在這裡可以很扼要地加以總結，因為該理論的基本點早已為人所知。① 在「純粹」競爭條件下，每種生產服務的報酬在均衡時等於每單位生產服務的邊際產品。某種服務的邊際產品當然是由增添或撤除一單位該種生產服務對總產品的影響來決定的，而與之聯合的其他生產服務的數量不變。企業家之間的競爭將促使支付給各種服務以邊際產品的價值，而各種服務所有者之間的競爭將保障報酬不會超過邊際產品（這勢必導致失業）。克拉克對該理論做了精心加工和詳細闡述，我們可以直接論及其中的幾個方面。

亨利·喬治認為，勞動的邊際生產率只有在無租的邊際上才能與土地的邊際產品區別開來，因為工資率被「設定」在這個邊際上。這個粗糙的邊際分析形式促成了克拉克的邊際生產率理論（第 iii 頁）。② 他接受喬治論證中的真理因素，但是拒絕接受高踞於勞動市場之上的「人民主權論」③（第 89 頁）。這個邊際理論被推廣到勞動者利用各種不同的無租機器的場合（第 92 頁極為重要）。但是，還有更一般的衡量某種要素的邊際產品的方法：在使用所有的資源（而不是一個被衡量的資源）時，會存在一種集約的邊際，而該可變要素的最後一個單位（它沒有增加這些合成資源的成本）將獲得生產它而對總產品所增加的價值（第 98 頁特別重要），這個價值（由於「無差別法則」的緣故）也將支付給該可變要素的所有單位。

然而，這裡存在一個問題。某個要素（其邊際產品是被決定的）增加了，一定量其他資源需要與之重新適應，於是出現了這個問題。

一部機器通常需要一個人操作就行了。但是，在一個大企業的每個環節中，如果不改變資本物品設備的性能，要增加或減少勞動力是不可能的。（第 101 頁）

---

① 在這個總結性段落中證明這個說法不過是空談；對該理論的闡述幾乎遍及《財富的分配》全書各章，但特別集中在第 7、8、12 等章。該理論在 19 世紀 90 年代的至少 6 篇文章中已經詳細說明過了。

② 後來的論證首次出現在《科學工資規律的可能性》一文中，前引書；儘管對邊際生產率理論的第一次表述已經在前一年出現了。參看下文第 315 張等。

③ 「squatter sovereignty」（人民主權論），南北戰爭前一種政治學說，主張各州人民有權處理其內政，並決定是否容許奴隸制——（譯者註）。

克服這種困難有兩種出路。首先，一種生產服務的數量在與其他要素配額的搭配時有一定的靈活性，例如農業〔第100頁（重點）、103頁〕。但是，更重要的一種解決辦法需要在一個長時期才能實現，即重新調整數量固定的服務的可能性，使其最好地適應變化了的可變服務量。用克拉克的術語來說，一定量資本能夠使用各種數量不等的勞動，而固定數量的資本物品卻只能使用相對固定的勞動量。① 反過來，在出現一代新人的時間內，勞動的職業配置能夠被調整得適應資本量的變化。② 克拉克正確地指出，即使如此，在長期內，重新調整資源數量實際上是沒有限制的。③

　　克拉克陳述的第二個方面是，否認邊際生產率論是剝削工資的理論。如果最後單位勞動的產品決定工資率，如果勞動者的工作服從於報酬遞減規律，那麼，「邊際內」的勞動者（克拉克的用語）的所得就會少於他們的產品。杜能被指控接受這個信念並提出了某些證明（第321頁註），而龐巴維克則肯定持有這種觀點。

　　克拉克對批判該理論的回應分為兩步。首先，既定類型的所有資源是同質的（克拉克稱之為「平均的」），所以，如果有一個人離開，企業家就會重新調整其餘勞動者的責任，因而「由於一個人離開而留下的工作總是邊際的工作」（第103頁，又見第103-106、161頁）。其次，在資本物品既定條件下，勞動者人數的增加意味著每個勞動者擁有的設備比過去減少了；新（增加）的勞動者的邊際產品減少了（第322頁註）。因此，必須將較少勞動者的更大生產率歸結為資本的生產率（第195，202，323註，325頁）。這個論證當然是決定性的，可以圖9表示。在圖9中，沿 AD 表示使用既定數額資本的勞動單位數，BC 是這些勞動者的邊際產品。這樣一來，DC 將是工資率，ADCE 是工資額，ECB 這個「剩餘」實際上則是合作資本的產品。

---

① 第112-115, 170, 175-176, 183 頁（特別重要），186, 247 頁（特別重要）。
② 第159-160, 187 頁。不過，勞動的變化被認為主要是數量的。
③ 第173-176 頁。各種生產要素的數量變化的概念，例如，它們的比例的變化，最早是在《地租規律決定分配》中明確提出來的。前引書，第302-303 頁。

圖 9

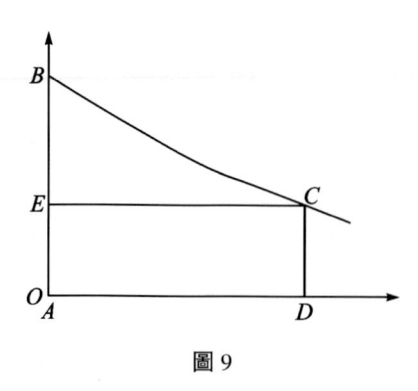

　　這個論據使我們直接面對克拉克理論的最後一個特徵。ECB，資本的這個「剩餘」報酬，與根據資本邊際生產率決定的報酬是一致的嗎？克拉克對這個問題的回答是肯定的（第 201 頁）。他的結論主要是一個定義問題。在純粹競爭條件下，每個被雇傭的生產服務將根據其邊際生產率得到報酬，其餘則歸雇傭者即企業家。但是，這個剩餘（「利潤」）根據定義在純粹競爭下是零：「然而，靜態條件排除了這個利潤，因為競爭使這兩個區域（即地租或利息作為剩餘與作為邊際產品）相等了。」① 一個更嚴密的論據補充了這個形式上的說明：

　　所有企業不能同時獲得相同的純利潤率嗎？不存在一種使得利潤普遍相等的條件嗎？顯然是不可能的。因為，這樣一來就會有一種普遍的誘惑，使資本家變成企業家，同樣地彼此競價獲取勞動和資本，直到利潤在各處完全消失，全部變為新增加的工資和利息，歸工人和資本家所有。（第 291 頁註）

　　這個論點的說服力有所加強，但遠非決定性的。克拉克沒有說明這些特殊條件是什麼。在這些條件下，生產服務根據其邊際生產率獲得的報酬正好分盡了產品，也沒有說明在這些條件下競爭的穩定性。
　　現在我們來分析克拉克所表述的邊際生產率理論中的一些錯誤。他沒有明確說明用來衡量一種生產服務的邊際產品被增加或撤除的那個單位的大小

---

① 第 203 頁。又見第 331 頁：「靜態的假定使整個 ABCD 不可能包含比工資和利息更多的東西。」

（參看第 93、320 頁）。R. S. 帕丹在一篇相當混亂的反對克拉克理論①的爭論文章中指出，如果使用大單位，產品將會小於分配份額。克拉克回應說有必要使用小單位：

> 進一步的數學研究表明，工資和利息超過總產品的數量是直接隨著用於生產該產品的勞動和資本增量而變動的。如果我們使這種超過額等於勞動和資本總量，我們就將把全部產品首先歸於勞動，然後歸於資本，這兩項收入的數額將是產品的兩倍。如果勞動和資本的增量較小，那麼兩項收入超過產品的數額也將變得較小；如果使用的是微小增量，這個超過額實際上就消失了。
> ……如將帕丹先生論證的這個事實加以完善，將會表明在價值論和分配論所依據的一般原理（可被稱為「最終經濟效率法則」）的任何應用中，需要使用的是被檢測的（原文如此——譯者）要素的微小增量。②

克拉克理論最基本的缺點是他依靠兩種生產「要素」：社會勞動和社會資本。當然需要對生產服務的單位加以定義，以便能夠談論數量的變化。如果所有要素都沒有失去它們的一致性，各種服務的單位就不可能依據生產率加以分類，因為依據這種基礎它們將變成同質的，正如克拉克所說的那樣。③ 現代定義生產服務的做法是依據實物單位，即一般勞動日的一小時，或者一定類型農業土地的英畝年數。

但是，克拉克依靠第三種服務單位，由此將所有的勞動歸結為社會勞動，將所有資本歸結為社會資本，將所有的生產服務（及其全部產品）歸結為一種不直接涉及生產率的可比基礎。④ 這種方法的合理性是不明顯的。克拉克說，僅有相對價值是不夠的，因為它們不能使我們計算「一國財富」的利息率（第374-375 頁）。「為了這些目的——也為了比這裡有必要列舉的更多理由」（第375 頁），邊際效用被視為衡量所有經濟數量的尺度。這是因為，依

---

① 克拉克的工資和利息公式 [J]. 政治經濟學雜誌，IX（1900—1901）：161-190. A. 阿弗塔林也提出了基本相同的論點：關於生產率和收入的三個概念 [J]. 政治經濟學評論，XXV（1911）：145-184.

② 用邊際生產率決定的工資和利息 [J]. 政治經濟學雜誌，X（1901—1902）：108.

③ 第374 頁註：「資本的產品在這些場合顯然不能作為衡量資本的依據。如果我們說生產一單位消費者財富的是一單位資本，我們無非是說在任何時候所有資本單位都是同等生產的。另一方面，當我們說各單位資本的報酬遞減，同時卻仍然用其產品作為衡量單位時，我們說這是自相矛盾的。」

④ 相關討論大部分在第 24 章；還可參看第 63、190、207 和 298 頁。

據杰文斯的分析，邊際效用等於均衡狀態下的勞動負效用，而後者實際上被社會選擇為衡量的尺度（第378頁極為重要）。這將需要花費大量篇幅說明實行這一程序的各種假定前提，例如效用和負效用的可衡量性和可比性①、對分工的影響②以及類似的條件。然而，斯密的勞動價值論和19世紀的極端樂觀主義這一特殊結合的非現實主義，足以說明無須再做進一步的評論了。

資本理論和利息率

儘管克拉克主要以其邊際生產率理論著稱，但我們完全可以說他在資本理論歷史研究上的作用更重要。邊際生產率理論在19世紀90年代就已經建立起來了。克拉克的資本理論所包含的許多卓越論點卻備受盎格魯撒克遜經濟學家們的貶低和輕視。就我們現在研究的著作來說，他的觀點與瓦爾拉斯的觀點密切相關，而在某些方面克拉克的觀點顯然更正確。

克拉克的基本命題是眾所周知的：「資本」是兩種基本不同的事物的名稱。它可以指具體的資本物品，例如機器、設備、原料和土地等③，也可以指「社會的」或者「純粹的」資本，意指暫時的具體資本的（永久）價值。具體資本指勞動以外的一切有助於生產的物質手段（第116頁）。這個物質標準沒有太多道理。這也許可以用克拉克對靜態經濟的特有定義來解釋，在這種經濟中，專利一類的東西是被排除在外的。（第76頁註）

克拉克這樣解釋具體資本物品和作為「財富量」的資本之間的區別：

有關我們稱之為資本的一個最簡單的突出的事實，就是它的持久性。資本是持久的。想要事業成功，資本必須持久。侵犯資本——資本稍受毀壞，你就會遭到不幸。如果你毀壞了你所擁有的全部資本，你就不得不開始赤手空拳地單靠勞動盡力謀生。可是，為了避免失敗，你卻必須毀掉你的資本物品。如果不想毀掉資本物品，你就會遭到災禍，就像你聽任毀掉一些資本一樣。如果停

---

① 克拉克認為效用只能以序數衡量（第380頁），但他又說過消費者剩餘和類似概念（第383頁特別重要）。

② 他說這不會影響涉及的原理（第379頁）。

③ 克拉克將勞動斷然排除在資本之外，其所強調的理由並不很令人信服（第116-117頁）。具體資本和抽象資本之間的區別，最早是他在《資本及其報酬》一文中提出來的（前引文，第9-18頁）。

開機器以免磨損，把它們包裝起來放在箱子裡以免毀壞，那麼你的資本的生產行為也就停止了。更有甚者，資本本身最終不免也要毀滅：因為時過境遷，你的機器將變成陳舊的東西，不再適合使用了。

……

資本物品不僅可以毀掉，而且必須毀掉……① (第117頁)

同時，資本是「一定量抽象的生產財富，一種永久的基金……一種抽象之物。」(第119頁)

克拉克對這兩個概念的解釋是不充分的，因而它們常被指責為缺乏內在說服力的神祕主義。如果拋棄了資本持久性和資本物品可毀壞性的表面悖論，便可以這樣重新表述其基本的重要的論據：具體的資本物品的磨損可快可慢，或完全不磨損——最後，這種情況不適合於土地。(第118, 121-122頁) 然而，具體資本是否磨損、磨損多快，這是一個次要問題、一個技術問題。從經濟觀點來看，重要的是這樣一個事實：這些資本物品的產品包含著維持或 (和) 更新的儲備品，而且在計算純收益之前就應做好這種儲備 (現時的或經過儲藏的)。

上述突出和明智的表述實際上反應了克拉克的立場。在《財富的分配》中有很多段落都在強調這樣一點：「純粹」資本的持久性實際上是由具體資本的維持和更新政策引起的。②

一個磨坊損壞了，必須重建或者改建——這件事本身對生產毫無益處。從磨坊所有者的經驗來看，這不是一件值得歡迎的事，只有在萬不得已時，他才允許這樣做 (第148頁)。

只有一系列連續不斷的工具能夠比維持自身創造得更多——只有這一系列資本物品能夠為其所有者創造純剩餘時，這些資本才是生產的。(第271頁)

一種具體資本物品能夠生產一種純剩餘這個事實，是一個「確鑿的具體事實」(第272頁)。用於反對克拉克資本概念的唯一真正的異議是，認為克

---

① 倒數第二句當然不適合於克拉克的靜態經濟，在這種經濟中機器不會「過時」。
② 還可參看第250頁 (特別重要)，262-264, 268頁 (特別重要)，272-273, 278, 335, 341-342頁。

拉克的資本概念是基於物質財富，而不是基於對一系列收入權利價值的折扣。儘管有這種不幸的古典派的偏見，他還是不一貫地將耐久消費者物品從資本中排除了。(第154、273頁)

節欲與資本增長的關係需要簡略提一下。節欲意味著以今天的消費品交換「創造財富」的物品（第126頁），即交換永久的未來收入。

節欲就是斷然放棄某種消費享受，並獲得完全新增的資本。一個人把錢花在消費品上，就可以獲得某種享受；假使他省下這筆錢，這種享受就不能獲得。他永遠地放棄了這種享受，但作為一種補償，他將得到利息。(第134頁；又見第139頁)

節欲會引來新的資本物品，但維持現有的資本財貨並不需要額外的節欲（第127,133,134頁）。拒絕節約和超支概念（即在消費中被清算的「單純投資」概念）是合理的，因為它們不是對經濟行為的真實描寫①（第130-131頁）。

儘管克拉克強調說，資本量在靜態經濟中是固定的，但他這樣說不是根據靜態經濟的定義，而是基於下述論據：「在靜態社會中不存在節欲或新資本的創造。因為在手上已有資本的情況下，如果放棄享樂，並想由此使資金更多，只會使損失更大。」（第136頁）這種說法同他關於靜態社會是一種抽象的一般論點是完全不合拍的，它倒更像是古典派的一種觀點，即認為經濟變成靜態是因為使其發展的各種力量已經告罄。

利息率決定於資本邊際生產率（第82頁特別重要）。這個理論在一些方面還有所擴展。首先，決定利息率的是資本的邊際生產率，而不是資本物品的邊際生產率。克拉克認為這一點是重要的，因為資本的增量通常意味著現存資本物品質量的改變，而不是同一種資本設備數量的增加（第246、266頁特別重要）。除非打亂整個工廠，否則一個單位具體物品是不可能抽出來的。

很顯然，這個工業（鐵路）資本的最後增量，不是一個在實物上可以從資本中抽出來的東西，它不像由可以賣給另一個公司的幾個火車頭或車皮所構成的那樣，能從資本中抽出來。它（最後增量）仍然保留在工廠中。它體現在工程師、乘務員、監管者等人在客貨運輸時所使用的全部複雜的工具中。如

---

① 還可參看：資本的起源[J]. 耶魯評論，Ⅱ（1893—1894）：302-315.

果要很好地衡量這一部分資本的生產能力，我們就必須像變戲法一樣，突然把整個工廠降低一等。（第 251 頁）

然而，現存資本物品的貶值會逐漸使（資本）形式發生適應性變化，而且新增資本的最終使用可能會帶來產品最大化。

利息被定義為資本的一定比例報酬，地租被定義為一種具體資本物品帶來的收益，所以它們是相同報酬的不同方式（第 123 頁特別重要）。克拉克沒有面對如何衡量資本量這樣的困難問題①，儘管他暗示說資本的價值決定於具體物品的生產成本（第 125、140 頁註）。他顯然知道建設期間的利息（第 140 頁註），但這個因素在他的理論中未起重要作用。

克拉克資本理論的最後一個值得注意的方面，是他對龐巴維克理論的攻擊。② 克拉克反對這樣的觀點，即認為在靜態經濟中，資本由給予勞動者的「預付」所構成。③ 他的第一個主要理由是，同樣的理由也可用於資本家，就是說，在生產的前期階段也需要預付給資本家（第 154-156 頁）。在這個無可爭議的論點之外，克拉克還提出了更重要的反對生產時期概念的論據。

具體的資本物品確實是有生產時期的（第 127-128 頁）。人們可以說一部機器從建設到使用完結之間流逝了一段時間。但這是一個技術細節問題。與具體物品相對照，資本卻是永久的，而且因為它的作用而使生產和消費具有了同步性。假定一種樹木需要 50 年成材。在靜態經濟中將會有 50 排樹，其樹齡可能處於 1 年到 50 年之間。我們可以說任何一排都需要 50 年成材，但是因為預計有一個固定的木材產出率，所以再說它們的樹齡就沒有意義了。④（第 131-133 頁）

---

① 當然，勞動的邊際反效用不在此例，對此前一節已經論及。
② 比較第 3 章。克拉克的批判最早見於《資本的起源》，前引文；以及《利息的起源》，載《經濟學季刊》，IX（1894—1895 年），第 257-278 頁。
③ 因為「預付」這個概念從根本上說適用於統一的生產過程，所以與農產品相關的生產間歇性就被排除了（第 150-152 頁）。在龐巴維克的理論出現以前，克拉克就反對把資本概念理解為「預付」。他在《資本及其收益》（1888 年）一文中指出了這個理論的兩點錯誤。第一，工資所代表的是已經在企業家手中的產品（同上，第 20 頁）。這個反駁被部分地收回了，因為它承認在支付工資期間就有勞動者成了資本家（同上，第 27 頁註）。第二，從具體資本物品的觀點來看，儘管消費者必定是由工作者得到的，但他們構成了一種「交換資財」（工資可能投資其中），而且與可能的工資率沒有固定的關係（同上，第 21-23 頁）。克拉克當時還沒有得出他的核心主題：生產和消費的同步性。
④ 意即每年砍伐一部分木材，同時又花費資本栽種同樣數量的新樹木，使樹木總數不變，因此，新種的樹木似乎立刻就可以消費，也就是說資本使生產和消費同步。這樣一來，說不同部分的樹的生產時期不同已經失去了意義。同樣，將資本利息歸結為「生產時期」的結果，將資本利息說成是「等待」的報酬也就失去了意義（譯者註）。

因此，從資本的觀點來看，資本的維持和更新就意味著資本本身在不斷被投資。

假如第一把斧子是由勞動創造出來的，而且先前沒有任何已創造的資本，那麼，這個單位的生產財富的生命有一個開端，但它沒有終結。在它的生命的這一端存在界限，而另一端卻沒有。當我們創造一些新資本的時候，我們開闢了另外一個無窮盡的時期：但我們卻沒有加長任何已經開始的時間。(第137頁)

總之，要增加若干單位的已經存在多年的資本是可能的，但要增加資本存在的年限是辦不到的。(第138頁)

觀察生產過程的唯一正確的方式是將其視為生產和消費同步的過程（第305頁極為重要）。在一個靜態經濟中，存在著某種不斷的消費物品流（抽象了生產週期），還有某種預計用來維持消費物品產出的不斷的生產服務流。

一個人不能避開這些異議而轉向具體的資本物品，認定它們具有確定的生產時期。增加資本可以不涉及加長資本物品的生產時期（第138-139頁）。我們可以用一打渡輪去代替一座橋，由此縮短生產時期——儘管無論哪種選擇都要求相同的資本。後面這個批評缺乏說服力，它對龐巴維克觀點認同得太多了。①

在我看來，克拉克的資本理論基本上是健全的。他的陳述並不完善，特別是對有關資本物品建設的重要問題（投資過程）認識不足，未能給出解答。但是，他強調資本具有相當的流動性（經歷較長的時期），認為資本能帶來持久收入的觀點，卻是很中肯的。

地租理論

克拉克對李嘉圖地租理論的最廣泛的解釋，特別是關於其歷史的訴求，是在《資本及其收益》一文中提出來的。② 除了空間方面以外，土地的不可毀滅

---

① 克拉克甚至說，增加資本時，具體物品的生產時期通常加長了，因為這些物品變得更耐久了。(第140頁註)

② 前引文，第32頁特別重要。

性是被否認的，而且認為土地的供給十分廣闊，以致使它成為自由物品。① 土地肥力是可以控制的，土地的一般經濟位置也是如此。② 鄰近市場的土地會留下一種「剩餘的效用」，克拉克以之說明，只要運輸產品需要花費成本，直接鄰近市場的土地就會得到某些區位的租金。③ 除了最後這個因素（其重要性在降低）以外，土地具有基於生產成本的確定的供給價格。④

從這些論據出發，克拉克進而解釋李嘉圖的地租理論。在他看來，李嘉圖地租理論所解釋的是所有的具體物品在短期內的回報，而不是一種「正常的」收益。因為基本的段落包含著克拉克最初走向邊際生產率理論的思路，所以值得全文引述如下：

這裡有一塊土地。讓我們依據這個規律檢驗一下從中可以得到的地租。
……
我們把它的產品作為被減數。為了得出減數，讓我們的眼光透過類似的工具表落到這一部分土地上，其產出剛好足以支付花在我們檢驗的這塊土地上的勞動工資以及與之相關的資本的利息。我們如能證明這就是支付耕作的最差的地塊，我們就稱它為實際耕作的最差的土地。如果還有更差的土地，我們通常就會把它剔除而不加以計算。我們所檢驗的土地的收入遵守著這個規律——地租等於土地產品減去其他產品，其他產品應當而且可能等於工資和輔助資本的利息。任何工具的租金也都是由其增大工業產品的能力支配的。假定在一般工業領域有 x 單位勞動和 y 單位資本，產品是 z。假定它的所有者在生產中得到生產工具的輔助，現在的產品是 $z+1$，工具的租金就是 1。這就是能以數學表述的李嘉圖的公式。但是，儘管如此，這個規律卻是普遍適用的。⑤

他重申了這種邊際分析具有普遍的適用性，但是他還是沒有認識到它的全部意義。⑥

---

① 同上文，第33-34頁。
② 同上文，第33、36頁。交通的改善「可以並看成是製造了土地的位置效用」（同上文，第34頁）。
③ 同上文，第35-36頁。
④ 同上文，第40、46-47、54頁。
⑤ 同上文，第41-42頁。
⑥ 同上文，第44頁。「的確，這個規律是對亞當‧斯密所說的一個簡單真理的迂迴表述。亞當‧斯密說，土地地租實際上是土地產品減去承租人必須保留的工資和利息後的餘額。」

對克拉克來說，土地不是一個獨立的生產要素，它不過是一種特殊的具體資本物品（第189、190頁註）。從古典派的觀點來看，土地所具有的兩個突出特徵，在克拉克看來都是不真實的。

第一個特徵是土地的供給固定不變。克拉克認為實際上靜態條件下所有生產服務都是如此（第338頁特別重要）。這個特徵當然是真的，但是難得有什麼關係。古典經濟學家認為土地的供給是固定的。克拉克則將所有生產要素都**定義為**固定不變。他似乎承認土地的供給在歷史上的固定性（第189、256頁）。

克拉克立場的結果具有十分重要的意義。土地供給在任何一個工業中都是完全可變的，恰如「人為」資本的供給是可變的一樣（第340頁特別重要）。並非所有的土地都同樣適合於多種用途，但是，在（不同用途）轉換的邊際上，足以確保不同行業的土地的報酬率均等化——與資本的情況一樣。①

土地的第二個特徵，在古典派的理論中是土地報酬具有級差性質，克拉克認為這對於所有的分配份額都是真實的。地租概念的這種一般化，最早是由克拉克在1891年②與J. A. 霍布森同時提出來的。③ 這一點在今天已經眾所周知，無須多說。④ 在李嘉圖理論中，土地數量保持不變，資本-勞動量則是可變的。資本-勞動依照其各自邊際生產率得到報酬，其剩餘或餘額就是地租。根據類似的論證，一個人也可以說，資本和勞動量不變，土地量可變，從而將剩餘作為利息和工資，而將地租作為邊際產品。⑤

儘管克拉克的討論總的調子是批判李嘉圖主義，但他在許多問題上猶豫不定，而且做出了一些不必要的讓步。⑥ 例如，他沒有必要地承認減輕地租不會影響價格，儘管這一點對其他分配份額來說是對的。⑦ 地租被看成生產成本是基於兩個錯誤的理由：因為地租影響生產的物品數量（第357頁）；因為地租決定於邊際生產率理論（第358頁）。他現在也承認土地沒有生產成本（第

---

① 第342-344頁。按照克拉克的說法，存在著一個區別：資本在長期中能夠完全流動；而土地的特殊性質永遠不變——這個說法取消了正文中的立場。
② 《地租規律決定分配》，同上。
③ 《三種地租的規律》，同上，第263-288頁。
④ 比較第12章。
⑤ 第192-200，299-300，330（特別重要），345（特別重要），361（特別重要）頁。
⑥ 實際上，在第372頁的一段話中，李嘉圖理論被接受為一種「動態的」規律，只有微不足道的保留意見。
⑦ 第358頁特別重要。當他在《科學工資規律的可能性》一文中（同上，第64頁特別重要）第一次提出來時，更著重於這個論據。

339頁），在後來的著作中甚至說，如果耕種恰當，土地是不可毀滅的。①

工資和利潤

除了邊際生產率工資論外，克拉克還對勞動供給提出了一種痛苦成本說。他的分析與杰文斯的實質一致：每日的勞動持續時間被設定在勞動者產品的邊際效用等於其勞動的邊際反效用的一點上。② 克拉克承認「人的衰老同汽笛是相關的」（第383頁），但是，他沒有兌現解決這個困難的承諾。

克拉克的早期論文對風險與利潤的關係問題有所發揮，這來自現代所謂「風險」利潤論。③ 甚至在靜態經濟中也有風險，例如火災。對這些風險賠付的假定，不是根據風險的客觀實際價值，而是根據它們的主觀（效用）實際價值，即各種損失的客觀概率，乘以適當的邊際效用。④ 我們可以略過這些享樂主義的精致論述，轉而考察克拉克關於企業家作用的理論和「純」利潤理論。

在克拉克的理論中，企業家大概是勞動者的一種類型。企業家的職能就是將其他生產要素，例如勞動和資本，加以整合（第3，289-290頁）。動態變化會突然使這些整合得以實現，而動態變化一旦結束，整合也隨之消失。⑤ 在靜態條件下，企業家作為企業的主管，不過就是一種類型的勞動者（第111頁）。這裡沒有必要重複奈特教授對克拉克理論的評論⑥。該評論的要點是：來自歷史的變動是不確定的（即它並不遵循各種「規律」，包括概率規律，因而總是不能正確地加以預測），而且，使純利潤得以產生的也不是變化本身。

---

① 《經濟理論基礎》，第180頁。
② 第382頁特別重要。唯一的不同是他認為勞動的反效用從第一個勞動小時就持續增加了（第383頁特別重要）。對這個理論的第一次詳細闡述見於《價值的最終標準》，載《耶魯評論》，I（1892—1893年），第258-274頁。在《派頓的動態經濟學》，載《美國科學院年報》，III（1892—1893年），第30-34頁，在原先的休閒項目中增加了對勞動的「厭惡感」，作為勞動反效用的第二個因素。
③ 《保險和企業利潤》，載《經濟學季刊》，VII（1892—1893年），第40-45頁。
④ 同上，特別是第43頁特別重要。如以 a_j 表示每年損失 j 美元的概率，以 v_j 表示第 j 個美元的邊際效用，則對靜態風險的賠付一定是：

$$\sum_{j=1}^{k} a_j v_j$$

其中 k 是風險總額。

⑤ 第78-81，179，290-291。企業家的報酬在動態條件下被認為等於其邊際產品。
⑥ 《風險，不確定性和利潤》（劍橋，1921年），第2章。

第十二章 尤勒定理與邊際生產率理論

只有證明了生產要素按其邊際產品分配會將總產品全部分盡，邊際生產率分配理論才算最終完成。這個產品分盡問題當然是邊際生產率理論所獨有的。以往的分配理論在這方面大致可歸入兩種範疇之一。剩餘理論構成第一類，這種類型的分配理論總是設定至少存在著一種剩餘份額；在古典經濟學體系中，地租被賦予第一個扣除的角色，利潤則是第二個扣除。只要存在剩餘索取者，顯然就不會提出產品分盡的問題。第二類是這樣一種分配理論，它們把各種分配份額分盡產品作為一種明確的**假定**。歸入這一類的有基於固定生產系數的各種理論，那是由瓦爾拉斯和維塞爾以及他們新近的追隨者提出來的。只有邊際生產率理論才分別地決定每個生產要素的份額。① 結果只有邊際生產率理論碰到了這個問題：這種方法恰好分盡了總產品嗎？

前已指出，維克塞爾早在1893年就對這個問題做了肯定的回答，埃杰沃斯在1889年的討論中也強烈地暗示了同樣的答案。但是，第一次明確提出這個問題的是威斯迪德，見其1894年發表的精彩論文《分配規律的協調》。此後這一時期幾乎所有的歐洲主要經濟學家都參與了這個問題的討論，其中不乏評議和論據。② 維克塞爾是威斯迪德的主要維護者；埃杰沃斯、帕累托、巴羅內和瓦爾拉斯則帶頭攻擊這個理論（不時還有人身攻擊）。本章試圖對這場爭

---

① 但是，我們將會看到，產品分盡甚至被邊際生產率理論家們所假定也是常有之事。
② 這個爭論是數學的，這排除了當時的美國經濟學家，只有費雪爾除外。

論做總結和評價。舒爾茨①、希克斯②、羅賓斯③、道格拉斯④和瓊·羅濱遜⑤提供了有價值的（儘管不夠完整）參考文獻，但是這些作者沒有詳細研究這場爭論，也沒有對參與者們的立場做出評價。

貝里

在轉向威斯迪德之前，注意一下阿瑟·貝里對邊際生產率理論的表述可能是適當的，這是對該理論最早的數學表述之一。⑥ 這個理論包含在他 1890 年向不列顛協會 F 組發表的題為《純分配理論》的報告中。⑦ 我一直未能看到關於這篇報告的任何一篇簡單的參考文獻，儘管馬歇爾和埃杰沃斯都曾赴會並提交過報告。不過，馬歇爾曾感謝貝里對其《政治經濟學原理》前 3 版數學附錄提供的幫助。⑧

貝里的分析處理的是個別企業家。他假定生產服務和產品的價格是固定的，還假定企業家的勞動不會隨產品的微小變化而改變。他所使用的符號如下：

$g_1, g_2, g_3, \cdots\cdots$ = 土地碼數 1, 2, 3……;

$l_1, l_2, l_3, \cdots\cdots$ = 勞動時數 1, 2, 3, ……;

c = 資本（英鎊）;

ρ_k = 每碼土地的地租量 k;

w_j = 每小時勞動工資量 j;

i = 年利息率；

P_1 = 企業家 1 的產品價格。

生產函數被定義為：$f_1(g_1, g_2, g_3, \cdots\cdots l_1, l_2, \cdots\cdots c)$，「$f$ 的形式取決於企業家的熟練和『機會』等等」⑨。「邊際生產率方程式」是：

$$p_1 \frac{\partial f_1}{\partial g_k} = \rho_k \cdots$$

---

① 邊際生產率和一般定價過程 [J]. 政治經濟學雜誌, XXXVⅡ (1929): 505-551.
② 《工資理論》（倫敦, 1932 年），附錄 i。
③ 為《政治經濟學常識》重印本撰寫的序言（倫敦, 1933 年），Ⅰ，第 ix-xi 頁。
④ 《工資理論》（紐約, 1934 年），第 2 章。
⑤ 尤勒定理和分配問題 [J]. 經濟學雜誌, XLIV (1934): 398-414.
⑥ 是瓦伊納教授提醒我注意貝里的。
⑦ 該報告的總結重印於《不列顛科學促進協會報告》（1890 年），第 923-924 頁。
⑧ 比較一下《政治經濟學原理》各版的序言。
⑨ 《純分配理論》，同上，第 924 頁。

$$p_1 \frac{\partial f_1}{\partial l_i} = w_i \cdots$$

和
$$p_1 \frac{\partial f_1}{\partial c} = i$$

企業家的報酬是餘額，即：$P_1 \cdot f - \sum gp - \sum lw - ci$。

對整個經濟來說，應有若干新增的方程，表示土地、勞動和資本被完全使用。對資源的消費需求可以加到企業家的需求上。勞動的供給決定於反效用函數，即：

$$w_i = \frac{dx(\sum l_i)}{dl_i}$$

這裡 x 是 j 量勞動者的「平均」反效用函數。

因為貝里的理論仍然包含著一種剩餘（「利潤」），所以他避開了產品分盡的問題。在貝里的場合，如在埃傑沃斯的場合一樣，舊的英國企業家概念阻止了對邊際生產率分析的應用。然而，貝里因其對邊際生產率理論的早期預期，理應受到讚譽。

威斯迪德

單是一篇《分配規律的協調》（1894 年）[①] 就足以確保菲利普·H. 威斯迪德在經濟思想史上佔有持久的重要地位了。《分配規律的協調》是一本小冊子，只有 53 頁，但其勇氣和獨創性使其理應得到最高的敬意。

小冊子的標題很好地反應了它的主題：所有的分配份額都被歸結為一個基礎，從而可以比較。威斯迪德對他所接受的分配理論的評論非常簡潔，值得全文引述：

[①] 我用的是倫敦學院重印本，第 12 期（倫敦，1932 年）。《分配規律的協調》有許多排印錯誤，這些錯誤在同年（1894 年）未裝訂的一個重印本中得到了更正。威斯迪德在原來的裝訂本上做了一些修改。另一些錯誤可能是 W. S. 約翰遜指出來的，這些錯誤在他的復本中也有。約翰遜的復本沒有包含重要的評論。倫敦學院的重印本仍有若干排印錯誤。

第 31 頁第 1 行：$F(c) - cF(c)$ 誤為 $F(c) - cf'(c)$。

第 36 頁第 3 行：$f(x)$ 顯然是價格，所以正文應讀作 $xf(x)$，即與初版相同。

第 44 頁第 16 行：$\int f_x(x)$ 誤為 $\int f_x(x)dx$。

感謝瓦伊納教授，他不僅提醒我注意《分配規律的協調》一文，而且應允我使用該文與此註釋有關的各種復本。感謝倫敦經濟學院應允我引用這個重印本。

研究分配規律時，通常的做法是分別提出土地、勞動和資本等大類生產要素中的每一種，研究該要素在生產中協同動作的特殊條件，研究作用於支配該要素的人的特殊考慮，以及該要素所提供的服務的特殊性質，從所有這些考慮中歸納出調節分配給該要素的產品份額的特殊規律。

如果繼續堅持這種方法，那就不可能將各種分配規律協調起來，也不可能確定依照該理論歸於各種生產要素的份額是否囊括了產品，以及被產品所覆蓋。要使這樣做成為可能，看來關鍵在於用一種共同的術語來表述這些規律。例如，地租規律以土地肥力的客觀標準為基礎，而利息規律卻基於對現在和未來的主觀估計，這樣一來，甚至將土地份額和資本份額加在一起都困難，也難以肯定剩餘份額是否同該理論所指定的工資相吻合。①

被選擇作為要素合作基礎的是**要素提供的服務**，它顯然是從邊際效用價值論得出的一個平行的概念。一個商品的邊際效用決定其價值，同樣地，一個生產要素的邊際效率將決定它的價值。一個要素的邊際效率決定於「該要素的微小增量對產品的影響，假定其他條件不變」②。如以 P 代表產品，K 代表資本，則 $\frac{\partial P}{\partial K}$ 就是資本的邊際效率，$\frac{\partial P}{\partial K} \cdot K$ 就是資本在總產品中的份額。支付給每個要素的報酬等於每單位該資源所增加的產品，這是「不言而喻的」，甚至是「自明之理」③。誰都知道，一個要素將被雇用到增加的產品恰好抵補增加的成本的那一點為止。「只要最後一個人所提供的至少與其工資一樣多，明智的雇主就會雇用更多的人，但也就到此為止，不會更多。」④ 威斯迪德堅信，在協調分配規律上的一個決定性問題，是說明按照邊際生產率支付給每個要素的數額能恰好分盡總產品。如果 $P = F(A, B, C, \cdots\cdots)$，$P$ 是產品，A、B、C……是各種生產要素，則可表述為：

$$P = \frac{\partial P}{\partial A} \cdot A + \frac{\partial P}{\partial B} \cdot B + \frac{\partial P}{\partial C} \cdot C + \cdots$$

這個定理也可由其他方法得出來，其中最簡單的一種是，首先假定生產函

---

① 同上，第7頁。
② 同上，第8-9頁。至於是指產品的實物效率還是價值產品，將在下面解釋。
③ 同上，第9-10頁。
④ 同上，第12頁。

數是線性齊次的，即：如果 $\lambda P = F(\lambda A, \lambda B, \lambda C, \ldots)$，那就幾乎可以直接從中得出所要的結論。① 威斯迪德並沒有直接利用人所共知的這個尤勒定理②，儘管他在許多地方以線性齊次為假定③，這可能與他沒有經過系統的數學訓練有關，他的數學知識是自學的④。

　　威斯迪德用按邊際生產率進行分配與古典地租理論的一致性，來證明這種方法的徹底性。因為他可能會說，正像關於李嘉圖理論的許多正確判斷一樣，人們曾經說過他的這部分（地租理論）分析理應得到仔細研究。威斯迪德使用了常見的圖解法（圖10）。以 OX 代表每單位土地上的資本和勞動單位數量，OY 代表產品；bt 表示在關於報酬的通常假定條件下，資本和勞動的邊際生產率。⑤ 利息和工資是 $Oatt'$。地租是剩餘 btt'。

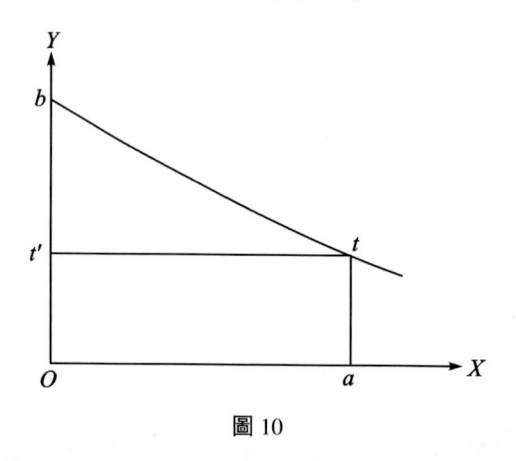

圖10

　　他從這個古典理論中得出三條重要定理。第一，李嘉圖理論所處理的只是比例；OX 代表的是資本和勞動對土地的**比例**。bt 是資本和勞動的邊際產品，at 是**每單位**資本+勞動的報酬。⑥ btt' 是**每單位**土地的報酬。⑦ 由此可見，該理

---

① 證據可參看 W. F. 奧斯古德：《高級微積分》，紐約，1935年，第121-122頁，或者 E. B. 威爾森：《高級微積分》，波士頓，1912年，第107-108頁。

② 威斯迪德沒有提到這事實就是尤勒定理。A. W. 福勒克斯第一次把這個定理與尤勒聯繫起來，見其對威斯迪德的評論，載《經濟學雜誌》IV（1894年），第311頁。

③ 《分配規律的協調》，第4、15、24頁。

④ 1884年10月10日，威斯迪德在給瓦爾拉斯的一封信中說，他發現《純經濟學要義》第一版是很難讀的，因為「我自己的數學知識很有限。」在《經濟科學常識》（倫敦，1888年）的前言中，威斯迪德為他「缺乏系統的數學訓練」致歉（第xiii頁）。

⑤ 威斯迪德正確定義了報酬遞減的條件，這在1894年仍然是一項鮮見的成就。這就是說，如果 $F(x)$ 是產品，其中 x 是資本-勞動，則 $F'''(x) < 0$（《分配規律的協調》，第13-14頁）。

⑥ 這個坐標主要是為對稱而引出來的。比較對實際量的討論（同上，第15、19頁註）。

⑦ 同上，第14-15頁。

論並不依賴於絕對量。第二，上述圖解顯然還可以反過來觀察。當沿著 OX 向右移動時，我們增加的是單位土地的資本和勞動量；當我們向左移動時，我們增加的是相對於資本和勞動的土地量。① 第三，作為第二點觀察的必然結果，地租可以被表現為土地邊際生產率，而利息和工資則是剩餘。圖解上唯一的差別是，OX 現在表示單位資本和勞動使用的土地，OY 表示單位土地的產品。如前所述②，這一顛倒的地租理論並不源自威斯迪德，但在先前的文獻中沒有更明確的陳述。

下一步是說明古典理論與邊際生產率理論的一致性。在古典理論之下，邊際生產率論是為那種「理想的混合物」即資本和勞動而提出來的，因為 at 顯然是 $\frac{dp}{dc}$，其中 p 是產品，c 是單位土地的資本和勞動。因此，資本和勞動的總份額就是 Oa 乘以 at，或者 $\frac{dp}{dc} \cdot c$。同樣，在相反的情況下，即土地應用於資本和勞動，土地的份額是 $\frac{dp}{dl} \cdot l$。這兩個邊際生產率是相互補足的，沒有不一致之處，因為每單位土地上資本和勞動的增加，也就是每單位資本和勞動的土地的減少。兩個觀察點導致的結果是：每單位土地的地租增加伴以每單位資本和勞動的利息和工資減少。

但是，至此僅說明了作為邊際產品的地租與作為剩餘的地租並無矛盾之處，還沒有說明兩種地租相等。這是論證的最後一步。威斯迪德為此用了很複雜的符號和長達 6 頁的笨拙的文字和相關的數學。③ 福勒克斯在評論《分配規律的協調》時大大簡化了這些符號和公式，我們這裡引用的就是這些簡化的公式和符號：

C = 資本和勞動；
L = 土地；
$x = C/L$；
$z = 1/x = L/C$；
$F(x) = x$ 單位 C 應用於一單位 L 時，每單位土地的產品；

---

① 同上，第 15–23 頁各處。
② 參看第 11 章。
③ 《分配規律的協調》，第 23–31 頁。

$\Phi(z) = z$ 單位 L 應用於一單位 C 時，每單位資本和勞動的產品。

按照古典理論，資本和勞動的報酬率是其邊際生產率，或 $f'(x)$。該要素的總份額是 $xf'(x)$，所以，剩餘的地租是：

$$F(x) - xf'(x) \tag{1}$$

因為 $F(x)$ 是單位土地的資本和勞動的總產品，所以 $\dfrac{F(x)}{x}$ 是每單位資本和勞動的產品。這可以寫成：

$$\varphi(z) = \frac{F(x)}{x} = zF(x) \tag{2}$$

因為 $\dfrac{dx}{dz} = -\dfrac{1}{z^2}$，所以

$$\varphi'(z) = F(x) + zf'(x)\frac{dx}{dz}$$

$$= F(x) - xf'(x) \tag{3}$$

總產品等於每單位資本和勞動的產品乘以資本和勞動單位數，我們可以寫成①：

$$P = C\Phi(z)$$

$$\partial P = C\partial\Phi(z) \tag{4}$$

我們已經定義 $L = C \cdot z$，所以，如果 C 不變，則有：

$$\partial L = C\partial z \tag{5}$$

用方程（4）除以方程（5），可得：

$$\frac{\partial P}{\partial L} = \frac{C\partial\Phi(z)}{C\partial z} = \frac{\partial\Phi(z)}{\partial z} = \Phi'(z) \tag{6}$$

將方程（6）代入方程（3），並以 $\dfrac{\partial P}{\partial C}$ 表示 $f'(x)$，可得：

$$\frac{\partial P}{\partial L} = F(x) - \frac{C}{L} \cdot \frac{\partial P}{\partial C}$$

或者

$$L \cdot \frac{\partial P}{\partial L} + C \cdot \frac{\partial P}{\partial C} = L \cdot F(x) = P \tag{7}$$

---

① 這當然等於假定生產函數是線性齊次的。這個假定是方程（4）的基礎，它可以重新寫成：$P = C\phi\left(\dfrac{L}{C}\right)$ 或者，如果 $C = \dfrac{1}{\lambda}$，$\lambda P = \phi(\lambda L)$。

最後這個方程就是我們所要的結果：當每個要素按其邊際生產率獲得報酬時，分配份額恰好分盡了總產品。作為剩餘的地租等於作為邊際產品的地租。

這個發展構成了隨後文獻大部分爭論的基礎，不過，威斯迪德沒有讓他的理論停留在這個形式上。他考慮了限於兩個生產要素即土地及資本和勞動的問題；分析了爭論不休的產品（P）性質問題：它們是實物的，商業的還是社會的？最後，關於競爭在他的理論中的作用。我們來探討一下這些問題。

威斯迪德十分理解把土地以外的所有要素都裝進一個資本和勞動籃子中的困難。這個箱子裡只有一種「理想的混合物」，資本和勞動是一個「很模糊的要素」，其中包括了「我們所不知道的東西」。[1] 他只用了兩個要素來論證，非常明顯是受到了平面幾何的影響。為了克服這些困難，他提出了兩種方法（實際上歸結為一種）。第一種是將該定理擴大到包括 n 個不定數量要素：

這個公式是很一般的。這種特殊勞動的單位可以是照料經理和企業主管的一個小時（質量已知）……可以是一定能力……或工具……的土地……某種要素用它們自己的單位加以表現，而且被認為它們在邊際上對產品的增加或減少有其獨立的影響。[2]

第二種方法已經暗含在前面的方法中了，即：基於要素對產品的影響，可將所有要素歸結為等價的。《分配規律的協調》在這一點上的陳述不是很明確，不太令人滿意[3]，但在後來的《政治經濟學常識》（1910 年）中，要素替代性得到了十分得體和精確的說明。[4]

關於生產函數的性質，實際上也就是維護線性齊次函數這個假定。如果產品被解釋為實物的，「那麼，很顯然，所有生產要素按比例增加將帶來產品的按比例增加」[5]。這個結論是基於暗中接受這種可能性：在產品保持不變的情

---

[1] 《分配規律的協調》，第 20 頁。
[2] 同上，第 12-13 頁；又見第 33-34、47 頁。甚至還提到冒風險也是一個生產要素（第 42 頁）。
[3] 參看第 39-40 頁。
[4] 參看本書第 48 頁。
[5] 《分配規律的協調》，第 33 頁。

況下，所有生產要素可以變動。① 不過，威斯迪德沒有明確維護這個假定。

作為一種可供選擇的方案，產品可以是社會效用。因為邊際效用遞減，所以這個定理只有在消費者被包括在生產要素之中時才能成立。② 這個結果沒有實際意義。讓我們轉向第三個重要的概念。

對分配理論來說，一個基本的產品概念是「商業產品」或「支配給其所有者帶來產品的工業優勢的大小」③。尤勒定理成立的條件是很嚴格的，即商品價格必須不變。能接受這個假定嗎？威斯迪德說，嚴格來說，只有在「經營區域」即市場相應增加時，價格才能固定。④ 不過，「做此假定顯然是不合適的」⑤。

擺脫這種困境有兩種辦法。我們可以假定完全競爭，從而可以忽略單個廠商的產量對價格的影響⑥。或者，我們可以假定需求具有很高的彈性，以致（用現代術語來說）邊際收入與價格幾無區別。⑦ 這兩種場合當然在分析上是一致的，但這種精細論述不是我們所需要的。我們從《分配規律的協調》中得到的不是一個普遍的分配規律，而是一個適合於通常的假定條件，即完全競爭條件下的分配規律。

威斯迪德後來對我們經濟學的歷史貢獻可以簡略總結如下。威斯迪德在對帕累托《政治經濟學手冊》（1906年）⑧ 的評論中，承認帕累托對他使用尤勒定理的批評是正確的⑨，同時他也接受了埃杰沃斯所暗示的同樣批評⑩，在《政治經濟學常識》中屢次表示收回過去的基本論證⑪。

對威斯迪德一般邊際生產率理論所遭受的這些批評，無論是他接受的還是其他他不接受的批評，我們將在下面予以分析。這裡有必要強調的是，他的收回不過是口頭的，他繼續保留著基本的假定，即生產函數是線性齊次的。有幾

---

① 參看，同上書，第37頁註。
② 同上，第34-35頁。
③ 同上，第33頁。
④ 同上，第34頁。
⑤ 同上，第34頁。
⑥ 同上，第36頁。
⑦ 同上，第36、37頁。威斯迪德的陳述與這裡說的嚴格一致。他以 $f(x)$ 表示價格，其中 x 是產量，所以總收入是 $xf(x)$，得自產量微小增量的收入增量為 $f(x)+x\cdot f'(x)$。威斯迪德的條件是：$f'(x)$ 是「極其微小的」。
⑧ 重印於《政治經濟學常識》，同上，Ⅱ，第814-818頁。
⑨ 參看帕累托，見下文。
⑩ 參看埃杰沃斯，見下文。
⑪ 《政治經濟學常識》Ⅰ，第373頁註。

方面理由支持這個論斷①。在《政治經濟學常識》關於分配理論的一章中②，威斯迪德詳細論述了這種生產要素能夠相互替代的理論：

在一定限度內，這些生產要素能夠在邊際上相互替代是再明顯不過了，以致形成了一種一般的邊際生產服務的尺度。儘管不能說僅靠勤勞和智慧就能造出磚而不要草，不過，智慧可以節省草；一個更聰明的人用更少的草生產的磚，能同另一個有更多草卻不甚聰明的人制出的磚一樣好。③

這個理論被表述得具有完全一般性，甚至「管理能力在邊際上可以替代熟練和聰明，反之亦然」④。通過這種在邊際上「適當的」替代性，可以將所有資源歸結為一個共同的可行的尺度，從而容易地得出分配問題的答案。「我們現在能夠表現每單位或相同單位的各種不同要素對成果的貢獻了；如果用這些單位數去除這些成果，我們就能決定每個要素所要求的份額。」⑤ 如果任何一個要素的價格不等於其邊際產品（在充分就業條件下），該要素的數量將會被增加或減少到達到這種相等為止；無論企業家的資源是什麼，「他都必須這樣均衡地使用這些資源，使其每一鎊的邊際意義相等，不管是支付在工資、地租、利息上，還是花費在其他方面。」⑥ 對邊際生產率理論的這一令人滿意的解說，並沒有依賴生產函數是線性齊次的假定，儘管這引來了其他異議。⑦ 但在《政治經濟學常識》其他各處，我們即將看到，他仍然保留著齊次和線性生產函數。

儘管口頭上有變化，但威斯迪德仍保留著先前的觀點，能表明這一點的最有力的證據包含在《政治經濟學常識》論地租的一章中。⑧ 這一章的整個論據都基於下列假定：

---

① 參看羅賓斯為《政治經濟學常識》撰寫的序言，Ⅰ，第 x-xi 頁。羅賓斯還指出，1905 年即已經出現批評之後，威斯迪德在他的課堂上還在使用《分配規律的協調》中詳細的數學公式（《政治經濟學常識》，Ⅱ，第 849、852 頁）。但這是在他公開收回的一年前，所以以上述說法不能作為定論。即使他在後來的課堂上繼續使用這個定理也說明不了更多問題。回想一下穆勒在《政治經濟學原理》第 7 版收回工資基金學說的理由吧，那是在他承認桑頓的批評是正確的之後（阿什利編，紐約，1929 年，第 xxxi 頁）。

② 第 1 篇第 9 章。
③ 《政治經濟學常識》第 361 頁。
④ 同上，第 363 頁；又見第 361-373 頁各處。
⑤ 同上，第 369 頁。
⑥ 同上，第 371 頁。
⑦ 參看下文，第 386 張。
⑧ 第 2 篇第 6 章。

60 小時耕種的每 80 單位土地的 1,260 誇脫，也就是 30 小時耕種的每 40 單位土地的 630 誇脫……①

對生產函數是線性齊次的這個表述，同可以適當要求的一樣明確。對威斯迪德保留他原先的理論看來還有疑問。唯一的問題是，他究竟為什麼要在口頭上放棄《分配規律的協調》中的這個論題。

他放棄一般邊際生產率理論顯然不是由於他的批評者的觀點有說服力，埃杰沃斯和帕累托的名望過大可能是一小部分原因。我認為，實際的原因在於威斯迪德的報酬規律理論存在著普遍的混亂。在《政治經濟學常識》這本很棒的著作中，關於報酬遞增和遞減的一章②可能是最不能令人滿意的。他的論述的基本缺點是沒有把**廠商**納入分析，而這在現在的研究中是極其重要的，因而他不能對其論據所根據的暗含假定進行充分的發揮。

福勒克斯，查普曼，埃杰沃斯

我們現在轉向三位英國經濟學家，他們在第一次世界大戰之前這個時期直接或間接地拒絕威斯迪德的理論。福勒克斯在《分配規律的協調》問世後不久即在《經濟學雜誌》撰文對該文予以評論；兩年後查普曼提出了第一個簡單的圖解；埃杰沃斯則批評了威斯迪德和查普曼。應當指出，我們這裡的研究不是嚴格按照年代順序進行的。

A. W. 福勒克斯對《分配規律的協調》的評論在一些方面是對威斯迪德最初論述的真正的改進。③ 他對作為一種剩餘的地租等於作為邊際產品的地租的論證（上面已經採用），比威斯迪德的論證還要精致得多。其次，福勒克斯強調說，線性齊次生產函數能夠容易地擴展到所有的生產要素，這可以避免不切實際的兩個要素分析。然而，不應因為福勒克斯的這個強調而導致不公正的推理，以為威斯迪德不知道這個特點。

福勒克斯對《分配規律的協調》的這個（產品分盡）論題的反應是讚成

---

① 同上，第 555 頁。參看：《政治經濟學的範圍和方法》，重印於《政治經濟學常識》，II，特別是第 792 頁：「在 1 英畝土地上用 3 英鎊，與將價值 1 英鎊的耕作用於 1/3 英畝土地是一回事；每英畝用 5 英鎊，也就是 1/5 英畝用 1 英鎊。」

② 第 2 篇第 5 章；參看本書前面第 3 章。

③ 同上。

的，但缺乏熱情。他主要是反對駁回地租是一種剩餘的觀點：

（威斯迪德）……遠未削弱認為地租是一種剩餘的人的立場……土地報酬可以表現為土地邊際生產率，這並沒有破壞地租作為一種剩餘概念的意義。將地租與其他各種要素區別對待，並使之有助於把土地報酬作為一種剩餘的基本特徵是，即使社會條件本身賦予它們（其他要素）的邊際用途真的很大，但在（其他）這些要素變化了的供給減輕對現有供給的過度需求之前，或是一定過去了好長時間，要不然就是（這些要素的）供給實際上無力做出任何的改變。①

無須評論這個反駁，因為它承認了威斯迪德的中心議題：當分配份額由邊際生產率原理決定時，產品會被分盡。不過，可以說，即使接受古典派的地租理論，產品會被分盡的理論也沒有損失什麼，而且，如果以邊際生產率理論來表述，在準確性和明確性方面定會獲益匪淺。可以指出的是，福勒克斯在他後來的《經濟學原理》② 中，對威斯迪德理論的讚成有所增加。

西德尼·J. 查普曼在關於使用尤勒定理的爭論中所起的作用相對較小，但他的《雇主的報酬》③ 一文理應引起注意，主要有三點。他提出了一種精緻的幾何圖式證明，說明剩餘份額等於獲得該份額的生產要素的邊際產品；他明確引進了（雖然沒有解決）外部經濟問題；最後，他的分析對於理解埃杰沃斯拒絕一般邊際生產率理論來說是必要的。

查普曼的圖式沿用通常做法，假定只有企業家和勞動者兩個要素，而且它們各自都是同質的。他的論證表明企業家獲得他們的邊際產品，但根據相似的論據可以輕易說明這對土地也是對的。假定由一個企業家（在一個設定的經濟中是 Z 個企業家）相繼雇用的勞動單位的邊際生產率，以圖 11 中的 DD' 表示，按照通常的做法，以 OX 表示勞動單位數，OY 表示邊際產品。一個企業家的總產品是 $OabD$，因為每個企業家雇用的勞動者是 Oa。工資率是 ab，工資額是 $Oabc$，企業家的利潤是 Dbc。這個經濟的總產品是 $Z \times OabD$。

---

① 同上，第 312 頁。埃杰沃斯曾讚同地引用這段話，見《論文集》（倫敦，1925 年），Ⅲ，第 272 頁；馬歇爾《經濟學原理》，第 4 版，倫敦，1905 年，第 609 頁註。

② 倫敦，1904 年。他在這本書中（第 314 頁）說：「威斯迪德在討論分配問題時提出了一個令人驚奇的命題」，並復述了尤勒定理。福勒克斯還指出了這樣一個事實：在實際生活中，這個定理對於小的（雖然不是大的）乘數值 m（指我們的 λ，參看上文，第 325 頁）是成立的。「如果 m 遠非不一致的話，這個命題對各種生產可能就是真的，而它對 m 的所有價值不是真的。」

③ 《經濟學雜誌》，XVI（1906），第 523-528 頁。

圖 11

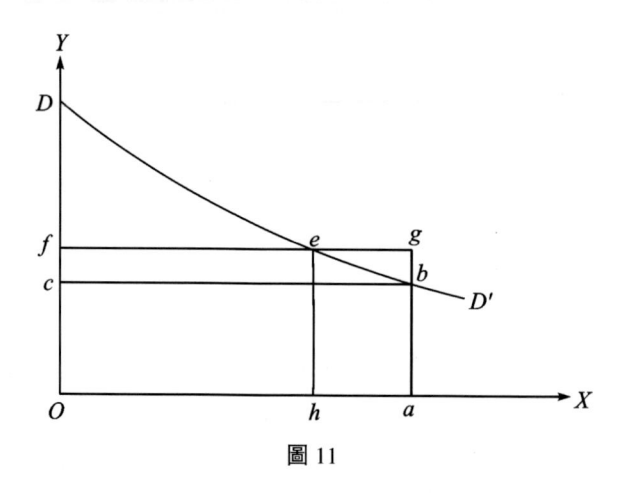

現在，給經濟中增加了一個相同的雇主。每個雇主管理的勞動者是 Oh，如果勞動者的供給保持不變，ha 勞動者將從受雇於每個雇主到受雇於 $(Z+1)$ 個企業家。每個地方的新產品將是 $OheD$[①]，其中 $Ohef$ 是工資，Def 是利潤。該經濟的總產品將是：

$$(Z+1)(OheD) = Z \times OheD + OheD = Z \times OheD + Ohef + Def$$

有必要指出，$Ohef = Z \times hage$。這個等式只是暗示新工資額和利潤對所有的雇主都是相等的。因為 ha 是 Z 個雇主中的每個雇主不得不讓給第 $(Z+1)$ 個雇主的勞動者總數，因此，$Z \times ha$ 就是由第 $(Z+1)$ 個雇主雇用的勞動者數。根據假定，這等於 Oh。[②] 因為所有雇主是同樣生產的，所以勞動邊際生產率對每個雇主來說都是 he。繼續：

$$(Z+1)(OheD) = Z \times OheD + Def + Ohef$$
$$= Z \times OheD + Def + Z \times hage$$
$$= Z \times OheD + Def + Z \times heba + Z \times egb$$

但是，增加第 $(Z+1)$ 個雇主之前，產品是：

$$Z \times OabD = Z \times OheD + Z \times heba$$

從新產品中去掉舊產品，可得到歸屬於第 $(Z+1)$ 個雇主的新增產品，它是 $Def + Z \times egb$。然而，當 Z 值很大時，ha 以及 $Z \times egb$ 就會接近於零，可以忽略不計，剩餘 Def 就與邊際產品 Def 相一致了。

只有當雇主人數不影響該廠商的勞動邊際生產率時，即不存在外部經濟

[①] 假定 DD' 曲線（即生產函數）不隨資源重組而改變，即該生產函數是線性齊次的，而且沒有外部經濟。

[②] 代數證明如下：在增加第 $(Z+1)$ 個雇主之前，$Z \times Oa = k =$ 經濟中的總勞動數。增加一個雇主之後，$(Z+1) \times Oh = k =$ 相同數量勞動。因此，$Z \times Oa = (Z+1) \times Oh = Z \times Oh + Oh$。但是，因為 $Oa = Oh + ha$，所以，$Z \times Oa = Z \times Oh + Z \times ha = Z \times Oh + Oh$，結果，$Z \times ha = Oh$。

時，DD'曲線將保持不變。如果出現了外部經濟，這種場合可以被稱為報酬遞增，曲線DD'將會隨企業家的增加而上升。這種情形是「非常可能的」，因為企業家的增加將會「加強行業的專業化」①。在這裡引述一下查普曼關於報酬遞增場合的結論就夠了：

當雇主數目增加，報酬也如上所述「遞增」時，利潤最終等於雇主的邊際價值減去該邊際雇主對每個廠商的產品帶來的影響與廠商數目之乘積。因為遞增報酬的顯現是緩慢的，所以雇主的利潤和邊際價值的數量在一個可以感知的時間內是難以覺察的。②

由外部經濟所引起的報酬遞減場合，可以用下移的DD'曲線來表達。在這個場合，利潤將超過雇主的邊際價值③。這個論證可以很容易地從企業家擴展到其他生產要素。④

---

① 《雇主的報酬》，同上，第524頁。
② 第525頁。
③ 第526頁。
④ 這一段論證可以數學形式更精確地加以說明。這裡對查普曼的註釋（同上，第526頁註）稍有修改。
符號如下：
$$x = \text{一個廠商的勞動者};$$
$$z = \text{雇主};$$
$$P = f(x, z) = \text{一個廠商的生產}。$$
然後得出：
$$\frac{dP}{dz} = \frac{\partial P}{\partial x}\frac{dx}{dz} + \frac{\partial P}{\partial z} \tag{1}$$
因為勞動保持不變，$xz = c = $不變，
以及
$$\frac{dx}{dz} = -\frac{x}{z}$$
因此，
$$\left(\frac{dP}{dz}\right)_c = \frac{dP}{dx}\left(-\frac{x}{z}\right) + \frac{\partial P}{\partial z} \tag{1.1}$$
以及
$$\left(\frac{d[zP]}{dz}\right)_c = P + z\left(\frac{dP}{dz}\right)_c \tag{2}$$
將方程(1.1)代入方程(2)，得：
$$\left(\frac{d[zP]}{dz}\right)_c = P + z\left[\frac{\partial P}{\partial x}\left(-\frac{x}{z}\right) + \frac{\partial P}{\partial Z}\right] \tag{2.1}$$
或者
$$P = \left(\frac{d[zP]}{dz}\right)_c + x\frac{\partial P}{\partial x} - z\frac{\partial P}{\partial z}$$
因為$\frac{\partial P}{\partial x}$是工資率，$x\frac{\partial P}{\partial x}$是工資額，所以，產品的剩餘等於雇主的邊際產品$\frac{d[zP]}{dz}$，加上或者減去廠商數對每個廠商的產量的影響，乘以廠商數或者$z\frac{\partial P}{\partial z}$。如果沒有外部經濟或不經濟，則$\frac{\partial P}{\partial z} = 0$。

因為查普曼是我們研究的這個時期內將外部經濟和不經濟明確引進邊際生產率理論的唯一經濟學家，所以需要在此論述一下這個問題。查普曼的生產函數是 $f(x, z)$，其中 x 是勞動者數量，z 是企業家數目。① 這種方法暗含著廠商數量將只是企業家數量的函數，而這不是真實的。因為企業家可能變成勞動者，廠商的規模（以及廠商的數目）將被確定在平均成本最小化的一點②。假定已知需求條件、技術以及生產要素的供給條件。一旦達到了均衡狀態，則 $\frac{\partial f}{\partial z} = 0$。廠商的數目絕沒有明確進入分配問題，因為它不是單個廠商生產函數的一個變量。③ 查普曼引進 z，因為他的生產函數是整個工業的函數。然而，在競爭工業中，整個工業的生產函數對單個企業來說是沒有意義的。只有在「福利」經濟學中才需要設定這樣一種函數。

埃杰沃斯在這場爭論中的作用既不重要也不值得稱讚。他的某些論證近乎嘲諷，其餘則基於明顯的誤解。他的更激烈的評論是眾所周知的：

這（即線性齊次生產函數）肯定是一項值得注意的發現，因為產品和要素之間的關係竟然可以置市場的作用於不顧：「一種有關工業要素和產品化合與分解的分析和假定的規律，同樣可以存在於魯濱孫的孤島和美洲的公社，存在於由風俗習慣支配的印度村落，以及典型的現代工業的競爭中心。」呈現在這個概括中的是一幅宏偉的畫面，它讓人想起哲學的青年時代。古代的賢人說，正義是一個完美的立方體；現代的學者說，合理的行為是一種齊次方程式。④

這段話是對威斯迪德立場的高度誤解。威斯迪德的確談到過魯濱孫的孤島之類，但那僅僅與實物報酬相關；他的措辭有些不當，但他的論述並不錯。就在埃杰沃斯引述的一段話中，威斯迪德說：「實際上，這個規律說明的是，在

---

① 因為廠商的**數目**在外部經濟理論中只有附帶意義，所以，庇古的解釋（基於工業的規模）是合宜的。由於從總成本而不是從收益出發，他將第 r 個廠商的函數寫成 $f_r(x_r, y)$，其中 x_r 是該廠商的產量，y 是該工業的產量。參看庇古：《福利經濟學》，第 4 版，倫敦，1932 年，第 II 部分，第 2 章、第 11 章；附錄 III。

② （在長期內）平均成本曲線具有一個最低點的各種條件，將在本章結論中加以解釋。又可參看庇古：《靜態經濟學》，倫敦，1935 年，第 24 章。

③ 當然，外部經濟是廠商總成本函數的一個暗含的變量，對生產服務的價格和數量及生產函數的性質起作用。

④ 《論文集》，同前，I，第 31 頁。這段話最早出現在 1904 年的《經濟學季刊》上。

一個自由競爭的共同體中」，要素不會接受低於其邊際產品的報酬。① 埃杰沃斯在別處還推測說，威斯迪德這個荒謬的理論是急於為企業家利潤辯護的結果。②

在論述報酬規律的一篇有力的論文（1911年）中，埃杰沃斯這樣批評線性齊次生產函數這個假定：

情況很可能是，與不經過原點的線上的若干點相對應的增量的比較，表面上所顯示的可能是**凸向**(x_1, y_1) 區域，可是，通過第二種方法的檢驗，它卻是凹向的。對於所有生產要素在某種生產中增加了例如α：1（此處α>1），產品是否會增加這樣的問題。一些作者對其賦予了極端的重要性，我對此則不敢苟同。事情與企業家擁有的函數 z 的性質沒有什麼干系，經濟學家應當特別關注的是最大化的條件。③

這是最曖昧不明的一段。埃杰沃斯在字面上說的好像是：線性齊次生產函數破壞了正確的報酬遞減概念——而這是不對的。④ 但他也可能說的是，在工廠規模報酬不變條件下，競爭的不穩定性。⑤

埃杰沃斯在爭論中的其他參與，同查普曼的重新表述有關。⑥ 埃杰沃斯沒有就其表面上容易遭受傷害的方面即外部經濟和不經濟的出現，攻擊一般邊際生產率理論。他說，這些經濟「一般來說不是微不足道的」，但是，不管是否存在經濟還是不經濟，都可以假定它們不存在或者相等，以之作為「最**有可能的**一般陳述」——這是他所喜愛的推理演繹或未經證實的概率論方法。⑦ 他不承認這個理論至少是第一近似值，作為一種替代，他提出了一種完全不相干的考慮。在圖11中，上漲的工資是由 bg 表示的，埃杰沃斯的批判就集中在這

---

① 《分配規律的協調》，第42頁。
② 「也許急於證明在競爭狀態下利潤等於零這一點，促使一位傑出的經濟學家認為產品是各種生產要素的**齊次方程**，還使其他理論家含蓄地提出了關於這個方程式的論述，而這個方程之所以錯誤較少，是因為它不太明確」（《論文集》，Ⅱ，第469頁註）。還值得注意的是，在一個曖昧不明的段落中埃杰沃斯看來否認邊際產品額乘以要素將分盡總產品（同上，Ⅱ，第305頁）。第一段話最先出現在1915年《經濟學雜誌》上；第二段話是1889年在不列顛協會的演講。
③ 同上，Ⅰ，第75-76頁。
④ 例如，生產函數 $P = X^\alpha Y^\beta$（此處 $\alpha+\beta=1$）的偏導數顯然是負值。
⑤ 參看下文，結論。
⑥ 《論文集》，Ⅱ，第331-339頁（《經濟學雜誌》，1907年）。
⑦ 同上，Ⅱ，第332，333頁。

個上漲的工資上：「這個論證顯然是以工人總數和工作總量不變為假定的。但是，一般來說，不能這樣假定。市場的這一方出價上漲會引起另一方也跟著漲價。」① 埃杰沃斯承認，如果使用的不是勞動，而是土地這樣固定的資源，這個定理「實際上是真實的」；「但是，」他繼續說，「使用的是什麼？怎樣安慰這些佃農呢？他們抱怨他們的產品份額是這樣小，以致『這個報酬原理本身是不公正的』。」②

第一個批評（即其他要素的數量不會保持不變）完全不得要領。我們可以假定——通常就是這樣做的——其他要素保持不變，因為與這個定理有關的是「正常的」價值，而不是「世俗的」價值。生產要素供給的變動並沒有破壞邊際生產率理論，而埃杰沃斯在其他問題上也完全瞭解這一點。③ 第二個批評是荒謬的：經濟理論何時被認為從倫理觀點來看應是無懈可擊的？在埃杰沃斯正式表述的分配理論中，我們已經看到④，他實際上接受了邊際生產率理論。

馬歇爾

在轉向歐洲大陸的經濟學家之前，我們可以考慮一下馬歇爾的觀點。在其早期的《工業經濟學》（1881年）中，馬歇爾提出了邊際生產率理論，這在英國也許是朗菲爾德和巴特以來的第一次。當然，這個理論在《經濟學原理》中得到了更有力的表述。下面這段話則足以說明其早期的立場：

資本借貸需求所遵循的規律，類似於銷售商品所遵循的規律。就像存在一定量的能以任何價格發現購買者的商品，並且價格上漲時其銷售量就會減少一樣，使用資本也是如此。在一個國家任何一種生產工藝狀態下，都會存在一定量資本，當它們被用於工業的各種交易時，如果允許「年收益和利息基金」的份額能占到資本的7%，這些交易就是值得的⋯⋯如果為使用資本而必須支付6%，那麼就值得使用更大量的資本⋯⋯現行利息率衡量資本對每個購買者

---

① 同上，Ⅱ，第337頁。
② 同上，Ⅱ，第338頁。
③ 對龐巴維克的回答，同上，Ⅲ，第61-62頁；又見：Ⅰ，第35-36頁。
④ 本書第5章。

的最後效用；那也就是他剛剛打算使用的那筆資本對他的收益。①

一個製造業者的管理報酬代表他的工作為資本和工業總產品所增加的價值；這些報酬與對其勞動的有效需求是相適應的，就像一個雇傭勞動者的工資與對其勞動的有效需求相適應一樣……對任何熟練勞動的報酬也是如此；這種勞動的供給每有增加，都會傾向於減低其工作的最後價值，從而減低其報酬。②

分離出一種生產服務的純產品的困難已經提到了③；我們將會看到，這一點在《經濟學原理》中起著極其重要的作用；在一個涉及工資的邊際生產率理論的腳註中，我們甚至還被提醒說：「一些作者弄錯了關於工資的這種陳述。其實它只是以新形式表述的這個規律——『價值傾向於等於生產成本』。」④

現在轉向馬歇爾的《經濟學原理》。首先可以看到，馬歇爾《經濟學原理》第8版的立場，至少與30年前一樣，距離願意考慮或完全接受邊際生產率理論還很遠，儘管第1版（1890年）已經包含了這個理論的基本點。馬歇爾在該問題上的思想發展值得詳細研究。

對生產要素的需求的分析，在《經濟學原理》各版中都比較簡略；在初版中只占了不足12頁。替代法則是他的分析的基本依據，他對這個法則提出了一個典型的馬歇爾主義定義：

在生產者的知識和商業企業的限度內，他們在每個場合都會選擇最有利於自己目的的生產要素，這是理所當然的。作為一個法則，所使用的這些要素的供給價格，將低於能夠替代該要素的其他任何要素的價格。⑤

馬歇爾沒有考慮生產服務之間可能替代的範圍，但是，給人的印象是，這個法則實際上具有廣泛的適用性：「……承辦者會不停地努力調整他的安排，

---

① 《工業經濟學》，第2版，倫敦，1881年，第123-124頁。我沒有看到第1版（1879年）；不過，第2版和最後一版的序言都沒有提到相關段落有什麼修改。
② 同上，第142-143頁。
③ 同上，第133頁。
④ 同上，第133頁註。
⑤ 《經濟學原理》，第1版，倫敦，1890年，第401頁；又見第517、543頁（特別重要）。

以期以既定的開支獲得更大的成果，或以更少的支出取得相等的成果。」①

馬歇爾從替代理論直接轉向對生產要素的需求：

每個要素在其每種邊界用途上的效率，或者，換句話說，它在生產中的邊際效率，將直接同必須支付給它的價格成比例……

……熟練勞動和非熟練勞動的工資，與它們在無差別邊際的效率保持著相同的比例。②

儘管馬歇爾說邊際生產率要同生產服務的價格**成比例**，但在該理論的最終原則，即一種服務的分配份額**等於或者決定於**它的邊際產品這一點上，他還是有些猶豫不決。這種態度的部分原因，可能是他不大願意賦予需求因素更大的重要性。

當我們研究決定生產要素的邊際效率的原因時，無論是哪種勞動或物質資本，我們發現答案要求知悉那個要素的供給量，進而瞭解決定該供給的原因。任何一種東西，無論它是某種特定的勞動、資本或其他物品，其價值的決定，猶如拱門之基石，以兩邊相互對抗壓力之間的均衡為基礎。一邊是需求的力量，另一邊是供給的力量。老一輩經濟學家在研究供給力量時，受其直覺的正確指導，知道研究這些供給力量更為迫切，也更加困難。③

這個論證當然不能令人滿意。邊際生產率理論沒有解釋一切，這是誰都承認的。然而，它包含著解釋靜態經濟下（即馬歇爾所說的「長期正常」價值場合）分配的基本要素。說它「是對工資規律的部分解釋，而且僅僅是一小部分解釋」，這是一種誤導。④

馬歇爾不完全接受邊際生產率理論的主要理由，看來是衡量生產服務的邊

---

① 同上，第 517 頁。
② 同上，第 544-545 頁；又見第 556-558 頁。
③ 同上，第 546-547 頁。C. V. 肖夫在評論 J. R. 希克斯的《工資理論》（同上）時，認為馬歇爾只將邊際生產率理論應用於被雇傭的勞動量，而不是可得的勞動量（參看《經濟學雜誌》，XLIII，1933年，第 462-463 頁）。我沒有發現支持這種說法的根據。
④ 《經濟學原理》，第 1 版，第 546 頁。馬歇爾強調供給無疑是由於他不願意接受靜態經濟的抽象。

際生產率的困難。

許多不同種工業的報酬,其中之一幾乎總是監督者和管理者的報酬,要進入生產費用,從而進入要銷售的幾乎任何東西的價格。為了從產品價格中得出這些勞動者之一的報酬,我們必須找出所使用的資本的利息,還要找出其他工業的報酬,將它們從上漲的產品價值中減去。我們不能完全準確地說出勞動工作的折扣值,但是我們仍然可以說出勞動的純產品。一部機器的純產品,就是它所進行的工作的價值減去使其運作的費用,這些費用包括管理者報酬……這個陳述不是一個獨立的工資理論,如一些人想像的那樣,而只是一個表達類似學說的特殊方式。這個學說認為一切東西的價值都傾向等於其生產費用。①

在一個特殊場合(即現在聞名的邊際牧羊者),當增加一單位勞動而不需要增加合作的生產服務時(即生產系數的變動是明顯的),我們可以說勞動者的工資等於他的邊際生產率。馬歇爾得出的結論有些不夠前後一致:「儘管形式有所不同,但問題的實質在每個其他工業都是相同的:每個階級勞動的工資傾向等於該階級的邊際勞動者的新增加勞動的產品。」②

最後,我們注意到數學註釋 XXV,它包含著第二版以後各版註釋 XXIV 的內容。③ 以 H 表示總滿足,V 表示總成本(以努力計)。V 是 $a, a', a''\cdots$ 即「各種不同勞動的不同量」的函數,H 是 $b, b', b''\cdots$ 即「所提供的不同產品的不同組合量」的函數。滿足最大化的條件是:

$$\frac{dV}{da} = \frac{dH}{db} \cdot \frac{db}{da} = \frac{dH}{db'} \cdot \frac{db'}{da} = \cdots$$

$$\frac{dV}{da'} = \frac{dH}{db} \cdot \frac{db}{da'} = \frac{dH}{db'} \cdot \frac{db'}{da'} = \cdots$$

因為這些方程是以效用和反效用表現的,所以它們只能適用於個人,雖然馬歇爾沒有明確地做出這個限制。它們表示這個定理,即生產要素 a 的邊際(效用)產品 $\frac{dH}{db} \cdot \frac{db}{da}$,等於它的邊際成本。

這個陳述在《經濟學原理》第二版(1891年)中沒有實質的變化,一個

---

① 同上,第547-548頁。
② 同上,第549頁,又見第563、564頁。
③ 同上,第749頁。下列方程式中的導數當然是偏導。

變化是增加了一個腳註，對「邊際牧羊者」分析的範圍做了限制：

　　這種估計一個人勞動的純產品的方法，不能輕易地用於那些擁有大量資本，並且必須不斷投資建設貿易聯繫的工業，特別是如果它們遵守報酬遞增規律的話。這裡仔細研究這些困難沒有什麼必要，因為這些錯綜複雜的困難都是技術性的。①

　　另一個變化是在數學註釋 XIV 中增加了一部分內容，讚同地提到了埃杰沃斯關於邊際生產率理論的論述。②

　　第三版（1895 年）出現了許多重要變化，擴大和改寫了對生產要素需求的討論。③ 論述純產品學說的保留態度有所減少：企業家「將估計在最好情況下他能為其總產品價值增加多少**純**價值，這些產品是使用一定增量要素所帶來的……他將盡力將每個要素使用到這一邊際，在這個邊際上它的純產品將不再超過他必須為它支付的價格」④。馬歇爾增加了一節，其中包含對資本需求的類似理論。⑤ 但在一個新腳註中（這是馬歇爾典型的論證工具），提出了即使在廠商並不遵守報酬遞增的情況下衡量生產服務的純產品的困難：

　　此外，在我們選擇的例外場合，在支配牧羊人的工資方面，該牧羊人的純產品所起的作用，並不會比農場的最後一個（邊際的）牧羊人的純產品的作用更大；這些牧羊人如不能在土地、建築、工具和管理勞動等方面提供相當數量的額外支出，他們在這些農場就不能得到有利的雇用。這些牧羊人的純產品不能簡單地加以確定；它是一種派生需求（參看第 5 篇第 6 章），要求我們考慮為獲得其他要素的協助所必須支付的價格。⑥

　　參看關於派生需求的一章肯定是誤導：在那裡所做的固定生產系數的假定，取消了而不是支持了這個腳註所討論問題的結論。

---

　　① 同上，第 2 版，倫敦，1891 年，第 567 頁註。
　　② 同上，第 757 頁；參看本書第 131 頁（極為重要）。
　　③ 同上（第 3 版，倫敦，1895 年），第 576 頁（極為重要）。
　　④ 同上，第 581 頁。兩個連貫的句子在引證時放在一起了。
　　⑤ 同上，第 585 頁特別重要。但他又說（第 585 頁），這些觀點「不可能用於利息理論，同樣也不能用於工資理論，如果不要循環論證的話」。
　　⑥ 同上，第 583 頁註 2。

數學註釋 XIV 在第三版終於有了確定的形式。① 對方程式（如上所述）做了更廣泛的解釋：「對木匠勞動的（邊際）需求是木匠勞動在增加其產品上的（邊際）效率，乘以該產品的（邊際）需求價格。」② 馬歇爾說，這就等於說工資等於純產品的價值。「這個論斷是很重要的，它本身包含著分配理論的需求方面的核心。」③

這個註釋被擴大到包括其他生產服務。以 x_1, x_2……表示不同等級的勞動，y_1, y_2……表示各種原料（含土地），z 是資本，u 是企業家的「勞動、煩惱、憂慮、操心和折磨」。如以 V 表示支出（貨幣），H 是收益，則：

$$\frac{dV}{dx_1} = \frac{dH}{db} \cdot \frac{db}{dx_1} = \frac{dH}{db'} \cdot \frac{db'}{dx_1} = \cdots$$
……
$$\frac{dV}{dy_1} = \frac{dH}{db} \cdot \frac{db}{dy_1} = \frac{dH}{db'} \cdot \frac{db'}{dy_1} = \cdots$$
……
$$\frac{dV}{dz} = \frac{dH}{db} \cdot \frac{db}{dz} = \frac{dH}{db'} \cdot \frac{db'}{dz} = \cdots$$
$$\frac{dV}{du} = \frac{dH}{db} \cdot \frac{db}{du} = \frac{dH}{db'} \cdot \frac{db'}{du} = \cdots$$

「這就是說，營運商願為第一級勞動提供的少量供給 δx_1 所做的邊際支出，即 $\frac{dV}{dx_1} \partial x_1$，等於：

$$\frac{dH}{db} \cdot \frac{db}{dx_1} \partial x_1 \cdots \quad \rfloor ④$$

《經濟學原理》的最後一個變化在現在研究的問題上有重要意義。威斯迪德的《分配規律的協調》一文在馬歇爾《經濟學原理》第三版前一年已經問

---

① 同上，第798-805頁。在致科爾森教授的一封信（大約在1907年）中，馬歇爾說，數學註釋 XIV-XXI 大約在1870年就形成了——甚至在杰文斯的《政治經濟學理論》問世以前。參見：A. 馬歇爾. 他自己眼中的數學家 [J]. 經濟計量學，Ⅰ（1933）：221-222.
② 《經濟學原理》（第3版），第800頁。這個公式顯然也包括不完全競爭場合，不過這個延伸與現在的討論無關。
③ 同上。
④ 同上，第801頁。在正文（第463頁註）中也提出了基本相同的論點。

世，馬歇爾多次提及威斯迪德的論證。① 對《分配規律的協調》的評論有兩點相關。第一，馬歇爾讚成福勒克斯的觀點：土地的重要特徵是其供給的固定性，而不是其報酬的剩餘性質。② 第二點與國民收入有關。在過去的版本中，馬歇爾說過所有分配份額均來自（而且分盡了）國民收入。③ 他現在繼續說：

此外，一般來說，它（產品）在它們（分配份額）中的分配，是與人們對生產要素服務的需求——不是總需求，而是**邊際**需求——成比例的。這是指處於這一點的需求：在這一點上，人們稍多購買一點一個要素的服務（或其成果），或者用其資源更多地購買一些其他要素的服務（或其成果），對他們來說是無差別的。

這樣，國民收入就被每種生產要素所有者按其邊際比率所得的報酬完全吸收了……④

討論涉及威斯迪德在《分配規律的協調》一文第 46 頁的下列說法：

只要我們完全明確地理解了如下一點，即在通常所謂正常條件下，邊際分配將會分盡產品，而且在每個要素都按其邊際效率取得報酬份額時，什麼東西也不會留下——這時，我們才找到了一種科學分析方法，說明任何一種要素的分配份額可以最大化。

後來的版本與這裡的問題關係不大。在第 4 版（1905 年）及以後各版中，刪掉了上述最後引證的威斯迪德的話，保留了邊際歸屬分盡產品理論。⑤ 到了第 5 版則實際上取消了對該理論適用性的所有暗示。

可以在沒有相應增加資本對土地和原料等供應的情況下增加一個工人，這個論斷並沒有改變邊際產品問題的實質；它不過稍微簡化了這個問題的形式。

---

① 馬歇爾反對地租可能是負值的概念（同上，第 241 頁註 2），不過這裡可以放過這個奇怪的想法。
② 同上，第 604 頁註。
③ 同上（第 1 版），第 561 頁。
④ 同上（第 3 版），第 605 頁及註。最後這一句在後來的版本中被刪掉了。
⑤ 同上（第 4 版），第 609 頁。

在這個例外場合，我們不必停留在需要適當調整各種生產要素，以使它們被消耗到這一點，在這一點上對它的任何進一步使用的效率，在比例上將小於進一步使用其他要素的成本。①

這看來是向邊際生產率論繳械投降了，但在正文中他又否認了「要求將它作為一種工資理論」。② 我們可以略過後來那些次要的改動，直接來分析馬歇爾最後的立場。③

馬歇爾勉強但毫不含糊地接受邊際生產率理論，是一個需要解釋的問題。他要求強調供給（這在後來各版中有所減弱），這個考慮與這個問題在理論分析上沒有關係，儘管它在馬歇爾的解釋中起著重要作用。

對邊際生產率理論的兩點可能的異議，與馬歇爾堅持使用純產品概念有關。④ 第一點，新增一個單位資源（即牧羊人）的產品，部分原因在於更集約地使用了其他資源（即土地或資本）。一些經濟學家持此錯誤觀點⑤，但馬歇爾是明確反對的：

他（霍布森）斷言，如果任何生產要素的邊際使用遭到縮減，那將使生產擾亂，以致其他要素的功效比以前有所下降；因此，所引起的總損失將不僅包括該要素的真正邊際產品，而且也包括其他要素的一部分產品。但他似乎忽略了下述各點：①有一些經常起作用的力量，這些力量有使資源在其各種不同用途方面的分配得到如此調節的趨勢，以致任何分配不當在其變得更嚴重之前就會得到糾正。這個論點並不要求對過分分配不當的例外場合予以適用。②當分配十分恰當時，要素使用比例方面稍有改變，將減少該分配的效率；所減少之量和那種變動比較起來是很小的（用術語來說，它屬於「二級小數」）。因此，相對於那種變動它是可以不計的（用純數學術語來說，效率可以視作要素比例的一個函數。如效率達到最大限度，則這些比例中的任何一種的微分系

---

① 同上，第5版，倫敦，1907年，第517頁註。最後這句重要的話在後來的版本中被刪掉了。
② 同上，第519頁。
③ 此後所有參考資料均指第8版（倫敦，1920年），除非另有說明。
④ 即：「一個工人的報酬有等於他的勞動純產品的趨勢這一原理，就其本身來說是沒有實際意義的；因為要計算純產品，除他的工資外，我們還必須假定他所創造的那種商品的全部生產成本。」（《經濟學原理》，第518頁）這句話打開了長期和短期的區別。馬歇爾的所謂長期看來是以幾代人衡量的，也就是說，他的觀點是一種歷史主義的觀點。
⑤ 例如：H. 邁耶爾. 歸屬 [M] // 政治科學辭典. 4版. 1928；Ⅷ，1206-1228.

數等於零)。因此,如果不計霍布森先生所忽略的那些因素,就會犯嚴重的錯誤。③在經濟學中如在物理學中一樣,變動一般是連續不斷的……①

第二點當然是結論性的:不可變動資源的生產率的變動只涉及更高階微分學,因此予以忽略。

在衡量邊際產品方面的另一個主要困難來自替代規律的失效。否則,選擇某個假定的牧羊人就沒有意義了,這個牧羊人「在設備或資本方面不需要任何額外支出」,而且他「為農戶自己節省的勞動與他在其他方面給農戶帶來的麻煩一樣多」②。這無疑暗含著替代規律發生作用的限制,這同馬歇爾對替代規律的明確分析是不一致的,這種分析多半歸於馬歇爾的陳述。③

我認為,一般來說,馬歇爾的純產品和邊際產品是一致的,他的分配理論就是邊際生產率理論,儘管有些相反的告誡。因為他沒有明確考慮固定系數的可能性(在他論證的這個階段)④,所以,下面這句話(可能因重複而受到異議)應被理解為他直截了當地接受了邊際生產率理論:「在每個場合,收入都傾向等於邊際純產品的價值。」⑤ 其次,馬歇爾接受了威斯迪德關於產品分盡的論證,儘管從《經濟學原理》第 5 版起他隱去了它的作者,但絕沒有拋棄使用尤勒定理的判斷。

巴羅內,蒙特馬提尼

儘管現在已經明確,講英語的經濟學家並沒有完全忽視威斯迪德的理論,然而,下面這一點也是真的:對一般邊際生產率理論的主要關注是來自歐洲大陸經濟學家,特別是巴羅內、帕累托、瓦爾拉斯和維克塞爾。現在我們就來討論他們的著作。

---

① 《經濟學原理》,第 409 頁註。這個腳註第一次出現在第 5 版。
② 第 515-516 頁。
③ 這個解釋顯然與希克斯的說法是一致的。見:希克斯. 邊際生產率和變動原理 [J]. 經濟學雜誌, XII (1932): 86-88; 又見: D. H. 羅伯遜.《經濟雜談》,第 47-48 頁。
④ 的確,在先前各個版本中,不連續性只是作為次要之點提了一下,例如《經濟學原理》,第 5 版,第 406 頁註。
⑤ 同上(第 8 版),第 535 頁。可以很方便地指出與邊際生產率理論相關的重要段落:同上,第 341、355 (極為重要)、404-406、410-411、447-449、514 (極為重要)、532、534-536、538、544、598-600、601、667 頁,還有數學註釋 XIV、XIV (兩次) 和 XVI。

巴羅內關於邊際生產率理論的最早作品是他對維克塞爾《論價值、資本和地租》的評論（1895 年）。① 這部早期作品只因將 numerio per anticipare 或預期資本引進生產函數而聞名。② 預期資本等同於流動資本——要求在生產時期開始時預支給勞動者，併購買原料等。巴羅內對邊際生產率理論的陳述是以維克塞爾理論為基礎的，但他對這個理論的認識要比維克塞爾更加明確，這從下述引文即可看出：「……每單位產品成本最小化的條件，要求每種要素的使用不能超過這一點，否則該要素的新增量所帶來的產品增量不再足以補償該要素的增量。」③ 巴羅內的著名著作《分配理論研究》理應受到更多的關注。④ 關於這些文章可以事先交代幾句。巴羅內的中心理論、邊際生產率理論，是在 1894 年提出來的⑤，大約在他知悉威斯迪德的著作之前。1896 年開始連載文章，但在第二次連載之後就中止了，因為帕累托在私人信件中使巴羅內相信他的分析有很多錯誤。⑥ 這些錯誤是什麼，我們不得而知，但可以保險地說，這些錯誤與威斯迪德和瓦爾拉斯的觀點是一致的，而帕累托曾公開批判過他們。⑦

巴羅內的一般假定條件可以簡略說明如下。他的分析僅限於靜態經濟，即假定資源數量不變。⑧ 物質財富分成三類：土地；技術或生產資本；消費物品。所有這些均以 numerio 即瓦爾拉斯的 numeraire（計量者）報價。此外，流動資本或預期資本為企業家所要求，用於事先預支給生產期間的各種要素。這個預期資本也以 numerio 報價，利息率就是單位時間內一單位 numerio 的價格。完全競爭貫穿全文。生產被引進一般均衡理論，但這種分析是短期的而不是長期的。⑨ 我們可以略過這些分析，直接論述其分配理論。基本的根據是實物生產率遞減規律，即第 n 個要素的增量報酬在越過一定的可能不斷增加的報酬區

---

① 維克塞爾的生平與著作 [J]. 經濟學家雜誌（意），XI（1895）：524-539. 重印於《經濟著作》（博洛尼亞，1936 年），I，第 117-143 頁。
② 同上，第 535 頁特別重要（《經濟著作》，I，第 136 頁極為重要）。
③ 同上，第 536 頁（《經濟著作》，I，第 138-139 頁）。
④ 《經濟學家雜誌》（意），XII（1896 年），第 107-155, 235-252 頁。重印於《經濟著作》，I，第 147-228 頁。連載的第二部分處理資本理論，不是我們這裡所關注的。
⑤ 1894 年 9 月 20 日致瓦爾拉斯的信。不過，巴羅內的思想沒有得到充分發揮。他反對線性齊次生產函數的理由是荒謬的，說它沒有遵守每個要素邊際生產率遞減規律。
⑥ 參看舒爾茨，同前，第 508 頁註，547 頁。
⑦ 參看帕累托，見下文。
⑧ 《分配理論研究》，同上，第 115-116 頁（《經濟著作》，I，第 158-159 頁）。
⑨ 同上，第 121-126 頁（《經濟著作》，I，第 67-177 頁）。

間之後,將隨著增加到另一個不變的第 ($n-1$) 個要素的第 n 個要素的增加而下降。① 如果抽掉時間,分配問題的答案「將像它那樣簡單」②。如果每個要素被使用到要素的成本增量等於其報酬增量時,企業家就實現了成本最小化或報酬最大化。

這個理論可被一般化為包括生產過程花費的時間。流動資本量必須等於為每個生產過程(遵循由龐巴維克普及的「交錯的」生產概念)的各種要素預支的總資本的一定部分。③ 如果在一個生產時期所支付的總報酬是 K,那麼,平均預支的報酬就是 K 的一定比例即 $\frac{1}{\varepsilon}$。因為生產時期在技術上是可變的,而流動資本也有成本即利息率,所以,企業家要最大化他的收入就必須也服從於這個條件:延長的生產時期所生產的產品剛好等於那種延長的成本。因延長而增加的成本當然就是為這種延長所必需的資本的利息。④ 現在,一般均衡的條件就是:「對每個企業家來說,每個要素(勞動、土地和技術資本)以 numerio 計量的報酬,等於要素的以 numerio 計量的邊際生產率,減去預期資本相應部分的利息。」⑤

還需解釋的是企業家利潤。⑥ 對他的論據(曾有詳細圖解)只需簡略述之。假定完全競爭,企業家的時間完全可分,企業家能力的報酬與其他勞動的報酬完全一樣。⑦ 埃杰沃斯對巴羅內理論的主要批評就集中在企業家能力可分,還可收回這個論點上。⑧

我們現在直接來到最後的定理,即:「按要素邊際生產率對所有要素支付報酬之後,就沒有剩餘可分了。」⑨ 證據必然是數學的,我們可以復述一下先前表現這個定理時的論證。⑩ 如以 P 代表產品,A,B,C……代表各種生產要

---

① 同上,第 127-129 頁(《經濟著作》,I,第 171 頁極為重要)。
② 同上,第 131 頁(《經濟著作》,I,第 177 頁)。
③ 同上,第 133-136 頁(《經濟著作》,I,第 180 頁極為重要)。
④ 同上,第 137-139 頁(《經濟著作》,I,第 185 頁極為重要)。
⑤ 同上,第 142 頁(《經濟著作》,I,第 190 頁)。
⑥ 同上,第 143-146 頁(《經濟著作》,I,第 191-194 頁)。
⑦ 企業家的作用被解釋為「指揮和協調生產」。同上,第 142 頁(《經濟著作》,I,第 189 頁)。
⑧ 參看本書第 5 章。
⑨ 《分配理論研究》,同上,第 146 頁(《經濟著作》,I,第 196 頁)。
⑩ 同上,第 151 頁極為重要(《經濟著作》,I,第 221 頁極為重要)。這裡稍簡化了巴羅內的符號。

素，包括企業經營，都以實物單位計量，則生產函數可寫為：

$$P = D \Phi (A, B, C \cdots\cdots) \tag{1}$$

如果 $A, B, C\cdots\cdots$ 的單位價格是 $p_a, p_b, p_c\cdots\cdots$，$\pi$ 是 P 的單位價格，t 是生產過程長度，$\dfrac{1}{\varepsilon}$ 是預期資本投資的生產時期的平均分數，我們可將上述方程式改寫為：

$$F = \frac{1}{\varepsilon}(Ap_a + Bp_b + Cp_c + \cdots\cdots)\, t \tag{2}$$

成本最小化的條件可以下列方程表示，其數量等於生產要素（包括時間）的數量：

$$\pi \frac{\partial \Phi}{\partial A} = P_a \left(1 + \frac{zt}{\varepsilon}\right)$$

$$\pi \frac{\partial \Phi}{\partial B} = P_b \left(1 + \frac{zt}{\varepsilon}\right)$$

$$\cdots\cdots \tag{3}$$

$$\pi \frac{\partial \Phi}{\partial t} = \left(\frac{Fz}{t}\right)$$

總生產成本是：

$$\pi P = Ap_a + Bp_b + Cp_c + \cdots\cdots + F_z \tag{4}$$

其中 z 是利息率。最後，將方程（3）中的 p 值代入方程（4），便可得出基本方程：

$$P = A \frac{\partial \Phi}{\partial A}\left(1 + \frac{zt}{\varepsilon}\right)^{-1} + B \frac{\partial \Phi}{\partial B}\left(1 + \frac{zt}{\varepsilon}\right)^{-1} + \cdots + \frac{\partial \Phi}{\partial t} \cdot t \tag{5}$$

巴羅內所得出的最後結果與維克塞爾的預期邊際生產率理論有三點區別：它更明確一些；把分析擴展到無限的生產要素；最重要的是它不以尤勒定理為基礎。

前已提及，在帕累托的要求下，上述理論被撤下。甚至在他的系列文章問世之前（1896年），巴羅內就已經寫了一篇反對威斯迪德《分配規律的協調》的評論，並將它寄給《經濟學雜誌》。埃杰沃斯稱讚這篇評論，但不同意發表

它。① 巴羅內隨後把這篇被拒絕的文章寄給了瓦爾拉斯，得到瓦爾拉斯熱情的歡迎和接受。他吸收了瓦爾拉斯《純經濟學要義》第3版附錄Ⅲ（「對維克塞爾拒絕英國人的地租理論的註釋」）的後半部分。遺憾的是巴羅內的論證沒有同瓦爾拉斯的論證明確區分開，所以我們將把他們放在一起研究。② 巴羅內對威斯迪德的主要批評（從帕累托那裡接受來的）是，威斯迪德沒有把生產規模引進生產函數③；但是巴羅內在次年發表的 *Giornale* 一文肯定也沒有考慮生產規模。

最後，還應指出，由於帕累托的反對，巴羅內在後來的著述中抽去了他對分配問題的一般解決答案。④ 他還用了帕累托的一個例證：「例如，生產1千克金屬所需要的礦石量」是固定的。⑤ 龐巴維克-維克塞爾的資本和利息理論，由於支持未含生產時期的邊際生產率分析而遭到拒絕。

蒙特馬提尼應當受到注意，主要因為他是邊際生產率理論的一位早期的解釋者。⑥ 他的表述簡單明瞭，而且仍然是對價格理論的一個有用的引論。然而，他的著作基本上不是原創的，他主要追隨巴羅內和帕累托。蒙特馬提尼盡可能概括地論述了邊際生產率理論⑦，但是，在生產系數變動性這個關鍵問題即替代原理上，他是含糊不清的。他的定理 VI 是：「現存的比任何其他要素數量較小的要素，決定著與其結合的其他要素的數量，因而決定著產品量。」⑧「這個一定比例規律」大概來自帕累托，他還引證了帕累托的話。⑨ 不過，他沒有抓住帕累托論證的要點，因為甚至在時常發生的「某種要素不能替代其他要素」的場合，他還繼續說邊際生產率。⑩ 最好將他把這兩種理論混亂地調

---

① 巴羅內致瓦爾拉斯的信，1895年10月26日。
② 參看下文，關於瓦爾拉斯的部分。
③ 參看瓦爾拉斯：《純經濟學要義》（第3版，洛桑，1896年），第490頁。
④ 《國民經濟理論基礎》（柏林，1927年），第22頁；又見第16頁。參看《集體主義國家的生產部》，重印於《集體主義經濟計劃》，哈耶克編，倫敦，1935：251。
⑤ 同上，第22頁（《經濟著作》，Ⅱ，第18、25頁）。
⑥ G. 蒙特馬提尼，《邊際生產率理論》，（帕維亞，1899年）。摘要《論邊際生產率理論》發表於《國民經濟，社會政治和管理雜誌》，Ⅷ（1899年），第467-503頁。
⑦ 特別參看定理 XII 和 XVI。《邊際生產率理論》，第75-79頁。
⑧ 同上，第45頁。
⑨ 同上，第48頁。
⑩ 同上，第47頁，又見第39頁。

和在一起的話放到腳註中去。①

帕累托

在這場關於尤勒定理的爭論中，帕累托的作用是重要的，但是，如同埃杰沃斯的情形一樣，並不總是令人印象深刻的。帕累托最初的眾所周知的批評是：

一些作者假定，如果所有生產要素翻一番，產品也將翻一番。這在一些場合可能是對的，但它並不是嚴格的或普遍的。有些費用會隨企業規律而變動。可以肯定的是，如果一個人能夠在完全相同的條件下再建一個企業，那麼他的要素和產品都會翻一番。但是這種假定一般來說是不能接受的。例如，如果一個人在巴黎從事交通運輸業，他可以假定存在其他行業和另一個巴黎。但是，這另一個巴黎並不存在，因而他必然考慮在同一個巴黎開辦兩個企業，他也不再設想生產要素翻一番產品也將翻一番。②

這個論證當然完全不能令人滿意。運輸能力翻一番，將使實物產品（在這個場合就是運力）翻一番，價值產品卻不能加倍。但這只是因為帕累托選擇了一個壟斷企業，所以才是真的。如果他選的是完全競爭企業，他的論據就自相矛盾了。

第二個用來反對運用尤勒定理的論據，雖然在智力上是可尊敬的，但其意義卻值得懷疑。該論據實質上是說，生產要素之間並不存在完全替代性；某些

---

① 相關段落值得全文引述。「在這個（生產系數固定的）場合，企業家將繼續在各種要素之間按照其生產率分配其貨幣。假定為了生產穀物，一單位要素土地（100平方米）結合10單位勞動。顯然，增加一定量勞動在這裡是不可能替代土地的。再假定這100平方米土地和10個勞動日能生產100單位產品，售價100里爾。如果這就是生產過程的均衡點，那麼，企業家既不贏也不虧。如果現在企業家想放棄1/10即10平方米土地，他必須同時也放棄1個勞動日，因為他假定這兩個要素的實物邊際生產率是相等的。但是，價格對於具有相等生產率的要素來說是相等的——所以，對1/10土地的支付額與對一個勞動日的支付額是一樣的。如果假定第10天的生產率是5，那麼，我們必須給工人50里爾，給土地所有者50里爾。」（同上，第79-80頁）

這段話從頭到尾都是疑問。勞動替代土地的可能性和必要性是不成問題的。其次，在蒙特馬提尼假定的條件下，不可能將邊際生產率分別歸結於土地或勞動。它們在這個場合的相等看來是將總產品二分的結果。最後，勞動生產率是5，一定是平均產品，而不是邊際產品；沒有實物報酬遞減的餘地。

② 《政治經濟學教程》，II，巴黎，1897年，§714。

要素與產量或對其他要素保持著一致的函數關係，而與其餘要素無關。一些生產系數是可變的，另外一些則是固定的。作為後面這種情形的例證，鐵礦和生鐵的關係在任何既定的技術階段都是固定的。除了與礦產和化學相關的工業以外，

……存在另外一些〔場合〕，一個人不可能通過減少其他物品而為資本物品之一的增加而補償。例如，為了生產一定量絲綢，他會要求一定面積土地建工廠。但是，此後，即使這個土地面積翻了一番，如果不增加其他資本物品，產品將完全不可能增加。①

這個論據與帕累托對 A. 奧派提特教授《貨幣通論》② 的短評中多次提及的論據基本相同，後者在這本書中遵循著瓦爾拉斯的邊際生產率理論。帕累托指出：「在一個巧克力工廠，你可以隨意增加勞動、工廠占地面積和機器，但是，如果你沒有增加可可的數量，你還是不能適當地增加巧克力。」③ 對於「多數」工廠來說，工廠占地面積的增加將完全不會「增加產品」。同樣地，一個司機只能開一臺車。④

帕累托關於邊際生產率的其他著作沒有增加什麼新東西。他的論據仍然是：各種單個生產要素不能被看成是彼此獨立的。在《純經濟學》（1901 年）中，帕累托說：

主張（生產系數）由邊際生產率來決定的理論是錯誤的。在這些理論中，把不是自變量的數量看成自變量；為了決定最低成本而寫出的各種方程式是不合理的。瓦爾拉斯的《純經濟學要義》第 4 版（1900 年）第 375 頁的方程（3）就是如此。⑤

―――――

① 同上，第 717 頁。參看希克斯《邊際生產率和變動原理》，同上，第 86 頁註：「這不過是個傻子。」

② 巴黎，1901 年。帕累托的評論出現在《政治經濟學評論》，XVI（1902 年），第 90-93 頁。奧派提特的論證與瓦爾拉斯的論證實際上是相同的，但奧派提特的論述更為優雅，就像他對整個一般均衡理論的陳述一樣。參看奧派提特，同上，第 52-74 頁。W. 扎瓦茨基的《政治經濟學的數學應用》，巴黎，1914 年，第 226-227 頁，重複了帕累托對奧派提特的批評。

③ 《政治經濟學評論》，第 92 頁。

④ 同上。

⑤ 同上，第 10 頁註。我一直未能拿到這本書。上述引語摘自瓦爾拉斯致巴羅內的一封信（1901 年 12 月 10 日）。舒爾茨後來印行了這封信，同前，第 547-548 頁。

最後，在《數學在政治經濟學中的應用》(《數學科學百科全書》德文版) 一文中，帕累托用基本相同的詞句重述了上述批評。①

帕累托對邊際生產率理論的批評可以歸結到一點：某些特殊的生產要素在功能上或者彼此相關（例如，卡車和司機）或者與產品相關（例如，可可和巧克力，鐵礦與鐵，黃金與金葉）。② 對此批評可以有兩點回應。如果兩種資源在某些函數關係中必須一起被使用，那麼這一對要素就構成一種技術數據關係。同樣地，它們必須被視為一種單獨的生產要素，經濟理論既無權利又無興趣將它們的報酬加以區分。③ 然而，這兩種資源可否在不同工業以不同比例被使用（按照推理，在這種場合對任何工業中生產要素比例的固定性是有疑問的），這個問題必須通過由瓦爾拉斯和維塞爾發展的聯立方程加以解決。

對帕累托立場的更重要的批評，可以引證各種相互依賴的要素和在功能上與產品相關的要素加以說明。為了實用目的，可以假定各種要素絕不會這樣相互關聯，它們在邊際上的比例總有某種變動性。可以肯定的是，一個司機固然只能開一臺車，但車的大小可以不同，而兩個司機在單位時間裡提供的服務要比一個司機多。可能存在一些要素在功能上彼此相關的模糊場合，但是，這些不重要的場合不足以否定尤勒定理研究方法。同樣，能從任何一種要素取得的

---

① 數學在政治經濟學中的應用 [M] //數學科學百科全書. 第 2 部，第 1 卷 (1903 年)。第 1117 頁註：「在邊際生產率理論中，如這本（威斯迪德的）著作所表明的那樣，存在一個錯誤，帕累托在《政治經濟學教程》§714 中指出了這個錯誤。這個錯誤在瓦爾拉斯《純經濟學要義》(1900 年第 4 版) 第 374-375 頁再次出現。作者把不是自變量的數量看成自變量。」在該《數學科學百科全書》法文版的文章中沒有論及這個理論。在《政治經濟學手冊》(第 2 版，巴黎，1927 年) 中，沒有增加新內容。在一處（同上，第 328 頁），帕累托說：「除了特殊場合以外，不存在必須指定為生產係數的固定比例⋯⋯」但在別處（同上，第 636 頁）他又說：「這些生產係數部分是不變的，或接近不變，部分是可變的。」

② 可用數學表述這個論據。如果 P 是產品（例如鐵），A, B, C⋯⋯是除了 O（鐵礦石）以外的各種生產要素，於是可有：
$$P = F(A, B, C\cdots\cdots O\cdots\cdots)$$
有必要寫成兩個方程式：
$$P = F_1(A, B, C\cdots\cdots)$$
$$P = F_2(O)$$
從這些方程式可以得出，例如，A 是 O 的隱含函數，尤勒定理無助於我們。參看帕累托《政治經濟學教程》，§714 頁註；又見舒爾茨，同前，第 549-550 頁。

③ 埃杰沃斯主張避開這個問題：「即使論及各種要素不可能獨立（帕累托教授指出過，《政治經濟學教程》，第 718 頁），這種情況也沒有變化。假定勞動量總是與土地量或其一定功能成比例，那麼，如果撤去其中的一個量，我們即可將其他的視為獨立的。」(《論文集》。同前引書，I，第 20 頁註）。就算這是對的，但將土地報酬和勞動報酬分開來的意義是什麼呢？

產品總是存在某些變動性的。相對價格將決定從鐵礦石中得到多少鐵，可是，所有的鐵顯然也絕不是從礦石中得來的。即使在黃金和金葉的極端場合，在製造金葉時也還總會有一些消耗，而且這些消耗會隨合作要素相對價格的升降而增加或減少。①

在我看來，帕累托的拒絕看來是基於對一般科學規律特別是對經濟理論的誤解。一般化並不能適用於每個場合。帕累托對無差異曲線和需求曲線是連續的假定有所辯解，然而，帕累托的這個假定，比從一定量要素取得數量可變產品的假定更加扭曲事實。後面這個假定具有充足的方法論的理由，因為它符合時代的真實，它在經驗上也幾乎是堅不可摧的。

瓦爾拉斯

瓦爾拉斯第一次處理邊際生產率理論是在《純經濟學要義》第三版（1896年）附錄3。② 該註釋是他受威斯迪德《分配規律的協調》的觸動而寫的，主要內容是提出一個主張，即他自己在關於李嘉圖地租理論的一章中最早發現並提出的邊際生產率理論。

這個主張基於瓦爾拉斯和威斯迪德方程式之間的所謂一致。在瓦爾拉斯的一般方程式中，有一個系列是表示生產成本等於價格的③，即：

$$b_t p_t + \cdots + b_p p_p + \cdots + b_k p_k + \cdots = p_b$$

或者

$$D_b b_t p_t + \cdots + D_b b_p p_p + \cdots + D_b b_k p_k + \cdots = D_b p_b$$

生產系數 b_t, b_p, b_k……由生產函數聯繫起來：

$$\varphi(b_t, b_p, b_k \cdots\cdots) = 0$$

因此，瓦爾拉斯認為，威斯迪德的方程式

$$P = \frac{\partial P}{\partial A} \cdot A + \frac{\partial P}{\partial B} \cdot B + \frac{\partial P}{\partial C} \cdot C + \cdots$$

與他的《純經濟學要義》中的方程式是一致的，因為：

$$\frac{\partial P}{\partial A} = p_t, \quad \frac{\partial P}{\partial B} = p_p, \quad \cdots$$

---

① 一位學者給我指出了一個更有說服力的例證——雞蛋的蛋黃和蛋清——同事向我保證說，它們的比例是可以變動的。

② 「關於威斯迪德對英國地租理論反駁的註釋」，《純經濟學要義》，第3版，同上，第485-492頁。這個附錄於同年早些時候發表於洛桑大學的一份雜誌上。

③ 參看本書第237頁（特別重要）。

$$b_t = \frac{A}{D_b}, \quad b_p = \frac{B}{D_b}, \quad \cdots$$

以及 $P=D_b p_b$。瓦爾拉斯發現，威斯迪德的「方程式與我的即使有所不同，也只是他的方程式比較一般」[1]。對威斯迪德的發展的唯一批評是，不該把勞動和資本混在一起。不過瓦爾拉斯的結論是：「不管這種結合（資本和勞動）的內在價值如何，它與我的方程式只是在形式上有所不同。」[2]

瓦爾拉斯從他的《純經濟學要義》引證了一段與威斯迪德的《分配規律的協調》類似的關於地租與價格關係的論述，說明威斯迪德的論述「就好像是從《純經濟學要義》翻譯過來的，他應當十分嚴格地把這些句子放在括號裡，並借此提到我的著作」[3]。

在我看來，瓦爾拉斯要求對表述一般邊際生產率理論擁有優先權是完全不適當的。在討論地租理論時，李嘉圖理論可能也被包括在（至少在形式上）他的生產方程式之內，然而，他的證明是以生產係數固定不變為前提的。有一節只說明生產係數是可變的，並用一個生產函數將它們聯繫起來，但他**沒有**分析這種生產函數的性質，也沒有任何最微弱的暗示，即 $\frac{\partial P}{\partial A} = p_t$。的確，$P$ 函數在《純經濟學要義》前 3 版還沒有被引進呢。

在威斯迪德的小冊子出現以前，瓦爾拉斯不曾擁有一個邊際生產率理論[4]，因而瓦爾拉斯沒有也不曾證明作為剩餘的地租與作為邊際產品的地租是相等的。我們可以寬宏大量地把他相信擁有邊際生產率理論歸於自我混亂，但是，他關於剽竊的指責（無論如何這同威斯迪德的為人都是不沾邊的）卻只能被視為輕率無理之舉。

以上討論的附錄的一節，註明的日期是 1894 年 9 月[5]。該附錄餘下的部分註明的日期是 1895 年 10 月。開頭是這樣說的：「在我剛剛得知的一個短論中，巴羅內先生批評了威斯迪德先生著作中我一直持保留態度的部分，下面就是我所瞭解的批評的結果。」[6] 接下來的批評所針對的線性齊次生產函數的運

---

[1] 《純經濟學要義》（第 3 版），第 486 頁。
[2] 同上，第 488 頁。
[3] 同上；又見第 489 和 492 頁；「威斯迪德先生未能在最一般的形式上成功地建立它（指邊際生產率理論），如果他不曾假裝對前人的著作一無所知，他一定會得到更好的指導。」
[4] 事實上他對威斯迪德的一般論題，即每個要素按其邊際生產率取得報酬，是持保留態度的。
[5] 《純經濟學要義》，第 489 頁。
[6] 同上。

用顯然完全來自巴羅內。①

在最後這個分析中，瓦爾拉斯的生產方程

$$\varphi(b_t, b_p, b_k, \cdots\cdots) = 0$$

「經過帕累托修改，加進了 D_b（產量規模）」②，變成：

$$\varphi(b_t, b_p, b_k, \cdots D_b) = 0$$

「巴羅內先生則把它寫成這樣的形式」③：

$$D_b = \varphi(D_b b_t, D_b b_p, D_b b_k, \cdots\cdots)$$

或者
$$P = \Phi(A, B, C, \cdots\cdots) \tag{1}$$

最後這個威斯迪德的方程，「可以被認為是非齊次和非線性的，而且 P 是產品量，而不是產品價值」④。因為在均衡時售價等於成本，故：

$$P\pi = Ap_a + Bp_b + Cp_c + \cdots \tag{2}$$

如果微分方程（1）和方程（2），使生產成本最小化⑤，則得：

$$\frac{\partial\varphi}{\partial A} = \frac{p_a}{\pi}, \frac{\partial\varphi}{\partial B} = \frac{p_b}{\pi}, \cdots \tag{3}$$

如果把方程（3）代入方程（2）的 $p_a, p_b, p_c \cdots\cdots$，則得：

$$P\pi = A\pi\frac{\partial\varphi}{\partial A} + B\pi\frac{\partial\varphi}{\partial B} + C\pi\frac{\partial\varphi}{\partial C} + \cdots$$

或者
$$P = A\frac{\partial\varphi}{\partial A} + B\frac{\partial\varphi}{\partial B} + C\frac{\partial\varphi}{\partial C} + \cdots \tag{4}$$

「因此，」瓦爾拉斯總結說：

---

① 瓦爾拉斯介紹基本方程式時說：「巴羅內先生……證明……」（同上，第490頁）。在1894年9月20日致瓦爾拉斯的信中，巴羅內談到了他的一部分分析（包括體系3），不過沒有提及威斯迪德。

② 同上，第490頁。

③ 同上。舒爾茨（同前）指出，方程（1）必然不同於 $\varphi(b_t, b_p, b_k\cdots\cdots) = 0$，儘管瓦爾拉斯用了相同的符號（$\Phi$）。當然，方程（1）是生產函數的通常寫法。

④ 《純經濟學要義》，第490頁。

⑤ 瓦爾拉斯沒有詳細說明得出體系（3）的方法。使純收入 V 最大化的最簡單方法是：

$$V = \pi\phi(A, B, C, \cdots) - (Ap_a + Bp_b + Cp_c + \cdots)$$

因此，
$$\frac{\partial V}{\partial A} = \pi\frac{\partial\phi}{\partial A} - p_a = 0$$
$$\cdots\cdots$$

其中，
$$\pi = \frac{p_a}{\frac{\partial\phi}{\partial A}} = \frac{p_b}{\frac{\partial\phi}{\partial B}} = \cdots$$

(1) 自由競爭會使生產成本最小化；

(2) 根據方程（3），在這種制度下，每種服務的報酬率等於生產函數的偏導數，即其邊際生產率；

(3) 產品總量按照方程（4）在各種生產服務之間進行分配。①

後來的各種版本在基本論證上只有一些次要的變化。關於威斯迪德的附錄在後來的各版中被取消了，而邊際生產率理論被移到《純經濟學要義》的第 36 講，同時放棄了威斯迪德是一個剽竊者的暗示。在他身後出版的 1926 年版本中，取消了方程（4），以及總結的第 3 點，代之以產品分盡的論述。這個變化緣自我們已經討論過的帕累托的批評。瓦爾拉斯試圖回答帕累托的異議：

鑒於帕累托先生 1901 年 11 月（《純經濟學》）宣稱，這個理論是「錯誤的」，方程（3）是不適當的，因為「其中作為自變量的數量其實不是自變量」；又鑒於巴羅內先生顯然皈依了他的觀點，我願以下述觀察為這個理論承擔責任：根據我建立經濟均衡的概念，在求生產近似值的整個過程中，在產量（Q）相繼等於 Ω_b（§208），Ω'_b（§211），D'_b（§212），D''_b（§218），D'''_b（§219），……它總是以一種特殊的方式決定的，而且像各種服務的價格一樣，它是生產系數決定問題的**已知量**，而不是**未知數**；因此，對我來說，$T=Qb_t$，$P=Qb_p$，$K=Qb_k$……是可變的，因為 b_t，b_p，b_k……是自變量。②

瓦爾拉斯顯然沒有抓住帕累托批評的要點：將生產系數和產品聯繫起來的函數不止一個。當然，$T=Qb_t$ 像 b_t 一樣是自變量，但是，帕累托的觀點是：兩者可能都是它變量。帕累托的反對意見與「摸索」（tâtonnements）問題絕對無關。

維克塞爾

在這一時期關於尤勒定理的爭論中發揮過重要作用的最後一位大陸經濟學家是克努特·維克塞爾。前已指出，維克塞爾在《論價值，資本和地租》

---

① 《純經濟學要義》，第 490 頁。
② 同上（洛桑，1926 年版），第 376 頁註。這個腳註的日期是 1902 年。

(1893年）的方程式中，已經暗含了一般邊際生產率理論。[1] 七年後他以發表於《經濟學雜誌》（*Eknomisk Tidskrift*）的關於邊際生產率理論的長篇論文再次參與到這場爭論之中。[2] 次年在《政治經濟學講義》（1902年）第1卷中，他將這篇論文擴充到討論尤勒定理問題。[3] 在後來的兩篇論文（1902年和1916年）中，維克塞爾詳細闡述了一般生產率理論的某些被忽視的方面。[4]

有意思的是，維克塞爾大約在1900年「再次發現了」邊際生產率理論，卻完全沒有意識到該理論已經深深嵌入到他先前的《論價值，資本和地租》中了。他在1900年的論文中說：

據我所知，這裡發揮的觀點最初是由威斯迪德在前面提到的著作（《分配規律的協調》）中提出來的。有所不同的是，他的主要目的是維護邊際生產率理論，反對分配問題上的舊觀念。那裡的各種重要條件都是作為當然之理提出來的。我最初閱讀威斯迪德的著作時，甚至沒有注意到這些細節[5]，沒有發現任何新東西。只是後來當我自己得出了相同的結論時，我才發現威斯迪德事實上在我之前已經得出了這些結論。先前經濟學家們對其著作甚少注意，可能同他常用數學符號及其論證的抽象性質有關。[6]

維克塞爾知道瓦爾拉斯要求發現一般邊際生產率理論的優先權[7]，但他拒絕承認瓦爾拉斯的表述更一般，還拒絕承認線性和齊次生產函數是一個獨立的假定條件。維克塞爾指出：

威斯迪德已經證明，邊際生產率理論只適用於總產品是生產要素的**線性和齊次**函數的場合（如我剛才表明的那樣〔同上，第314頁〕，那就是對這樣一個場合的數學表述：無論生產規模是大是小，同樣有利可圖），而瓦爾拉斯認

---

① 參看本書第10章。
② 《經濟學雜誌》（瑞典），II（1900），第305-337頁。
③ 我未能看到該書瑞典文第1版（1901年）；德文第1版（1913年）的相關章節與瑞典文第3版的英譯本實際上是一樣的。這裡引用的是英譯本。
④ 分別見於《經濟學雜誌》（瑞典），IV（1902年），第424-433頁和XVIII（1916年），第265-292頁。
⑤ 維克塞爾說的大概是成本最小化條件，對此我們在前面已討論過了。
⑥ 《經濟學雜誌》（瑞典），II（1900），第313頁。
⑦ 同上：「瓦爾拉斯在這裡（《純經濟學要義》第3版附錄）指出，而且在我看來是正確地指出，威斯迪德的理論原理已經包含在瓦爾拉斯自己的生產理論中了。」

为他在沒有任何這類限制條件的情況下證明了這個定理。但他在這裡是錯誤的。瓦爾拉斯在他的解說中假定，只要沒有壟斷，利潤將由於其他廠商的競爭而持續下降。但是，不難看出，這個假定涉及產量與生產規模成比例這個條件。如果不是這樣，以致（例如）大規模生產比小規模生產更有利，那麼，利潤就不可能消失或者傾向下降。①

維克塞爾致信瓦爾拉斯，以幾乎相同的詞句維護威斯迪德，但是，瓦爾拉斯借口對這個經濟理論領域不感興趣而迴避了這個問題。②

維克塞爾在發表於《經濟學雜誌》的文章《論分配問題》（1902年）中重複了這一觀點，同時又附加了一個因素。他先前把所有工業看成分別遵守報酬遞增、報酬不變和報酬遞減規律，現在他認為這三個「規律」是一個廠商通常成本曲線的不同階段，而不是相互排斥的選擇。一個廠商可以首先遵守報酬遞增，然後是報酬遞減，而通常製造業典型的情況是兩者兼而有之。③一般邊際生產率理論是在從遞增到遞減的轉折點上開始的，「因而，可以說產生了一個報酬不變的瞬間」④。這個理論在隨後的《經濟學講義》中有詳細的闡述，我們現在就來分析這個理論。

維克塞爾在《經濟學講義》中承認瓦爾拉斯對生產和分配問題的解答是完全正確的，甚至是最終的⑤，同時對威斯迪德（在其《政治經濟學常識》中）放棄《分配規律的協調》的主題表示驚訝。⑥維克塞爾對一般邊際生產率理論的討論主要局限於非資本主義（即無時間限制）生產。我們這裡所關注的就是他的這一段討論。我們已經討論了他對資本和時間的處理。⑦

現在，沿著約定的思路，他認為工資將決定於勞動的邊際生產率，而地租

---

① 同上。維克塞爾的結論是：「威斯迪德對這個問題的陳述是很好的，不應該受到瓦爾拉斯輕蔑的批評。」
② 信件日期是1900年10月28日。瓦爾拉斯認為維克塞爾對威斯迪德的維護是值得認真考慮的，但是他說他的興趣已經從邊際生產率理論轉移開了。見瓦爾拉斯1900年11月2日給維克塞爾的信。但是瓦爾拉斯對帕累托在同一年提出的批評卻是十分感興趣的。
③ 同上，第426頁。
④ 同上，第427頁。維克塞爾在稍後幾頁（同上，第432頁）指出，一般邊際生產率理論在不完全競爭條件下就會失效。
⑤ 《經濟學講義》，第101頁：「瓦爾拉斯在其《純經濟要義》中，再一次完全正確地表述了對作為一個整體的生產、分配和交換的答案……」
⑥ 同上，第101頁註。
⑦ 本書第10章。

決定於土地的邊際生產率。① 如果僅有這兩個生產要素，企業家也被包括在勞動者之中，那麼，我們就會面臨這個基本問題：「產品在勞動者和土地所有者之間的分配會依據我們所假定的每個條件嗎？」② 換句話說，作為剩餘產品的地租和作為邊際產品的地租是相等的嗎？或者，再換一種說法，生產要素按其邊際生產率取得報酬，是否分盡了總產品？

要使分配份額分盡總產品，必須滿足兩個條件。必須假定：「大規模經營和小規模經營是同樣生產的，以致當所有生產要素以相同比例增加時，總產品也會恰好按同比例增加；或者，至少，所有生產企業已經達到了這個界限，生產規模超過這個界限的任何增加，將不再帶來任何好處。」③ 缺乏這兩個條件中的任何一個，自由競爭就不可能存在。④

第一個條件實質上就是指生產函數是線性齊次的。這個條件是充分的條件，雖然不是必要的。⑤ 如果生產函數可以改寫⑥為：

$$P = af\left(\frac{b}{a}\right)$$

則
$$P = a\frac{\partial P}{\partial a} + b\frac{\partial P}{\partial b}$$

一個明確的答案是 $P = A^{\alpha}B^{\beta}$，這裡 $\alpha+\beta=1$。這個條件是基於排除而得到推薦的。因為如果 $\alpha+\beta>1$，則

$$P < a\frac{\partial P}{\partial a} + b\frac{\partial P}{\partial b}$$

換句話說，雙倍要素多於雙倍產品，那麼，由邊際生產率決定的份額大於被分配的產品。但是，這種條件與完全競爭是不符合的，因為工廠規模越大，生產成本越低。在相反情況下，即 $\alpha+\beta<1$，則

$$P > a\frac{\partial P}{\partial a} + b\frac{\partial P}{\partial b}$$

這樣一來，總分配份額就會小於產品。但是，這等於說小規模企業更有效

---

① 《國民經濟學講義》，第 110–125 頁。
② 同上，第 125 頁。
③ 同上，第 126 頁。
④ 同上，第 125–126 頁。
⑤ 同上，第 127–129 頁。
⑥ 如果 $\lambda = \frac{1}{a}$，那麼維克塞爾的方程式可以寫成 $P = af\left(\frac{b}{a}\right) = \frac{1}{\lambda}f(\lambda b)$，或者 $\lambda b = f(\lambda b)$，與齊次和線性條件的通常表述相吻合。

率，因為雙倍要素並沒有帶來雙倍產品，因而只有少數單位站得住腳。

這第一種方法的適用性是很有限的：「作為一個一般原理，它極少在某個生產部門得到體現。企業經營規模對其平均產量總是有一些影響的。」① 不過，在後來的一篇關於報酬規律的文章中，他又說這種生產函數是農業的典型。②

第二個也是更一般的條件是：每個廠商在越過成本遞減階段之後就會到達這樣一點，超過這一點它的成本就會增加。在這個轉折點上，可以體驗到不變的成本和報酬。③ 他暗示成本遞減階段是由於勞動的專業化。④ 後來的成本增加階段則是起因於「成本的增加蓋過了專業化的好處，為了經營產品而必須更大規模地開發以供應原料或輔助材料等時，就會遇到成本的增加」⑤。假定有足夠的企業維持著競爭，那麼所有的企業就會在這個最低成本點上經營。在這個點上，經營者將以這樣的數量使用各種生產要素：它們的邊際生產率與其價格是成比例的。對企業來說，處於均衡狀態時，將有如下關係：

$$k = \frac{\frac{\partial P}{\partial a}}{p_a} = \frac{\frac{\partial P}{\partial b}}{p_b} = \cdots$$

這裡 k 是大於 1 的某個常量。當各個廠商處於最佳規模時，如果競爭仍然起作用，就會有新廠商進入這個領域。這些新廠商的進入將抬高資源價格⑥，或者，維克塞爾沒有明確指出這一點——產品價格將被迫降低。只要 k 在廠商均衡狀態下大於 1，就會有利潤可賺，因為要素的邊際生產率超過了它們的價格。只要有利潤，新廠商就會繼續進入這個領域。在長期均衡狀態下，利潤將必然消失；由邊際生產率決定的分配份額將分盡產品。維克塞爾十分強調工業中存在足夠數量的廠商，以確保競爭的必要性。⑦

維克塞爾在《國民經濟學講義》中靠後的一節對他的分配理論增加了一個時間因素。⑧ 因為這個理論與其《論價值，資本和地租》提出的理論是一致

---

① 《國民經濟學講義》，第 129 頁。
② 「臨界點」，同上，第 287 頁：「這些（尤勒）公式所反應的不過是一個眾所周知的事實，一個小農場和一個大農場，如果生產相同產品，它們同樣有利可圖。」
③ 《國民經濟學講義》，第 129，131 頁。
④ 這在《論邊際生產率》一文〔載《經濟學雜誌》（瑞典），Ⅱ，1900 年，第 320 頁〕有明確表述：如果所有要素按同一比例增加，「產品至少也會按相同比例增加，通過分工，也可能以更大比例增加」。
⑤ 同上，第 129 頁。
⑥ 同上，第 130 頁。
⑦ 同上，第 130-132 頁。
⑧ 第 144 頁極為重要。

的，所以這裡可以放過去，不再置評。其中心議題與先前著作的議題仍然是一致的：每個生產要素獲得其打了折扣的邊際生產率；資本所獲份額等於延長投資時期的邊際生產率。

對維克塞爾所發展的邊際生產率理論只有一個基本批評：他沒有解釋廠商在其長期平均成本曲線上可能有一個最低點的條件，或者，在另一種場合，競爭與其對工廠規模來說不變的報酬是可以相容的。最後一節就來處理這些問題。

結論

邊際生產率理論的早期擁護者和批評者顯然對它提出了各種不同的解釋和誤解。後來的文獻是很豐富的，但是，就我所知，沒有出現與該主題相關的新的重要觀點。因此，對不同意的基本觀點加以評估，並指出還有哪些問題（如果有的話）需要解決，無疑是適當的。

在生產理論的開頭首先順便評論一下兩個基本問題。第一個問題是帕累托的：生產理論應當（至少是部分地）建立在固定的生產系數的基礎之上嗎？否定的回答我們已經說過了，只需總結一下：從經驗上來說，假定各種生產服務結合的比例不可能發生重要的變動，看來存在的空間是很小的；在任何情況下，假定變動都是極為合宜的第一近似值。

第二個問題可能與維克塞爾聯繫在一起，涉及各種生產服務的不可分性。如果某種工業的廠商表現出很大的和持續的不可分性，那麼這些廠商將具有持續遞減的長期平均成本，競爭當然也是不穩定的。儘管看來存在這些場合，但它們肯定相對較少。再次，作為第一近似值的更合適的做法是，假定不存在或者不可分性有限，這樣一來，平均成本曲線將是一條水準線或者是一條曲線，就技術（即非管理）的考慮來說，這條曲線帶有或多或少常量價值的週期性的最小值。①

然而，在可變生產系數框架內還有一個爭議之點：競爭的穩定性。換句話說，關鍵的問題是：穩定的競爭與產品在生產服務之間按其邊際貢獻進行分配的條件是否兼容？

---

① 比較：N. 卡爾多. 廠商的均衡 [J]. 經濟學雜誌, XLIV (1934): 65-66; E. A. G. 羅濱遜. 競爭性工業的結構 [M]. 紐約, 1932: 31-32.

如果技術過程完全可分，維克塞爾所假定的線性齊次生產方程當然是適當的。如果所有生產服務以一定百分比增加了，產品也將按相同比例增加。如果某種類型的房屋能在一塊土地上建立起來，相同的生產服務也能在隔壁使產品翻番。

如果在生產中不存在企業家要素，這條論證路線無疑是正確的。現在可以對企業經營存在的理由加以檢驗了，但是，我們可以預期的結論是：如果合作和決策問題尚未解決，平均成本就可能開始上升。在他們缺席的情況下（暫且假定），看來也就沒有什麼重要意見可以用來反對使用線性和齊次生產函數，否定不變成本對廠商的作用了。

假定成本不變，威斯迪德對分配問題的解答站得住嗎？他的理論要求完全競爭——否則，即使在個別廠商場合，就不能從實物產品直接轉變為價值產品。被接受的理論是：對廠商的產出規模的不變回報（即威斯迪德的假定），與穩定的競爭是不兼容的。① 理由如下：如果長期平均成本曲線高於價格線，這個廠商將不能生存下去；如果成本線在價格線以下，該廠商將會壟斷這個工業。最後，如果成本線和價格線重合，廠商的產出將是不確定的。

價格線與成本線重合的場合應該得到更多的注意。對這種場合的明確分析不多，已有的分析看來都指向不穩定性。在成本不變條件下，廠商將擴大產出，直至其變成供給的重要來源。接著廠商的邊際收入曲線將下降到它的平均收入曲線之下（它不再是一條水準線）。如果該工業使用某些專業化的生產服務，即服從遞增成本的服務，廠商也會發現這些服務的遞增成本會上升到它們的平均成本之上（也不再是一條水準線）。這兩種條件或其中之一最終將使廠商的擴張停止下來。但是，其他廠商可能遵循同樣的擴張過程，致使價格下降和成本上升。該工業將變得無利可圖（即帶來的收益低於競爭性的報酬率），產出因價格上升而受到限制。新一輪生產過剩和生產不足將會接著發生。

這個論證所依據的基礎顯然與**完全**競爭不相容。如果擁有完全的知識和經濟合理性，就難以理解廠商為何要擴張他們的產出；即使加強對供給的控制也難以獲得暫時的收益。② 在不完全競爭條件下，上面描繪的波動就會發生，但是，預期、不完全知識會改變問題的整個性質。在關於競爭的最嚴格假定條件

---

① 參看：J. 瓦伊納. 成本曲線和供給曲線 [J]. 國民經濟雜誌，Ⅲ（1932）：33-34；卡爾多，同前，第 72 頁。A. L. 鮑來. 經濟學的數學基礎 [M]. 牛津，1924：36-37。

② 也就是說，單個廠商不能抬高價格和降低成本。某種組合可能暫時提高價格，但是，除非能夠控制（新廠商）進入該工業，否則仍然不會有持久的收益。

下，產出在各個廠商之間的分配是不確定的，但是，預期卻是穩定的，因而實質上是不重要的。沒有廠商會因為它的成本線和價格線重合而增加產出，他們知道這個過程最終會變得沒有益處或者代價高昂。

在第二種場合，某些生產服務有限的不可分性會大致上導致常量價值在長期平均成本曲線上週期性地最小化。一個競爭性企業當然必須在這些最小值之上經營，從而使產出的不確定性大為減少（並且在一定條件下完全消失）。除了這種特徵之外，預期增加產出是合理的。但是尤勒定理不再合適了，生產函數不再是齊次和一階的了。人們必須求助於巴羅內、維克塞爾和瓦爾拉斯的解決辦法，儘管對他們心中各有所想尚有爭議。① 不過，可以說，在這樣高水準的抽象層次上，威斯迪德的解決辦法像巴羅內的一樣，幾乎是普遍適用的和信息豐富的（從經濟觀點來看，如果不是從數學觀點來看的話）。

上面的分析支持了威斯迪德的論據——如果不存在企業經營的話。不過，限定條件是很重要的。如果在合作和決策方面存在著各種實際問題，那麼所有生產服務翻一番，該廠商的產出最大的可能是不能翻一番。換句話說，企業經營的代價（包括組織成本）比廠商規模增長得更快，結果是，一旦達到了一定的產出，廠商的平均成本曲線就開始上升。②

如果承認威斯迪德的命題對無企業經營經濟的局部適用性，那麼，在什麼條件下企業家的作用將會消失？我們知道③，它會在完全靜態經濟中消失，在這種經濟中，各種生產資源財貨（不是供給比率）、技術和口味是嚴格固定不變的。在這種經濟中，同樣的東西總是由相同的人用相同的方法做成的。一切事情都是例行公事，工業首領及其數不清的助手似乎都生活在天堂。

我們可以退居一種靜態程度越來越少的經濟，但是對其特徵沒有必要在此詳加列舉和研究。第二個隨機變量——其中生產服務（不是財貨）的供給是固定不變的——可能導致與前面場合一樣的結果。人力資源將以不變的比率流動，但是生產的例行公事性質不要求加以協調。

另一種類型的靜態經濟應該受到更多的注意，它似乎經常暗含在當代經濟學家的著作之中。奈特教授這樣說明這種經濟的特徵：

---

① 新近提出相同理論的有：希克斯（《工資理論》，同前，附錄I）；庇古（《靜態經濟學》，同前，第27章）；E. 施奈德《評邊際生產率理論》，載《國民經濟雜誌》，IV（1932—1933年），第604-624頁。

② 參看羅濱遜《競爭工業結構》，同前，第42頁極為重要。

③ 參看 F. H. 奈特《風險，不確定性和利潤》（劍橋，1921年），第76頁和145頁極為重要。

我們所假定的人口靜態，指的是人口數量和結構的靜態，而且沒有予以改變和向前推進的狂熱，而這種狂熱是現代生活的特徵。技術和組織的各種發明和改進都被排除了，留下來的就是我們今天所知道的靜態。關於新資本的積蓄、新自然資源的開發、人口在各個地區的分配或者物品所有權的再分配、人民的教育，等等，情況也是如此。但我們將不假定人們無所不知，永遠不死，或者，富於完全的理性，並擺脫了個人的反覆無常。我們將忽略自然災害、瘟疫、戰爭等因素，卻認為氣候之類的「通常的」不確定性，還有道德生活的「正常變遷」，以及人們選擇的不確定性，理所當然。①

由此可以得出結論：甚至在這樣的社會中也沒有企業家的重要地位，因為實際上不存在不確定性。

除了由於不確定性引起決策的責任之外，單單一個協調問題就足以要求企業家的勞動（服從於報酬遞減）——能否這樣說，我的把握不大。與機器不同，人有不完美的記憶力、個人的好惡以及各種弱點——加在一起統稱「人性」。除了數學上的靜態經濟學以外，在任何情況下，一個擴張中的廠商將要求具備越來越強的協調能力，以克服不斷增多的人為「摩擦」。

巴羅內及其追隨者們在表述他們的邊際生產率理論時，心中所想的可能就是這種類型的經濟。他們的答案必須被用於這種沒有不確定性的經濟，否則這種答案顯然就是錯誤的（見下文）。這些經濟學家把他們的分析完全放在廠商長期平均成本出現**一個**最低點這個基礎之上，由此所能得出的結果是，只有在企業家在生產中起重要作用時，即使不存在不確定性，這些解答才是對的。在我看來，這似乎是可能的，但是很顯然，在任何情況下，巴羅內及其追隨者，像威斯迪德一樣，沒有發揮和維護暗含在他們產品分盡問題答案中的這個假定條件。

一旦引進不確定性，分配理論就大為改觀了。預期支配著經濟活動，但很多預期必定是錯誤的，因為不確定性本身的因素所致。企業家變成了一個剩餘要求者，於是產品分盡問題不復存在了。預期邊際生產率成了酬勞所有生產要素（企業家除外）的基礎。

像我們科學的多數爭論一樣，關於尤勒定理的爭論是有益的，它主要涉及

---

① 同上，第266頁。

理論分析隱蔽的錯誤和局限性。整個論證是以各種參與者暗含假定之間的區別為基礎的。在我看來，威斯迪德的答案是比較好的一種，這是因為——至少在適合於它的分析水準上——它信息豐富，而且基於比較簡單的假定條件。巴羅內的方法在形式上是對的，但是他的解答的經濟意義主要取決於不存在不確定性時協調問題的範圍。但是，這兩種方法——以及以固定生產系數為基礎的方法——的抽象程度是不同的。這些觀點都是對的，只是因為沒有明確地闡述各種假定條件，才使這些經濟學家相信他們的各種解答是相互抵觸或相互排斥的。

索引

1. 本索引以漢字筆畫多少排序。
2. 所示頁碼為原書頁碼。
3. 縮略語：f.（一張，指對開2頁），ff.（極為重要或特別重要），n.（註釋）。

一至三畫

一般均衡　18，228f.，237ff.，358，365n.

一般生產組織　235f.

門格爾（Menger, Carl）　4，11，第6章，158f.，164，187，187n.，193n.，229.

門格爾（Menger, Karl），49n.，135n.

土地的性質　51f.，88ff.，129f.，155，193，233f.，273，316ff.

工資基金理論　15n.，29，219f.，283ff.

工資理論

龐巴維克　221ff.

克拉克　318.

埃杰沃斯　130.

杰文斯　31ff.

馬歇爾　97ff.

門格爾　155f.

瓦爾拉斯　230.

維克塞爾　292ff.

威斯迪德　54f.

維塞爾　173.

工業區域化　69f.

馬吉特（Marget, A. W.）　251n., 296n.

馬歇爾（Marshall, Alfred）　9, 10, 11, 13, 14n., 16n., 35n., 第 4 章, 109, 129, 131, 185n., 196n., 322, 336n., 344ff.

四畫

方法論　6ff., 180ff., 368.

方程式和未知數　241, 242ff.

計量者（Numerraire）　237n., 239n.

尤勒定理，參看：生產規模不變報酬

瓦爾德（Wald, A.）　243.

瓦爾克（Walker, F. W.）　125, 198n., 300.

瓦爾拉斯（Walras, Leon）　3f., 10, 11, 21n., 127, 140n., 141n., 第 9 章, 326n., 361f., 368ff., 374ff.

瓦伊納（Viner, J.）　73, 74n., 75, 321n., 323n.

戈森（Gossen, H.）　33n., 188n.

歷史成本　47f., 51, 148f.

扎瓦茨基（Zawadski, W.）　365n.

貝里（Berry, A.）　321ff.

內部經濟　76ff.

邊際反效用，參看「真實成本」

邊際對偶　130, 221n.

邊際生產率理論　4, 第 12 章

巴羅內　357ff., 370ff., 386f.

龐巴維克　192n.

克拉克　296f., 302ff.

埃杰沃斯　126, 131ff., 341ff.

杰文斯　21, 21n.

馬歇爾　83, 344ff.

門格爾　151ff.

帕累托　364ff., 371.

瓦爾拉斯　255, 260, 321, 368ff., 374ff.

維克塞爾　264, 289ff., 321, 373ff.

威斯迪德　5lf., 321, 323ff., 368f., 374f., 381, 386f.

維塞爾　164ff.

巴羅內（Barone, E.）　128, 253f., 262n., 357ff., 370ff., 386f.

五畫

主觀價值理論　2f., 136ff., 158n., 296n.

蘭德爾（Landauer, C.）　5n.

平均生產時期　205.

生活資料工資理論　36, 155f., 173.

生產要素　52ff, 88ff., 151, 171, 192ff., 232ff., 268, 330f., 335f.

生產時期

　巴羅內　359ff.

　龐巴維克　201ff.

　克拉克　313ff.

　埃杰沃斯　130f.

　杰文斯　23ff.

　門格爾　156.

　維克塞爾　276ff.

生產貢獻　166ff.

生產力倫理學　297.

生產規模不變報酬　40, 40n., 49f., 301f., 第12章

古典的分配理論　2f., 15, 15n., 154ff., 320.

古爾諾（Cournot, A.）　76n.

代表性企業　62, 68.

卡爾多（Kaldor, N.）　245n., 381n.

歸屬（又見邊際生產率）　139, 151ff., 163ff.

弗魯格爾（Vleugels, W.）　169, 169n.

對資本的需求

巴羅內　359.

龐巴維克　201ff.

克拉克　311ff.

埃杰沃斯　130f.

杰文斯　23ff.

馬歇爾　104ff.

門格爾　156.

瓦爾拉斯　249ff.

維克塞爾　276ff.

威斯迪德　42f., 57ff.

維塞爾　174ff.

外部經濟　68ff., 123f. 267f., 338n., 339fr., 343.

六畫

安東尼利（Antonelli, E.）　228n.

產品分盡　12, 166, 171, 293ff., 305f., 第12章

喬治·亨利（George, H.）　302.

邁耶爾（Mayer, H.）　187n., 190, 354n.

西季威克（Sidgwick, H.）　125, 131.

地租理論　336.

克拉克　315ff.

埃杰沃斯　129f.

杰文斯　16, 19ft., 36f.

馬歇爾　87ff.

門格爾　155.

瓦爾拉斯　255ff.

維克塞爾　292ff.

威斯迪德　52ff., 326ff.

維塞爾　162, 172.

企業家　78ff., 99ff., 125ff., 235f., 305f., 359f., 381ff.

自由物品　139f., 242f.

伍德（Wood, S.）　296n.

約翰遜（Johnson, W. S.）　323n.

七畫

沃爾克（Valk, W. L.）　6n.

沃特斯特拉茲（Waterstradt）　265.

湯普森（Thompson, H. M.）　53n.

庇古（Pigou, A. C.）　124, 124n., 340n., 341n.

李嘉圖（Ricardo, D.）　284f.

克拉克（Clark, John Bates）　11, 205n., 206, 第11章

麥克庫洛赫（McCulloch, J. R.）　19.

麥克格雷高（MacGregor, D. H.）　71n.

杜能（Thuenen, H.）　153.

報酬遞減：規律的證據　49f., 207n., 258, 265f.

報酬遞減：規律的表述　49, 357n., 358.

龐巴維克　207.

克拉克　300f.

埃杰沃斯　112ff., 342f.

杰文斯　19f., 36.

馬歇爾　66ff., 87f.

門格爾　151.

瓦爾拉斯　232, 258, 368ff.

維克塞爾　265ff.

威斯迪德　48ff., 327n.

維塞爾　161, 165f., 171.

揚（Young, A.）　35n.

連帶成本　86, 121ff.

連帶需求　83ff., 351.

投資時期　142, 208ff., 277ff., 360ff.

財貨（Güterqualität）　136ff.

利用時期　24，208f.，289.

利潤　99f.，125ff.，171n.，230，236，263，305f.，318f.，322f.

利息理論

巴羅內　359ff.

龐巴維克　219ff.

克拉克　311f.

埃杰沃斯　132.

杰文斯　13f.，26ff.

馬歇爾　101ff.

瓦爾拉斯　247ff.

維克塞爾　143ff.

威斯迪德　41ff.，55ff.

維塞爾　173ff.

希克斯（Hicks, J. R.）　169，228n.，356，365n.

希金斯（Higgins, B.）　2ln.

近似（tatonnements）　244f.，373.

阿夫塔林（Aftalion, A.）　306n.

阿莫洛沙（Amoroso, L.）　21n.

即時利率　27f.，287.

時間偏好　58f.，101ff.，156，177n.，212ff.，270f.

八畫

實際成本　16ff.，29ff.，63ff.，97ff.，110f.，183ff.，230f.，243，243n.，299，307f.，318.

龐巴維克（Eugen von Bohm-Bawerk）　11，28，28n.，130f.，第 8 章，261，269ff.，283，283n.，289，313f.

現在物品的技術優越性　214ff.，270，271f.

杰文斯（Jevons, William Stanley）　3，11，第 2 章，98，134ff.，14ln.，229

林德伯格（Lindberg, J. K.）　224n.

奈特（Knight, F. H.）　3n.，20n.，71n.，75，141n.，167，231n.，

319，385.

壟斷競爭　80.

規模遞增報酬　50f.，68，119f.，267，301n.，350，377f.

固定的生產系數　84，153，165ff.，188ff.，238ff.，248，364ff.

固定成本　94ff.，121.

固定要素的適用性　96f.，303f.，312，348ff.

羅賓斯（Robbins, L.）　62，71n.，141n.，255n.，333n.

凱爾恩斯（Cairnes, J. E.）　14n.

帕丹（Padan. R. S.）　306.

帕累托（Pareto, V.）　128，229，267，332，357f.，362，364ff.，372f.，380.

帕森斯（Parsons, T.）　9n.，62.

九畫

施萊辛格（Schlesinger, K.）　243.

施蒂格勒（Stigler, G. J.）　97n.

查普曼（Chapman, S. J.）　337ff.

耐久資本物品　208f.，289.

相對分配份額　285ff.

帶來收入的耐久物品（Rentengueter）　272ff.

威斯迪德（Wicksteed, Philip, H.）　第3章，255，323ff.，341f.，352f.，361，366n.，368f.，374f.，381f.，386f.

持久的純收入　249f.

哈伯勒（Haberler, G.）　73n.，216n.

哈耶克（Hayek, F. A.）　134n.

建設時期　23f.，208.

複合均衡　224，243.

選擇成本理論

龐巴維克　182ff.

克拉克　299f.

埃杰沃斯　11lf.

杰文斯　15f.

馬歇爾　92ff.

門格爾　145，147f.

瓦爾拉斯　229ff.，237，237n.

維克塞爾　263f.

威斯迪德　40，43ff.

維塞爾　159ff.

費特（Fetter, F. W.）　203n.

費雪爾（Fisher, I.）　196n.，202n.，205n.，215n.，321n.

張伯倫（Chamberlin, E. H.）　80.

十畫

消費信貸　57ff.，175f.，226.

海茨（Haydt, E.）　6n.

海芬德爾（Hefendehl, H.）　5n.

準地租　94ff.

競爭的穩定性　382ff.

資本概念

巴羅內　358ff.

龐巴維克　196ff.

克拉克　308ff.

杰文斯　13f.，22ff.

馬歇爾　101ff.

門格爾　156f.

瓦爾拉斯　232ff.，246ff.

維克塞爾　272ff.

威斯迪德　41ff.，55ff.

維塞爾　173ff.

埃德伯格（Edelberg, V.）　22n.

埃杰沃斯（Edgeworth, Francis Y.）　11，13，102n.，第5章，147，169n.，185，187n.，228，231n.，245，332，336n.，341ff.，361，367n.

較高級和較低級的財貨 4, 137ff.

賈菲（Jaff, W.） 10, 228n., 229n., 233n.

莫爾曼（Mohrmann, W.） 5n.

契約 245.

泰勒（Taylor, F. M.） 168f.

桑馬林（Sommarin, E.） 261n.

十一畫以上

滿足需求的物品量（Bedarf） 140ff.

福勒克斯（Flux, A. W.） 262n., 326n., 328, 335f.

奧派提特（Aupetit, A.） 365, 365n.

奧基威（Ogilvie, F. W.） 87n.

奧佩（Opie, R.） 94n., 95n.

梅里安（Meriam, R. S.） 96n.

蒙特馬提尼（Montemartini, G.） 362f.

勒克西斯（Lexis, W.） 262n.

斯馬特（Smart, W.） 38.

斯密（Smith, Adam） 2n.

斯拉法（Sraffa, P.） 71n., 72, 73.

斯悌芬（Stephans, K.） 5n.

薩金特（Sargant, W. L.） 103n.

替代（又見報酬遞減） 48, 66f., 149ff., 258f., 264f., 301n., 303, 331, 333f., 346.

霍蘭德（Holland, M. T.） 87n.

靜態 6f., 141, 141n., 263, 300f., 311, 384ff.

增長尺度 60n., 130, 146f., 306f.

最大化滿足 246.

最低限度的感覺 147.

最後成分（Schlußstück） 188ff.

最終生產要素 83n., 157, 197ff., 205n., 234n., 268f.

盤存 251.

儲蓄　56f., 101ft., 199, 218f., 249ff., 311.

舒爾茨（Schultz, H.）　321, 371n.

穆勒（Mill, J. S.）　13, 15, 21n., 22n., 125, 275n., 333n.

鮑爾特基維茨（Bortkiewicz, L.）　213, 214n., 215n., 231n.

維克塞爾（Wicksell, Knut）　11, 28n., 168, 168n., 194n., 202n., 219, 225, 225n., 226n., 228, 246, 252f., 255, 第 10 章, 296n., 357, 373ff., 381.

維塞爾（Friedrich von Wieser）　11, 147, 第 7 章, 182.

熊彼特（Schumpeter, J.）　134n., 179, 179n., 183n., 217, 217n.

封底

生產與分配理論
喬治・J. 施蒂格勒

附有：道格拉斯・歐文的新序言

  1941年問世的《生產與分配理論》是經濟學研究的一個里程碑。諾貝爾經濟學獎得主施蒂格勒的這部著作循著經濟思想史的脈絡首次追蹤了這些理論的發展。施蒂格勒的開創性研究留下的是一部有關現代工業資本主義發展關鍵時期分配理論演進的經典著作。

  施蒂格勒闡釋了20世紀主要經濟學家（其中包括杰文斯、威斯迪德、馬歇爾、埃杰沃斯和瓦爾拉斯等）的著作。他依據他們的各種著作揭示了分配理論上的各種觀點。在思想方法上他所展示的是新古典經濟學的價格理論和邊際生產率理論。

  在新序言中，道格拉斯・歐文說明了該書形成的緣由，指出了它對經濟學研究的經久不衰的意義。熊彼特《經濟分析史》對該書的評論是：「這部出自一位傑出理論家之手的優秀著作，也許是對那個時期出現的各個領軍人物的理論著作的最好觀察，因而備受推崇。」這個判斷仍然是站得住腳的。本書對關注新古典經濟學和施蒂格勒經濟思想由來的讀者極有參考價值。

關於作者

  喬治・J. 施蒂格勒是1982年諾貝爾經濟學獎得主。他曾任教於布朗大學、哥倫比亞大學，並於1958—1991年任教於芝加哥大學。他還是《政治經濟學雜誌》編輯。他的主要著作有《價格理論》《工業組織》《經濟學史論集》等。他的自傳《一個不循規蹈矩的經濟學家的回憶》出版於1988年。道格拉斯・歐文是芝加哥大學管理經濟學的助理教授。

國家圖書館出版品預行編目（CIP）資料

生產與分配理論 Production and distribution theories / George Joseph Stigler著；晏智杰譯. -- 第一版.
-- 臺北市：財經錢線文化, 2020.05
　　面；　公分
POD版
譯自：Production and distribution theories
ISBN 978-957-680-429-8(平裝)

1.經濟思想史
550.9　　　　　　　109006703

書　　名：生產與分配理論 Production and distribution theories
作　　者：George Joseph Stigler 著/ 晏智杰 譯
發 行 人：黃振庭
出 版 者：財經錢線文化事業有限公司
發 行 者：財經錢線文化事業有限公司
E - m a i l：sonbookservice@gmail.com
粉 絲 頁：　　　　　網　址：
地　　址：台北市中正區重慶南路一段六十一號八樓 815 室
8F.-815, No.61, Sec. 1, Chongqing S. Rd., Zhongzheng
Dist., Taipei City 100, Taiwan (R.O.C.)
電　　話：(02)2370-3310 傳　真：(02) 2388-1990
總 經 銷：紅螞蟻圖書有限公司
地　　址：台北市內湖區舊宗路二段 121 巷 19 號
電　　話:02-2795-3656 傳真:02-2795-4100　　網址：
印　　刷：京峯彩色印刷有限公司（京峰數位）
本書版權為西南財經大學出版社所有授權崧博出版事業股份有限公司獨家發行電子書及繁體書繁體字版。若有其他相關權利及授權需求請與本公司聯繫。
定　　價：550 元
發行日期：2020 年 05 月第一版
◎ 本書以 POD 印製發行